쉽게! 배우는 마이크로비트 창의적 코딩

with 스크래치

쉽게! 배우는 마이크로비트 창의적 코딩(with 스크래치)

개정판 1쇄 발행 2025년 4월 7일

지은이 박주은, 아이씨뱅큐
펴낸이 아이씨뱅큐
펴낸곳 아이씨뱅큐
출판등록 제2020-000069호

교정 주경민
디자인 이현
편집 이현
검수 우지윤
마케팅 심은주

주소 서울특별시 금천구 두산로 70 현대지식산업센터 A동 2301호 아이씨뱅큐
전화 1877-6877
팩스 02-2098-9393
이메일 shop@icbanq.com
홈페이지 www.ICBANQ.com

ISBN 979-11-987211-1-2(03560)
값 18,000원

ⓒ 아이씨뱅큐 2025 Printed in Korea

잘못된 책은 구입하신 곳에서 바꾸어 드립니다.
이 책의 전부 또는 일부 내용을 재사용하려면 사전에 저작권자와 펴낸곳의 동의를 받아야 합니다.

쉽게! 배우는 마이크로비트 창의적 코딩

with 스크래치

박주은, 아이씨뱅큐 지음

버튼으로 이동
위치 설정
아이콘 출력

마이크로비트로 코딩할 때 실시간으로 캐릭터를 움직이거나
센서 입력을 받으면 좋겠다고 생각해 보지 않으셨나요?

머리말

안녕하세요, 독자 여러분!
이 책은 '마이크로비트'를 사용해 창의적인 아이디어들을 실현해 보는 모험으로 초대합니다.
마이크로비트는 작은 컴퓨터로, 간단한 회로와 센서들을 연결하여 여러분이 상상한 것을 현실로 구현할 수 있도록 돕는 훌륭한 도구입니다. 우리는 이 마이크로비트를 활용해 재미있는 게임을 만들고, 일상생활에 유용한 발명품을 만들어 볼 것입니다.
이번 책에서는 블록 코딩 개발 환경인 Mind+를 사용하여 프로그래밍을 시작합니다.
Mind+는 코드 작성에 대한 부담을 줄이고, 누구나 쉽게 코딩의 원리를 이해할 수 있도록 도와주어 어린 학생부터 성인에 이르기까지 다양한 연령대의 초보자들이 재미있게 사용할 수 있는 코딩 개발 환경입니다.

특히 Mind+는 '실시간 모드'라는 특별한 기능을 제공하는데, 이를 활용하면 마이크로비트와 각종 센서들 그리고 버튼 같은 부품들을 조작하면서 스크래치의 캐릭터와 연동하여 인터랙티브한 프로젝트를 만들어 볼 수 있게 합니다. 이를 통해 하드웨어 코딩이 처음인 사람들과 저학년 학생들이 부품의 동작 원리를 쉽게 이해할 수 있고, 마이크로비트를 이용한 다양한 제어 방법을 자연스럽게 익힐 수 있습니다. 이뿐만 아니라, Mind+는 마이크로비트를 제어하는 다양한 명령 블록을 제공하여 여러분이 상상하는 다양한 작품을 제작할 수 있는 기반을 마련해 줍니다.
이 책은 게임, 실생활에 유용한 발명품 등 다채로운 프로젝트를 통해 여러분의 창의력과 코딩 실력을 함께 키울 수 있는 경험을 선사할 것입니다.

저는 코딩에 관심 있어 하는 누구나 쉽고 재미있게 배울 수 있는 실생활과 연계된 콘텐츠를 만드는 데 많은 관심을 가지고 있습니다. 이 책 역시 지난 여러 해 동안 교육 현장에서 교육자 및 다양한 연령층의 학생들을 가르친 경험을 바탕으로 흥미롭고 유익한 콘텐츠를 기획하여 남녀노소 쉽고 재미있게 배울 수 있게 풀어내고자 하였습니다. 이 책이 독자 여러분의 창의력과 호기심을 자극하는 계기가 되기를 바라며, 여러분의 손끝에서 만들어질 새로운 아이디어와 발명품들을 기대하겠습니다.
마지막으로 이 책이 나오기까지 많은 신경을 써 주신 아이씨뱅큐의 담당자님과 묵묵히 저를 믿고 응원을 보내 준 사랑하는 가족과 주변 지인들에게 감사의 인사를 전합니다.

저자 박주은 드림

추천사

아이들의 창의력과 천재성은 어린 시절부터 뚜렷이 나타납니다.

단순히 매체를 소비하는 것뿐만 아니라 쉽고 간단하게 자기만의 게임과 기기들을 만들어 보고 코딩으로 무엇이 가능한지 살짝 경험시켜 준다면, 아이들은 금방 매료되어 코딩으로 상상의 나래를 마음껏 펼칠 것입니다. 이 책을 시작으로 간단한 프로젝트들을 해보면서 많은 아이들이 창의적인 자아를 발견할 기회를 접하길 바랍니다. 쉬운 블록 코딩 형식으로 컴퓨터 명령어의 개념을 다질 수 있고, Mind+의 실시간 피드백으로 자기가 코딩한 것을 바로 작동시켜 보면서 원하는 바를 구현하는 것에 완벽히 몰두할 수 있을 것입니다. 아이들을 매료시키고 몰두하게만 할 수 있다면 그들은 스스로 성장하며 무엇이든지 해결할 수 있는 미래의 훌륭한 인재가 될 것입니다.

Silicon Valley Intel Staff Engineer Joe K. Kim

흔히들 코딩이라 하면 S/W만을 떠올리게 마련이다. 본인의 경우 초등학교 전산실의 PC에서 코딩을 처음 접한 것으로 기억하며, 그 코딩의 결과물은 PC 내에서만 이루어지는 것으로 상당 기간 믿고 있었다.

하지만, 회사에 입사하고 나서 코딩의 궁극적인 목적은 H/W를 제어하는 것이며, 그 아무리 정교하고 첨단 장치라고 해도 그것을 제어하고 활용하는 S/W(firmware)가 제공되지 않으면 그 장치는 상품성이 없는 것임을 깨달았다. 이 책은 코딩된 코드가 H/W로 어떻게 연결되고 실현되는지에 초점을 맞춤으로써, 단순히 코딩의 작성법을 다루는 수많은 코딩책과 차별화된다고 할 수 있다. 즉, 아이들이 기존 코딩의 높은 문법의 벽의 어려움을 느끼지 않아도 되는 gui 기반의 블록 코딩 프로그램 통해 작성된 코드블록을 마이크로비트 H/W 보드에 다운로드하여 실제로 코딩된 내용이 H/W로 어떻게 실현되고 제어하는지를 다양하고 재미있는 예제를 통해서 경험하게 한다. 이는 기업의 제품 개발환경과 크게 다르지 않다고 할 수 있으며, 아이들에게 이러한 환경을 경험할 수 있는 솔루션을 제공한다는 관점에서 이 책은 상당히 새롭고 신선한 시도를 하고 있다. 만약 본인이 이 책을 학창 시절에 미리 접할 수 있었다면 회사의 개발 환경에 익숙해지는 데 걸린 시간 및 시행착오를 상당히 줄일 수 있었을 것으로 판단된다. 이 책에 의해 아이들이 코딩의 진정한 즐거움과 활용을 경험하게 함으로써 미래의 개발자로 커 가는 데 초석이 될 것으로 기대한다.

SK하이닉스 수석 연구원 김재범(KAIST공학박사)

제 아이가 마이크로비트를 처음 접했을 때의 설렘을 지금도 잊지 못합니다.

사랑하는 자녀를 두신 부모님들께, 저는 전직 개발자로서 그리고 한 아이의 엄마로서 이 책을 강력히 추천합니다. 이 책은 어린이들이 코딩을 재미있고 쉽게 배울 수 있도록 구성되어 있으며 다양한 프로젝트를 통해 아이들이 코딩의 기본 개념을 자연스럽게 이해하게 해줍니다. 개발자로서 느끼는 코딩의 매력을 아이와 공유할 수 있는 기회가 되어, 더욱 깊은 유대감을 형성할 수 있답니다. 마이크로비트는 단순한 기기가 아니라 아이들이 미래의 기술에 대한 흥미와 열정을 키울 수 있는 출발점입니다. 이 책과 함께라면 여러분의 자녀도 코딩의 세계에서 즐거운 모험을 시작할 수 있을 거예요.

아이들과 함께하는 즐거운 코딩 시간을 지금 시작해 보세요!

삼성전자 책임 연구원 현진희

contents

머리말   4
추천사   5

1장
마이크로비트 올인원 키트 소개와 코딩 개발 환경 준비하기

1.1. 마이크로비트 소개   10
1.2. Mind+ 스크래치 소개 및 설치   13
1.3. 마이크로비트 올인원 키트와 실습예제 소개   30

2장
마이크로비트 기본 명령 블록으로 제어해 보기

2.1. 마이크로비트 기본 명령 블록 알아보기   42
2.2. LED로 이모티콘 만들기   45
2.3. 버튼 눌러 숫자 바꾸기   48
2.4. 소음 측정기 만들기   49
2.5. 도레미 음악 연주하기   51
2.6. 흔들면 숫자가 나오는 주사위   52

3장
센서로 게임 만들기 프로젝트 ①

3.1. 버튼 빨리 누르기 게임   56
3.2. 빵 자르기 게임   65

4장
센서로 게임 만들기 프로젝트 ②

4.1. 세게 흔들어 소다로켓 쏘아 올리기 게임   80
4.2. 흔들어 작동시키는 플래피 버드 게임   99

5장
센서로 발명품 만들기 프로젝트 ①

5.1. 전원 ON/OFF 표시 LED   116
5.2. 길거리 가로등   125

6장
센서로 발명품 만들기 프로젝트 ②

6.1. 컬러 LED 무드등　　　140
6.2. 교통 신호등　　　154

7장
센서로 발명품 만들기 프로젝트 ③

7.1. 경광봉　　　168
7.2. 터치형 전등　　　180

8장
센서로 발명품 만들기 프로젝트 ④

8.1. 스마트변기　　　192
8.2. 물높이 알람장치　　　202

9장
센서로 발명품 만들기 프로젝트 ⑤

9.1. 전자장치 제어 패널　　　212
9.2. 센서 시각화 장치　　　226

10장
센서로 발명품 만들기 프로젝트 ⑥

10.1. 센서 모니터링 장치　　　240
10.2. 자동차 후방감지 장치　　　250

마이크로비트 올인원 키트 소개와 코딩 개발 환경 준비하기

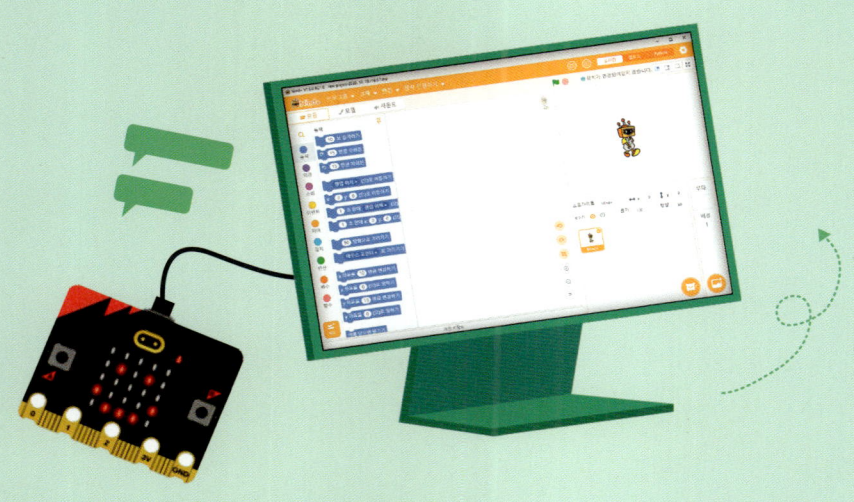

마이크로비트 올인원 키트 소개와 코딩 개발 환경 준비하기

학습 요약	
학습 목표	마이크로비트 올인원 키트와 Mind+에 대해서 알아보고 코딩 개발 환경을 준비해 봅니다.
핵심 키워드	마이크로비트, Mind+, 스크래치, 마이크로비트 올인원 키트
준비물	마이크로비트 올인원 키트, 컴퓨터
학습 시간	1시간
학습 난이도	★☆☆☆☆

1.1. 마이크로비트 소개

1.1.1. 마이크로비트란?

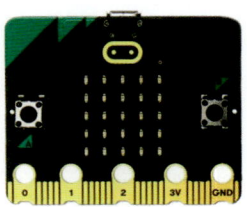

그림 1.1. 마이크로비트

마이크로비트는 손바닥 절반 정도 크기의 작은 컴퓨터입니다. 마이크로비트에는 몇 가지 버튼과 센서들이 있어서 마이크로비트 하나만으로도 코딩 작품을 만들어 볼 수 있습니다. 또한 마이크로비트에 여러 가지 주변장치(LED, 모터, 디스플레이 등)를 연결하면 더 복잡하고 재밌는 작품 만들기도 가능합니다.

마이크로비트에 코딩을 하는 방법은 메이크코드(MakeCode)라는 블록 코딩을 이용하는 방법과 자바스크립트(JavaScript) 또는 파이썬(Python) 언어를 사용하는 텍스트 코딩의 2가지 방법이 있습니다. 이 외에도 스크래치(Scratch), 엔트리(ENTRY) 등등 여러 가지 코딩 방법이 계속 나오고 있습니다.

마이크로비트는 휴대하기 좋은 사이즈와 사용하기 쉽다는 장점 등으로 학생들 대상의 코딩 교육에 많이 활용되고 있으며 시중에 마이크로비트 키트가 다양한 종류로 있어서 쉽게 구매해 사용해 볼 수 있습니다.

1.1.2. 마이크로비트 보드 스펙

마이크로비트 컴퓨터 자체를 "마이크로비트 보드"라고도 부르는데, 보드(Board)는 "판"이라는 뜻으로서 마이크로비트가 얇은 판처럼 생겼기 때문입니다. 이 마이크로비트 보드에는 여러 가지 하드웨어 장치들이 있습니다.

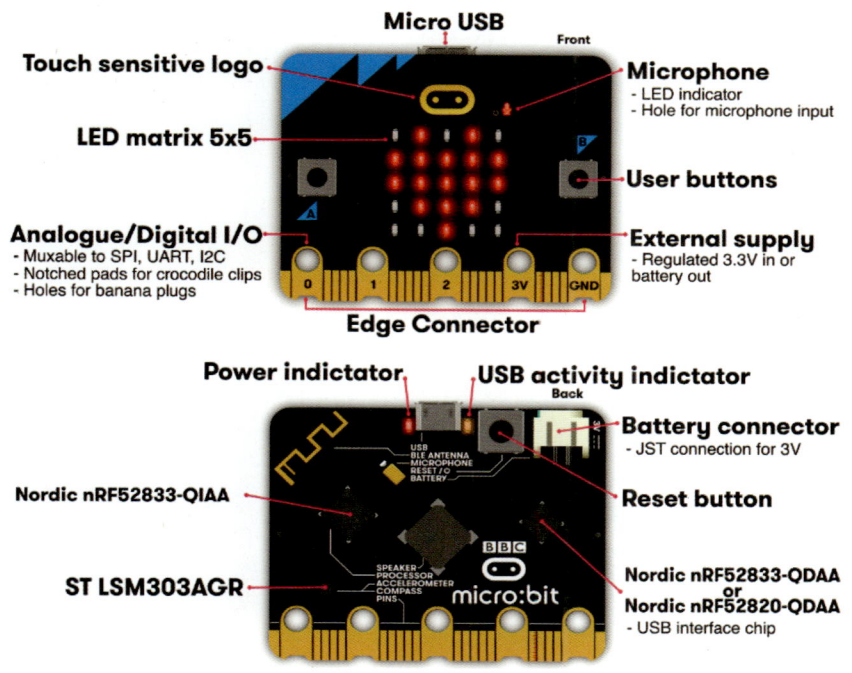

그림 1.2. 마이크로비트 보드 V2.2 하드웨어

(출처: micro:bit developer community)

그림 1.2.에서 표시한 각 주요 장치들이 무엇인지 간략하게 설명하면 다음과 같습니다.

이름	역할
Micro USB	마이크로비트를 컴퓨터와 연결할 때 사용하는 USB 연결부분입니다.
Touch sensitive logo	정전식 터치센서로 로고를 터치하면 버튼처럼 활용할 수 있습니다.
Microphone	소리 입력을 받을 수 있는 마이크입니다.
LED matrix 5×5	작은 LED가 25개 배치되어 있습니다.
Analogue/Digital I/O	아날로그 디지털 입력과 출력 전기신호가 오고 가는 핀입니다.
External supply	외부 전원을 입력하거나 출력하는 핀입니다.
Edge Connector	외부에 전선을 연결할 수 있는 부분입니다.
Power indicator	전원이 잘 들어왔는지 알려 주는 LED입니다.
USB activity indicator	연결된 USB 케이블이 잘 작동하는지 알려 주는 LED입니다.
Battery connector	건전지를 연결할 수 있는 부분입니다.
Nordic nRF52833-QIAA	마이크로비트의 메인 CPU입니다.
Nordic nRF52833-QDAA	마이크로비트의 여러 가지 통신을 처리하는 CPU입니다.
ST LSM303AGR	마이크로비트의 모션센서(가속도센서, 자기장센서)가 들어 있는 부분입니다.

이 책에서 다루는 마이크로비트는 버전2.2로서 기본적인 사양은 다음과 같습니다.

항목	사양
MCU 또는 프로세서	Nordic nRF52833
MCU 코어 아키텍처	ARM Cortex-M4 32-bit
MCU 플래시 사이즈	512KB
RAM 사이즈	128KB
MCU 클럭	64MHz
USB 프로세서	NXP KL27Z, 32KB RAM
마이크	MEMS 마이크
스피커	온보드 피에조 부저
터치센서	로고 모양의 터치센서
무선 통신	2.4GHz 라디오/BLE 블루투스 5.1
전원	USB 5V입력, 배터리 커넥터 3V 입력
전류	200mA (3V)
SW 개발	MakeCode, Python, Scratch, C++ 등
사이즈	5cm(w) × 4cm(h)

1.2. Mind+ 스크래치 소개 및 설치

1.2.1. Mind+ 스크래치 소개 및 특징

마이크로비트를 작동시키기 위해서는 코딩을 해야 합니다. 코딩은 컴퓨터 명령어를 의미 있게 나열하는 작업으로서, 코딩을 할 수 있는 개발 환경은 여러 가지가 있습니다. 마이크로비트 공식 사이트에서 제시하는 코딩 개발 환경은 다음과 같습니다.

- ▶ MakeCode
- ▶ Python
- ▶ JavaScript
- ▶ C++
- ▶ Scratch
- ▶ Mind+
- ▶ mBlock

이 외에 더 많은 코딩 개발 환경이 있습니다. 그렇다면 어떤 개발 환경에서 마이크로비트를 제어하는 것이 좋을까요?

마이크로비트를 사용하려는 목적과 상황에 따라 다를 수 있지만, 다음의 "코딩 개발 환경 비교표"를 보시면 자신에게 가장 알맞은 개발 환경을 고르는 데에 도움이 될 수 있습니다.

	Mind+	MakeCode	스크래치	엔트리	텍스트 코딩
코딩 방식	블록 (스크래치 기반)	블록	블록	블록	텍스트
난이도	하	하~중	하	하	중~
업로드 모드	○	○	×	×	○
실시간 모드	○	△	○	○	△
교육 대상	초등 저학년~	초등 고학년~	초등 저학년~	초등 저학년~	초등 고학년~

현재 교육 현장에서는 "코딩 개발 환경 비교표"에서 언급된 것 중 마이크로비트 공식 사이트에서 개발한 MakeCode 개발 환경이 마이크로비트를 다루는 데에 가장 많이 사용되고 있는데요, MakeCode는 블록 코딩 기반 개발 환경으로서 관련 교육 자료나 책도 많이 배포되어 있습니다. 다만 MakeCode를 저학년 학생들에게 좀 더 쉽게 가르치기 위한 "실시간 모드"가 완벽하게 지원되지 않는 게 아쉬운 점입니다.

스크래치나 엔트리도 유명한 코딩 개발 환경 중의 하나인데요, 이 둘은 학생들이 이해하기 쉽게 실시간 모드를 지원하여 캐릭터나 버튼 키를 실시간으로 작동시킬 수 있다는 장점이 있습니다. 다만 스크래치와 엔트리는 업로드 모드가 안 되고, 실시간 모드 또한 마이크로비트 전용 명령 블록 수가 적어서 마이크로비트를 100% 제어하는 데에는 약간의 아쉬움이 있습니다.

텍스트 코딩 개발 환경에서는 직접 자판을 사용해 명령어를 모두 영어로 입력해야 하는데 이 점은 영어에 거리감이 없고 컴퓨터 타자에 익숙한 고학년 학생들은 수월할 수 있지만 저학년 학생들에게는 다소 어렵게 느껴질 수 있는 부분입니다.

그래서 이 책에서 채택한 방식은, 바로 "Mind+(마인드 플러스)" 프로그램을 이용하여 마이크로비트 코딩을 하는 것입니다.

Mind+는 스크래치 기반의 블록 코딩 프로그램으로서, 마이크로비트를 업로드 모드뿐만 아니라 실시간 모드로도 제어가 가능하여, 센서나 버튼을 이용해 스크래치의 캐릭터를 연동하여 다양한 작품을 만들어 볼 수 있습니다. 실시간 모드가 가능하면 아무래도 저학년 학생들이 센서나 버튼과 같은 부품에 대한 이해를 쉽게 할 수 있고 이를 바탕으로 하여 다양한 제어를 하는 코딩도 쉽게 할 수 있기 때문에 코딩 교육에도 큰 장점이 있습니다.

이러한 장점 외에도 마이크로비트를 제어하는 명령 블록을 풍부하게 지원하기 때문에 다양한 작품을 만들어 볼 수도 있습니다.

1.2.2. Mind+ 설치 및 화면 구성 살펴보기

Mind+ 설치를 위해서는 구글 검색 창에 영어로 "mindplus"를 검색하거나 다음에 기재된 링크를 참고하여 다운로드 사이트에 접속하면 됩니다.

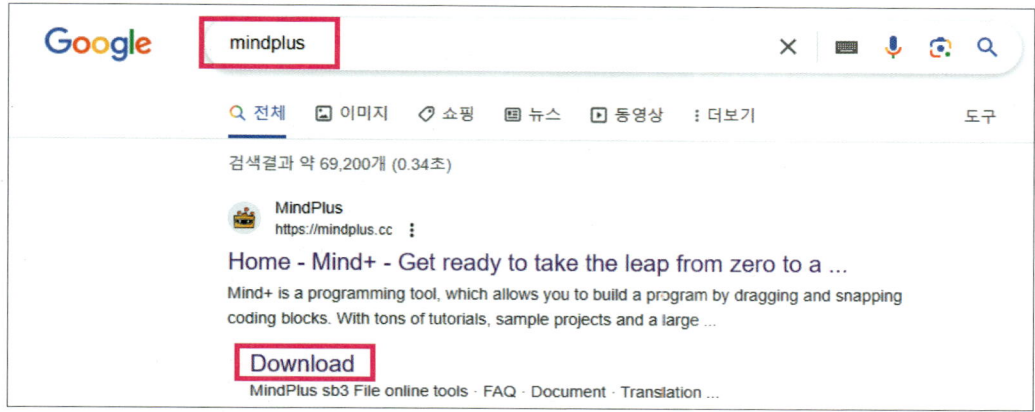

그림 1.3. 구글 검색 창에 Mind+ 검색하기

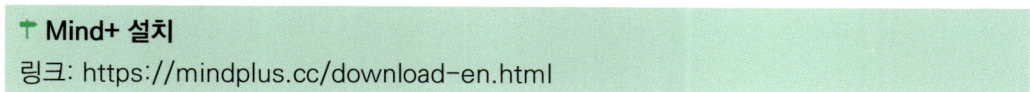

↑ Mind+ 설치
링크: https://mindplus.cc/download-en.html

그리고 컴퓨터 OS에 알맞은 버전의 **"Download(다운로드)"** 버튼을 누릅니다.

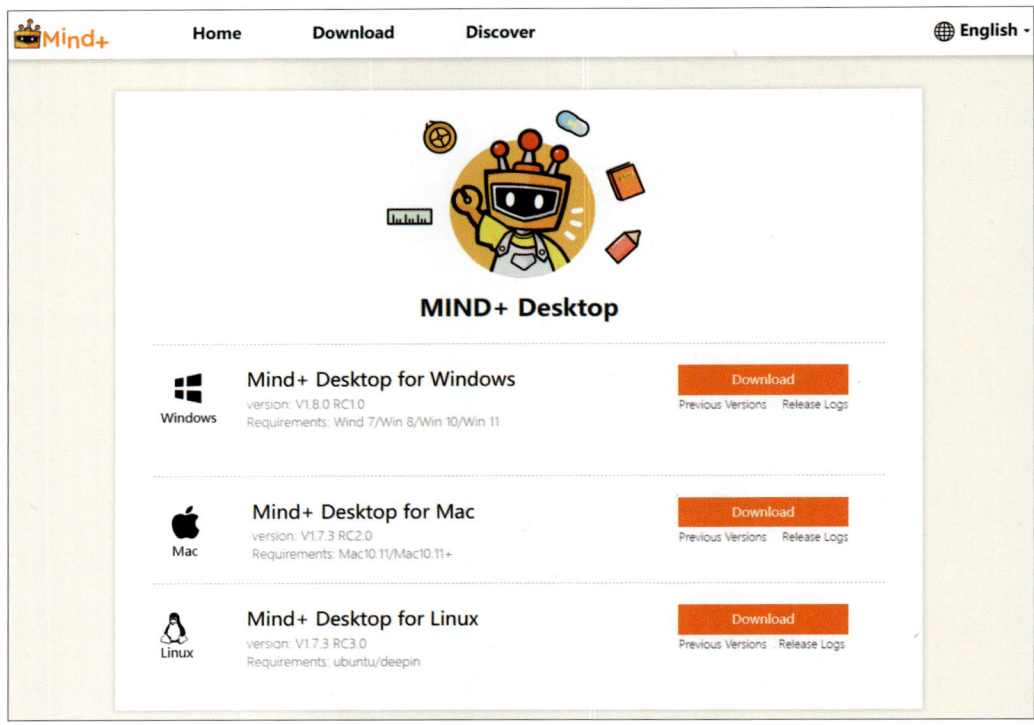

그림 1.4. Mind+ Desktop 다운로드 화면

그림 1.5.와 같이 실행 파일 저장을 위한 창이 나타나면 컴퓨터의 원하는 위치(바탕화면)를 선택한 후 저장 버튼을 누릅니다. 그러면 원하는 위치에 설치 실행 파일 아이콘이 표시됩니다.

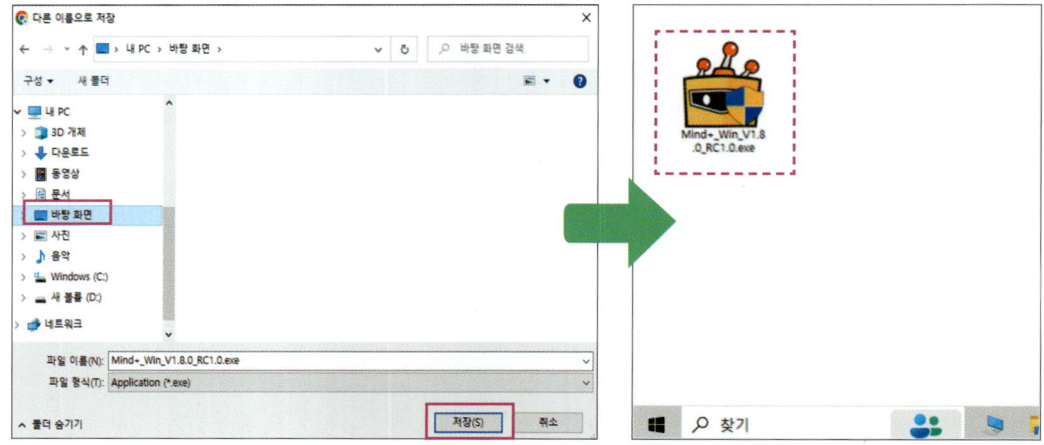

그림 1.5. 설치 실행 파일 저장하기

설치 실행 파일을 더블클릭하면 설치를 위한 로딩 창이 나타난 뒤 그림 1.6.과 같이 언어 선택 팝업 창이 나타납니다.

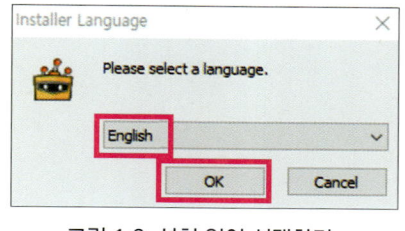

언어는 **"English(영어)"** 와 **"中文(중국어)"** 중에 선택 가능합니다.

이 책에서는 **"English(영어)"** 를 선택하여 설치하는 내용을 안내합니다.

여기서 선택하는 언어는 프로그램 설치 시에 사용할 언어이며 프로그램 설치가 완료되면 **"한국어"** 로 언어 선택을 할 수 있습니다.

관련 내용은 설치 마무리 단계의 그림 1.11.을 참고하기 바랍니다.

그림 1.6. 설치 언어 선택하기

언어 선택 후에는 Mind+ 프로그램을 설치할 위치를 정하는 창이 그림 1.7.과 같이 나타납니다. 컴퓨터 내 원하는 위치의 폴더를 선택한 후 **"Install(설치)"** 버튼을 누릅니다.

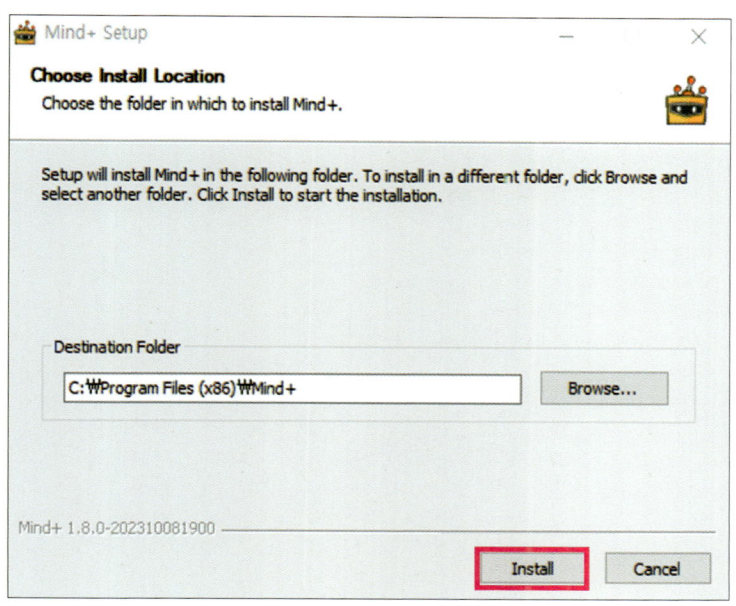

그림 1.7. Mind+ 프로그램 설치 폴더 정하기

"Install" 버튼을 누르면 그림 1.8.과 같이 프로그램 설치 상태 안내 창이 나타납니다.

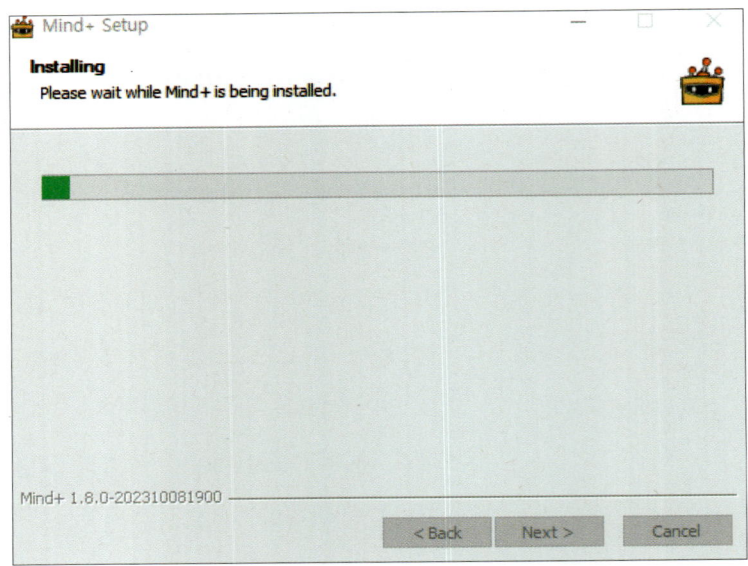

그림 1.8. Mind+ 프로그램 설치 상태 안내

설치가 완료되면 설치 완료 안내 창이 나타납니다. 이때 그림 1.9.의 왼쪽 모습과 같이 "Run Mind+"를 선택한 상태에서 "Finish" 버튼을 누르면 그림 1.10.과 같이 Mind+ 프로그램이 실행됩니다. 만약 "Run Mind+"를 선택하지 못하고 "Finish" 버튼을 눌렀다면 그림 1.9.의 오른쪽 모습과 같이 컴퓨터에 생성된 "바로가기 아이콘"을 더블 클릭하여 Mind+를 실행시킬 수 있습니다.

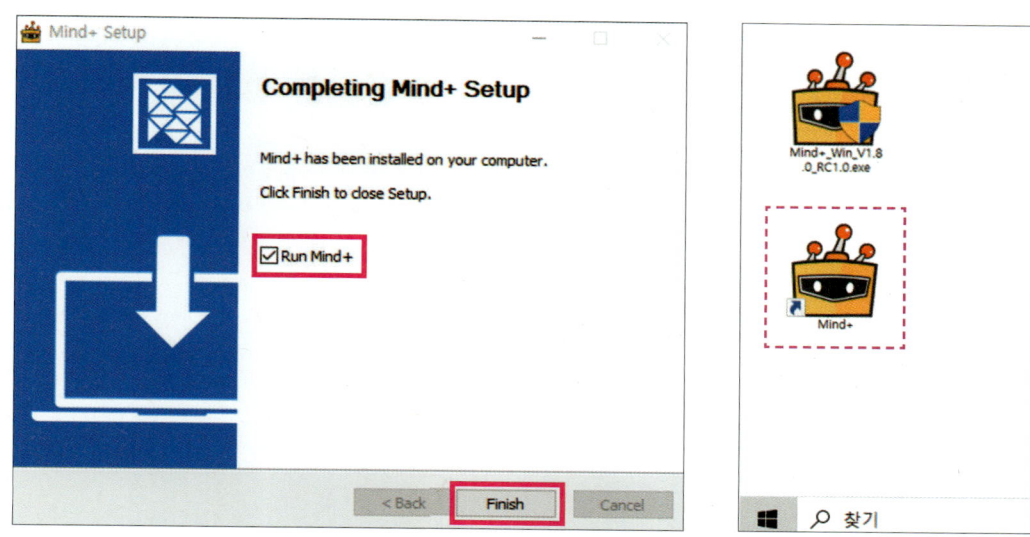

그림 1.9. Mind+ 프로그램 설치 완료 안내 및 바로가기 아이콘

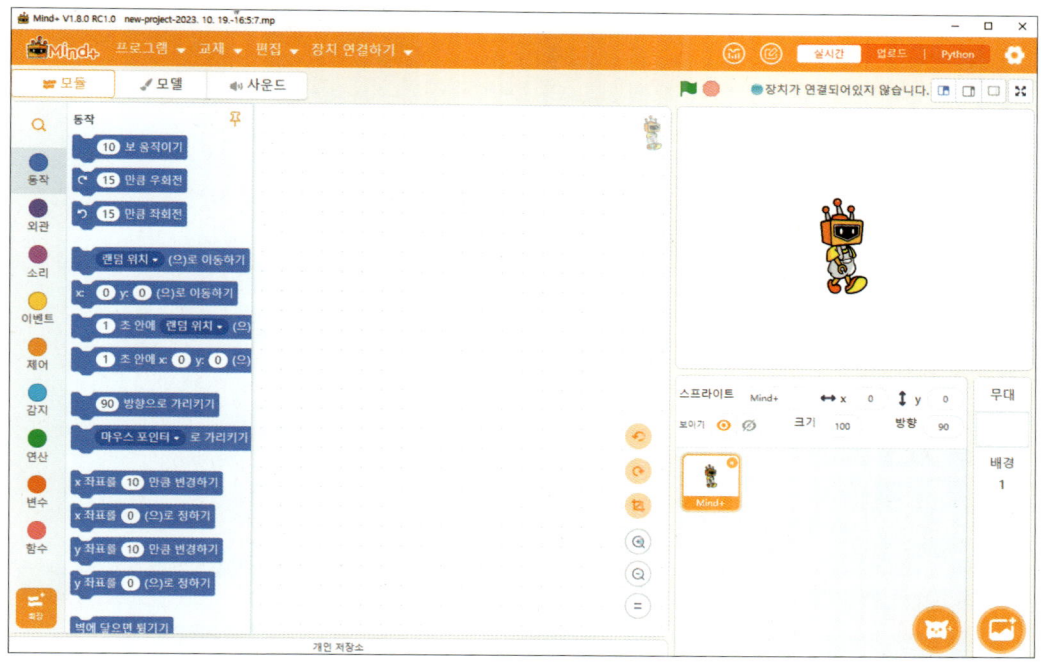

그림 1.10. Mind+ 실행 화면

그리고 실행 화면이 한국어로 나타나지 않는다면 그림 1.11.에서 보는 것과 같이 화면 우측 상단의 톱니바퀴 모양의 **"설정"** 버튼을 눌러서 언어를 선택할 수 있습니다.

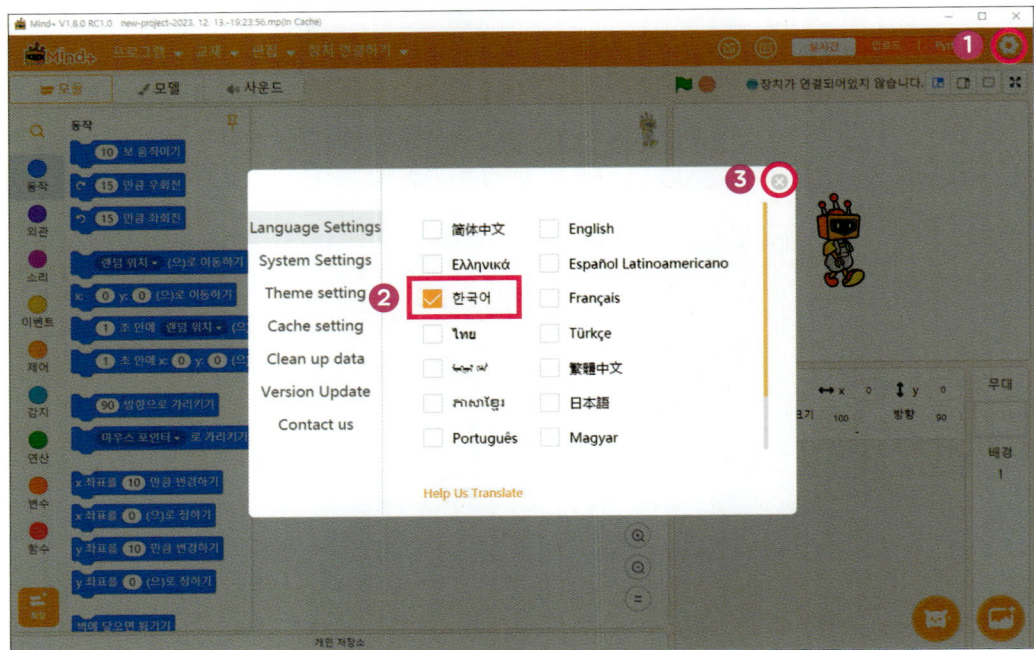

그림 1.11. Mind+ 프로그램 언어 선택하기

프로그램 설치가 모두 완료됐다면 Mind+의 화면 구성과 기능을 살펴보겠습니다.

그림 1.12. Mind+ 화면 구성

20 쉽게! 배우는 마이크로비트 창의적 코딩(with 스크래치)

* 스크립트 창: 스크립트 창은 명령 블록을 하나씩 가져와서 순서대로 쌓아 의미 있는 프로그램을 만드는 곳입니다. 스크래치에서는 의미 있게 구성된 명령 블록들을 스크립트(코드)라고 부릅니다.
* 스프라이트: 스크래치에서 명령 블록에 의해 동작하거나 상태가 변하는 캐릭터 또는 사물을 의미합니다. 블록 팔레트 상단의 [모델] 탭에서 스프라이트의 모양을 추가하거나 변경할 수 있으며, 새롭게 그릴 수도 있습니다.
* 배경: 다양한 장소를 표현할 수 있는 이미지입니다. 여러 개의 배경 이미지를 추가 선택할 수 있으며 추가된 배경의 개수가 화면에 표시됩니다. 또한 배경도 스프라이트와 같이 명령 블록들을 이용해 코드를 만들 수 있습니다.
* 스프라이트/배경 추가 버튼: 원하는 스프라이트 이미지와 배경 이미지를 가져올 수 있는 버튼입니다.
* 스프라이트 목록 창: 스프라이트 추가 버튼을 이용해 추가한 스프라이트의 전체 목록이 나타납니다.
* 스프라이트 설정 창: 선택한 스프라이트의 다양한 상태(이름, 크기, 방향, 위치, 보이기 상태)를 직접 변경할 수 있는 영역입니다.
* 무대: 선택한 스프라이트와 배경이 실제 나타나는 곳입니다.
* 모듈/모델/사운드 탭: [모듈] 탭은 블록 팔레트와 스크립트 창이 나타나는 코딩을 할 수 있는 화면입니다. [모델] 탭은 스프라이트의 모양을 추가, 수정하거나 새롭게 그릴 수 있는 그림판과 같은 화면입니다. 단, 배경을 선택한 상태에서는 [모델] 탭이란 이름 대신 [배경]이라는 이름의 탭으로 보이며 배경을 추가하거나 수정하고 새롭게 그릴 수 있는 그림판 화면이 나타납니다. [사운드] 탭은 작품 만들기에 필요한 다양한 소리를 가져오거나 소리의 크기, 재생 시간 등을 편집할 수 있는 설정 화면입니다.
* 실행/정지 버튼: 초록색의 깃발 모양 버튼은 [녹색 깃발 클릭했을 때]라는 이벤트 명령 블록을 실행하는 버튼입니다. 빨간색의 버튼은 프로그램을 종료하는 버튼입니다.
* 실시간/업로드 스위치 버튼: 실시간 모드와 업로드 모드를 선택하는 스위치 버튼입니다. 선택된 버튼은 하얀색 배경으로 표시됩니다.
* 프로젝트 이름: 내가 만든 작품의 저장된 이름이 표시되는 곳입니다.
* 장치 연결하기: 마이크로비트와 같이 장치를 연결하기 위한 메뉴 바입니다.

* 장치 연결 여부 안내: 장치가 연결되었는지 알려 주는 안내 글이 표시되는 곳입니다.
* 화면 크기 설정 버튼: 프로그램을 실행하여 결과를 볼 수 있는 화면의 사이즈를 선택할 수 있는 버튼입니다. 화면 사이즈는 "크게 보기", "작게 보기", "화면 없애기", "전체화면" 총 4가지 중에서 선택할 수 있습니다.
* 설정 버튼: 톱니바퀴 모양의 설정 버튼을 이용해 사용 언어, 배경 테마 등을 설정할 수 있습니다.

1.2.3. Mind+ 실시간 모드 연결법

Mind+는 "실시간"과 "업로드"라는 2가지 모드를 이용해 마이크로비트를 제어할 수 있습니다. 그중 Mind+의 장점 중 하나인 실시간 모드에 대해 함께 살펴봅시다.

실시간 모드를 이용하면 마이크로비트의 각종 센서나 부품에 대한 상태값을 실시간으로 확인할 수 있고 이를 스크래치 속 스프라이트와 연동하여 다양한 작품들을 만들 수 있기 때문에 누구나 쉽게 소프트웨어와 하드웨어 융합 교육을 경험할 수 있습니다.

Mind+에서 실시간 모드를 이용하는 방법은 다음과 같습니다.

먼저 그림 1.13.과 같이 마이크로비트를 micro 5핀 USB 케이블을 이용해 컴퓨터에 연결합니다. 이때 USB 케이블은 단순 충전용이 아닌 데이터 통신이 가능한 것을 사용해야 한다는 점을 주의하세요.

그림 1.13. 컴퓨터와 마이크로비트 연결하기

그리고 Mind+ 화면 상단의 **"실시간"**, **"업로드"**, **"Python"** 버튼 중 **"실시간"**을 선택합니다. 그럼 그림 1.14.에서 보이는 것과 같이 **"실시간"** 버튼이 하얀색으로 표시됩니다.

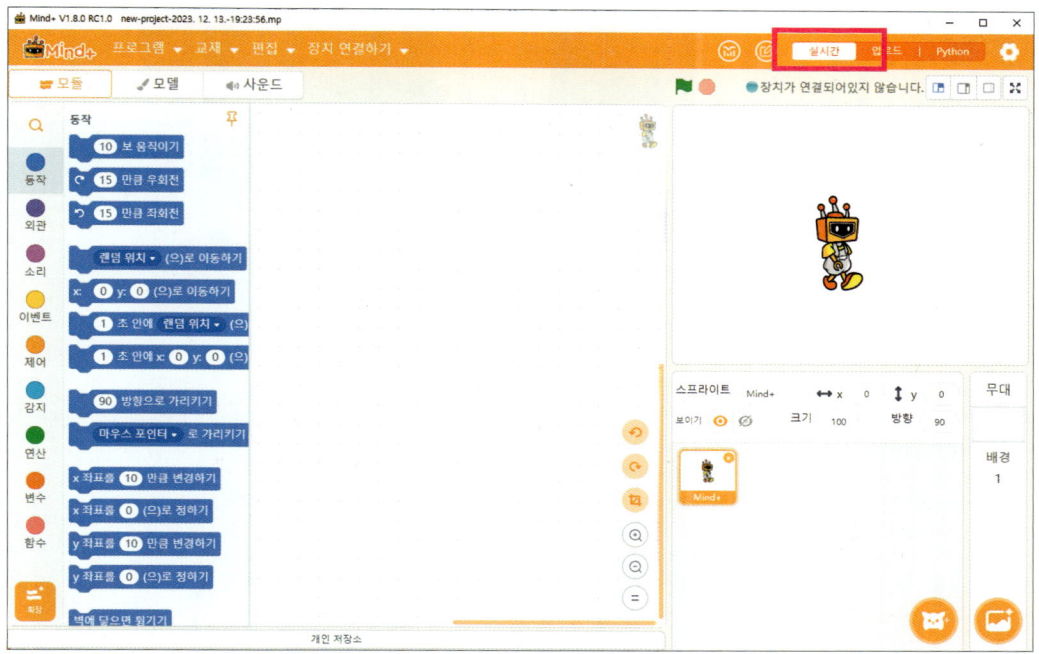

그림 1.14. 실시간 모드 선택하기

이제 그림 1.15.와 같이 화면 좌측 하단의 **"확장"** 버튼을 클릭하여 **"메인보드"**를 선택하면 됩니다. 우리는 마이크로비트를 사용할 것이기 때문에 **"마이크로비트"**를 선택하고 **"뒤로"** 버튼을 클릭합니다. 그럼 블록 카테고리에 [micro:bit]가 추가되어 이와 관련된 분홍색 명령 블록들이 나타나는 것을 확인할 수 있습니다.

그림 1.15. 확장 메인보드 선택하기

이제 그림 1.16.과 같이 **"장치 연결하기"** 메뉴를 선택하여 마이크로비트를 Mind+와 연결합니다. 마이크로비트를 USB 케이블을 이용하여 컴퓨터에 연결했다면 자동으로 **"COM7"** 과 같이 포트가 잡혀 있을 겁니다. 다만 각자의 컴퓨터 환경에 따라 포트 번호(COM7)는 책의 그림과 다를 수 있습니다.

만약 포트가 잡히지 않는 경우에는 마이크로비트에 연결된 USB 케이블을 다시 빼서 꽂거나 USB 케이블이 데이터 전송용이 맞는지 확인 후 다시 연결을 시도해 보시기 바랍니다.

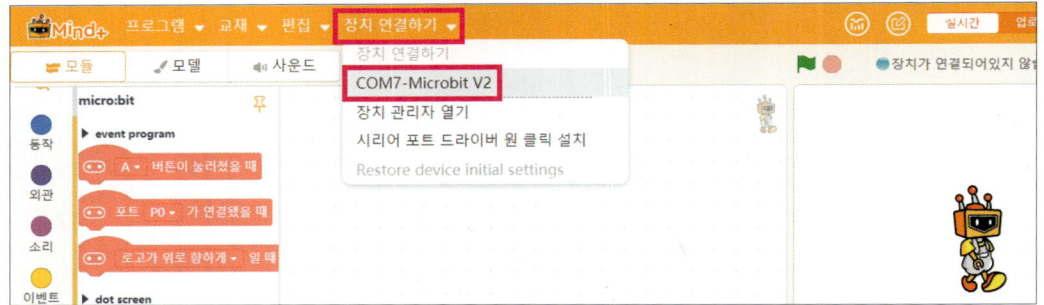

그림 1.16. Mind+에 마이크로비트 연결하기

"실시간" 모드로 처음 **"장치 연결하기"**를 시도하면 마이크로비트에 펌웨어 업로드가 자동으로 진행됩니다. 업로드 진행률은 그림 1.17.과 같이 화면 우측 상단에 표시됩니다.

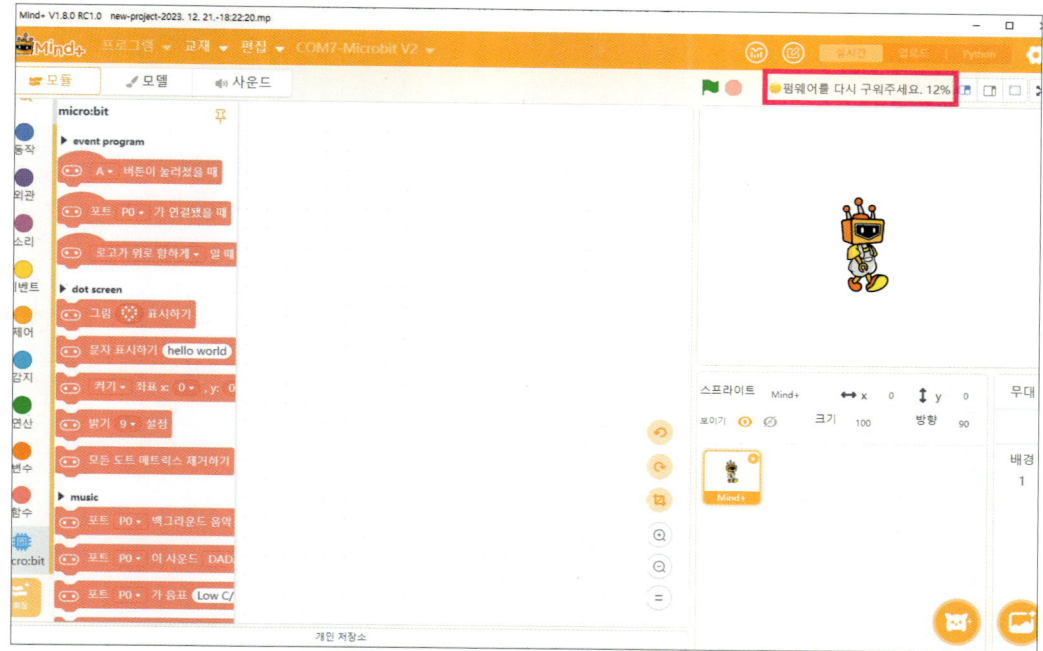

그림 1.17. 펌웨어 업로드

펌웨어가 모두 업로드 된 후, 장치 연결까지 성공하면 그림 1.18.과 같이 화면 상단에 **"장치 연결에 성공했습니다."**라는 안내 문구가 나타납니다.

그림 1.18. Mind+에 마이크로비트 연결 성공

그림 1.19.는 Mind+ 실시간 모드로 마이크로비트 장치가 연결되었을 때의 전체화면입니다.

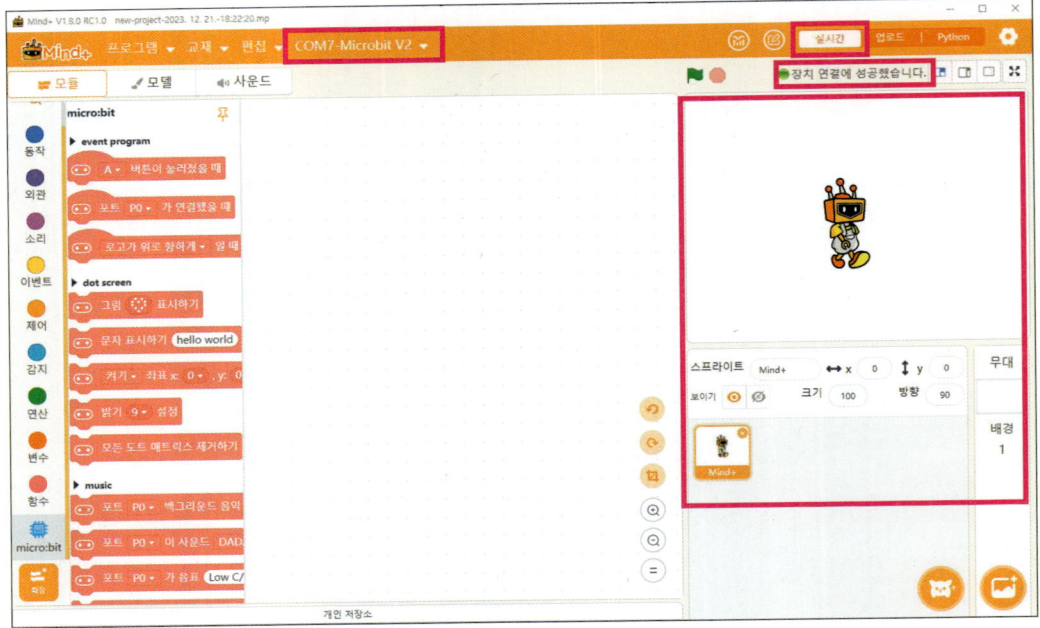

그림 1.19. Mind+ 실시간 모드 화면

이제 그림 1.20.과 같이 마이크로비트와 USB 케이블의 연결은 유지한 채 내가 원하는 코드를 만들어서 마이크로비트와 스크래치의 캐릭터 및 배경을 실시간으로 제어해 볼 수 있습니다.

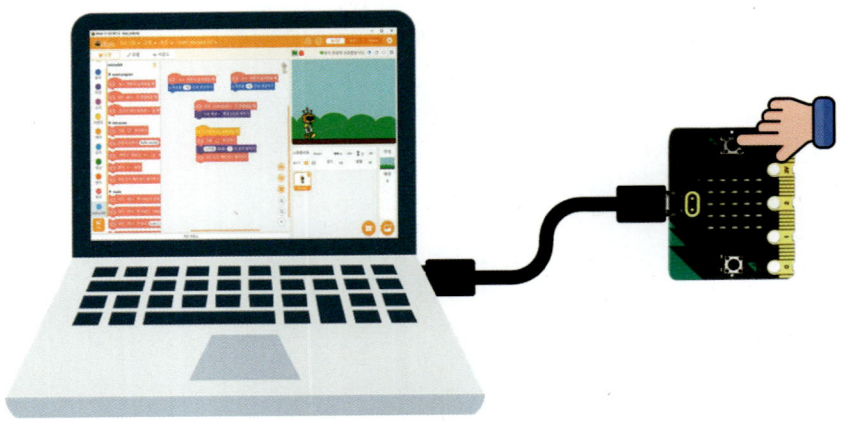

그림 1.20. Mind+ 실시간 모드로 제어하기

> ⚠️ **참고하세요!**
>
> 장치 연결하기를 할 때 메인보드를 선택하지 않고 장치 연결하기부터 진행하려고 한다면 그림 1.21.과 같은 팝업창이 나타납니다. 장치 연결하기를 할 때는 반드시 "확장" 버튼을 이용해 메인보드를 먼저 선택해 주세요.
>
>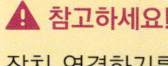
>
> 그림 1.21. 공지사항 팝업창

1.2.4. Mind+ 업로드 모드 연결법

Mind+는 MakeCode와 같이 코드를 만들어 업로드할 수 있는 기능도 제공합니다. 이번에는 Mind+의 업로드 모드 연결 방법을 살펴보도록 하겠습니다.

먼저 마이크로비트를 micro 5핀 USB 케이블을 이용해 컴퓨터에 연결한 후, 화면 상단의 **"실시간"**, **"업로드"**, **"Python"**이라고 표시된 버튼에서 **"업로드"**를 선택합니다. 그림 그림 1.22.와 같이 **"업로드"** 버튼이 하얀색으로 표시됩니다.

그림 1.22. 업로드 모드 선택하기

그리고 **"실시간"** 모드에서 했던 것과 같이 좌측 하단의 **"확장"** 버튼을 눌러 메인보드인 **"마이크로비트"**를 선택합니다.

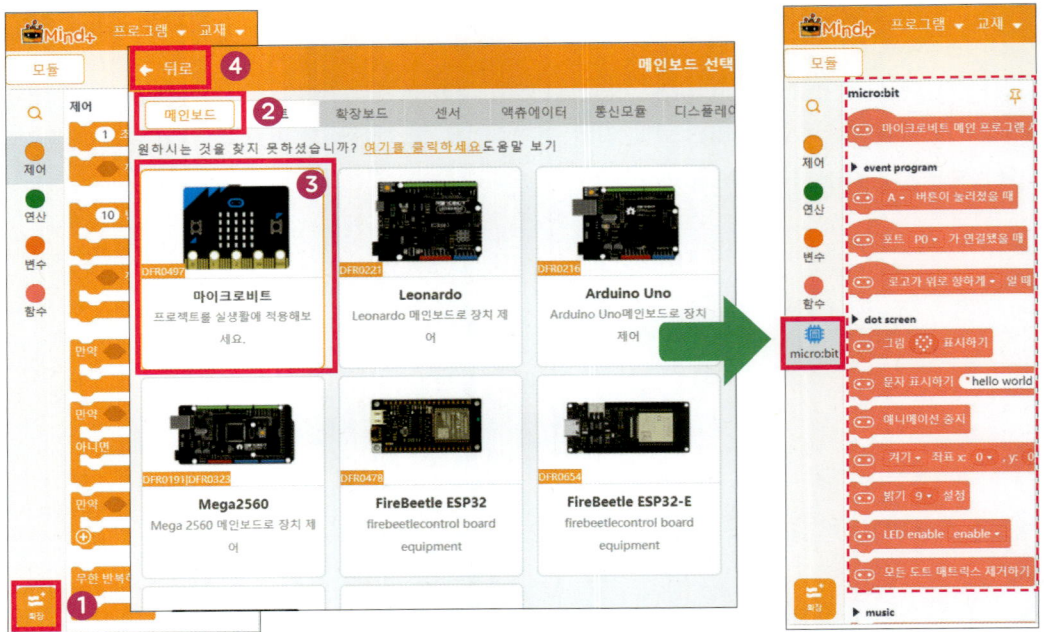

그림 1.23. 확장 메인보드 선택하기

이제 그림 1.24.와 같이 **"장치 연결하기"** 메뉴를 선택하여 마이크로비트를 Mind+와 연결합니다. 단 각자의 컴퓨터 환경에 따라 포트 번호(COM7)는 책의 그림과 다를 수 있습니다. 만약 포트가 잡히지 않는 경우에는 마이크로비트에 연결된 USB 케이블을 다시 빼서 꽂거나 USB 케이블이 데이터 통신이 가능한 것인지 확인 후 다시 연결을 시도해 보기 바랍니다.

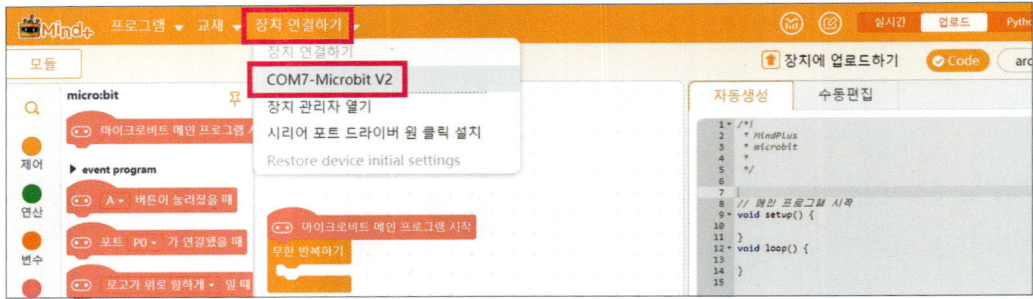

그림 1.24. Mind+에 마이크로비트 연결하기

장치 연결하기까지 완료하면 그림 1.25.와 같은 업로드 모드 화면을 확인할 수 있습니다.

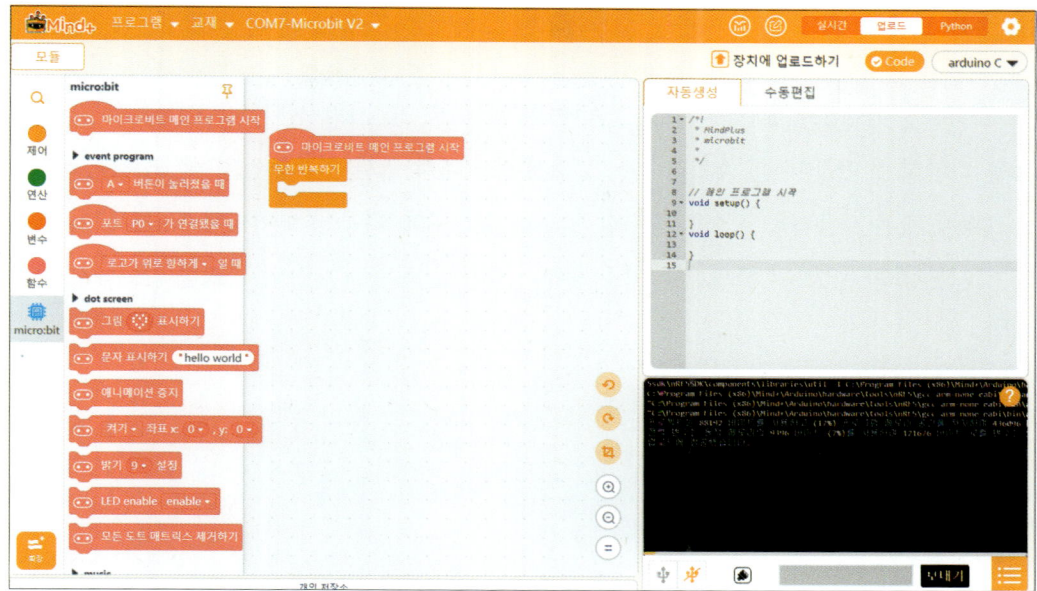

그림 1.25. Mind+ 업로드 모드 화면

이 상태에서 본인이 원하는 코드를 만든 후, 마이크로비트에 업로드하여 실습을 진행하면 됩니다. 마이크로비트에 코드를 업로드하는 방법은 내가 원하는 코드를 만든 후, 그림 1.26.과 같이 **"장치에 업로드하기"** 버튼을 누르면 됩니다. 그러면 코드 업로드 진행상황이 나타나고 진행상황이 100%가 되면 코드가 마이크로비트에 잘 업로드 된 상태입니다.

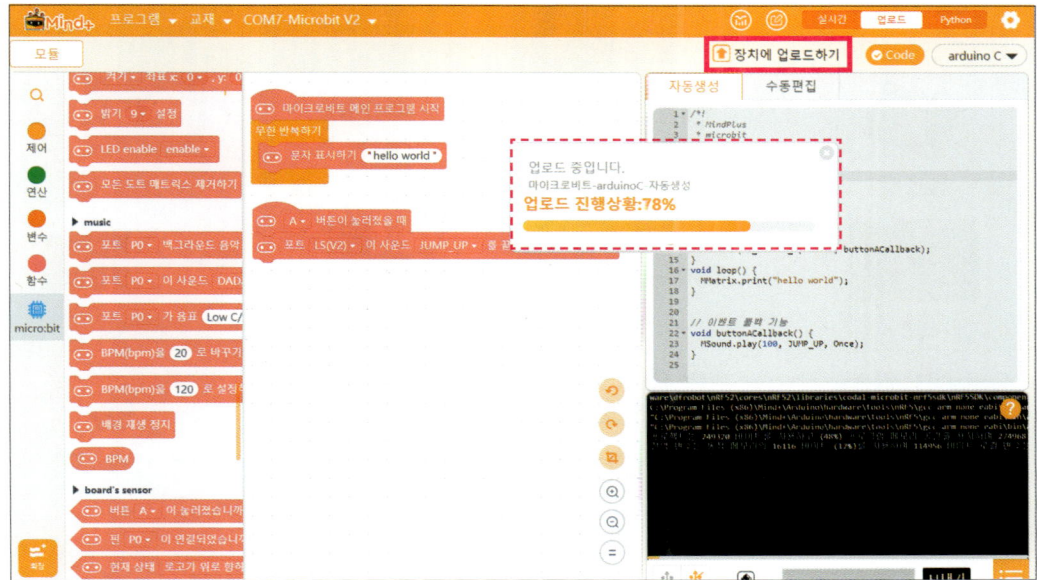

그림 1.26. 마이크로비트에 코드 업로드하기

1장 마이크로비트 올인원 키트 소개와 코딩 개발 환경 준비하기 **29**

1.2.5. 스크래치 코딩 기본문법 학습 링크

이 책에서는 Mind+ 스크래치 프로그램, 마이크로비트, 몇 가지 센서들을 이용해서 코딩 작품을 다양하게 만들어 볼 예정입니다. 그래서 스크래치 코딩 기본문법을 잘 모르는 독자는 스크래치 기본 사용법을 스스로 공부할 필요가 있습니다. 다음의 아이씨뱅큐 블로그에 스크래치 기본강좌가 있으니 스크래치 기초 공부가 필요한 독자는 다음의 링크를 참고하길 바랍니다.

➕ 아이씨뱅큐 블로그 스크래치 강좌
링크: https://blog.naver.com/icbanq/222868290829

1.3. 마이크로비트 올인원 키트와 실습예제 소개

1.3.1. 마이크로비트 올인원 키트 구성품

마이크로비트 확장보드	3색 전선	LED	PIR센서
RGB LED	기울기센서	물높이센서	버튼
빛센서	서보모터	신호등 LED	압력센서
적외선센서	초음파센서	터치센서	점퍼 케이블(FF)
micro 5핀 USB 케이블			

> ✚ 마이크로비트 올인원 키트는 아이씨뱅큐 쇼핑몰 사이트에서 구매하실 수 있습니다.
> 아이씨뱅큐 쇼핑몰: https://www.icbanq.com

1.3.2. 키트 부품을 연결하는 방법

키트 안에 들어 있는 전자부품, 마이크로비트 그리고 컴퓨터를 서로 연결하는 방법이나 전원을 연결하는 상황에 대해서 미리 숙지해야 할 사항들이 있습니다. 다음의 사항들을 꼭 이해를 하고 실습을 진행해 주길 바랍니다.

1.3.2.1. 마이크로비트와 확장보드 연결하기

마이크로비트를 확장보드에 연결할 때는 그림 1.27.과 같이 마이크로비트 전면 LED가 앞으로 향한 상태에서 꽂아 주어야 합니다. 만약 반대로 향하게 해서 꽂으면 이상 동작이나 고장의 원인이 될 수 있으니 주의해 주세요.

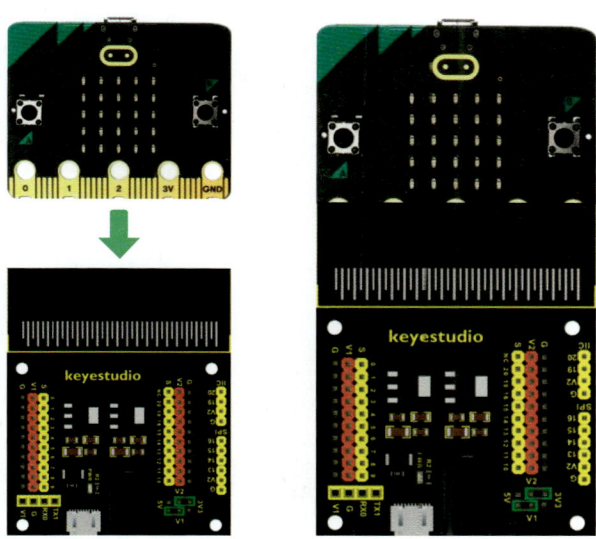

그림 1.27. 마이크로비트와 확장보드 연결

1.3.2.2. 마이크로비트와 컴퓨터 연결하기

마이크로비트 코딩 실습을 하기 위해 컴퓨터와 마이크로비트를 USB 케이블로 연결한 모습이 그림 1.28.에 나와 있습니다. USB 케이블은 micro 5핀 USB 케이블로서 데이터 통신이 되는 타입이어야 합니다.

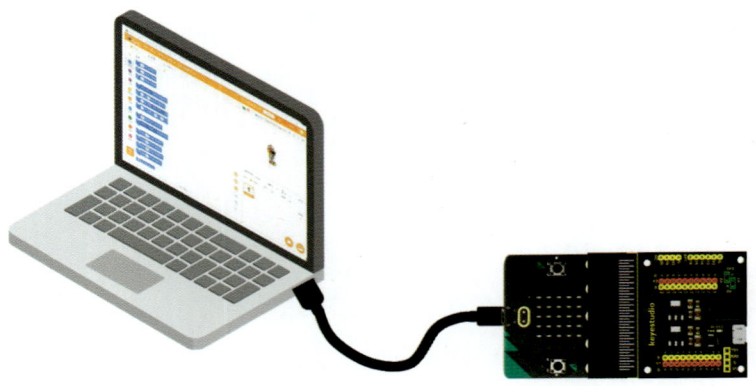

그림 1.28. 컴퓨터와 마이크로비트 연결하기

1.3.2.3. 마이크로비트에 외부 전원 연결하기

[업로드 모드]

Mind+의 업로드 모드에서 만든 실습용 코드를 마이크로비트에 업로드한 뒤 컴퓨터와 연결을 끊고 휴대해서 작동시키고 싶다면 그림 1.29.와 같이 건전지(9V)를 연결하는 방법이 있습니다. 또는 USB 케이블을 이용해 보조배터리를 연결해도 됩니다.

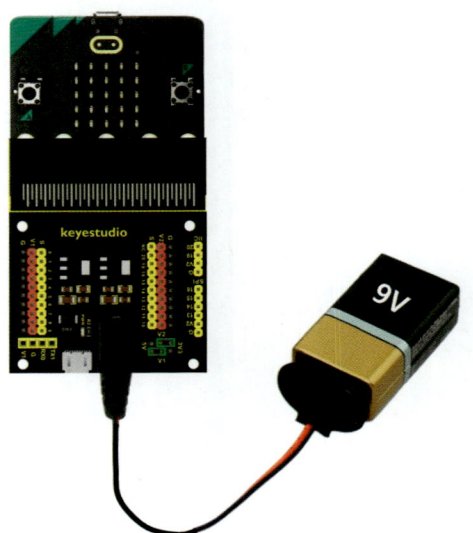

그림 1.29. 업로드 모드 외부 전원 연결법 1

만약 DC 모터나 서보모터, LCD 등의 전력을 많이 소비하는 전자부품을 작동하는 작품을 만든 후 코드를 업로드하였는데 건전지가 없어서 USB 케이블을 연결한 채로 작동을 하려고 하면 원활하게 작동이 안 되는 경우가 있을 수 있습니다. 그 이유는 컴퓨터에서 USB 케이블을 통해 공급되는 전원이 마이크로비트를 통해서 많이 줄어들기 때문입니다. 이럴 때는 실습 코드를 먼저 업로드한 다음 USB 케이블을 그림 1.30.과 같이 확장보드의 외부 전원 커넥터에 연결해 다시 작동시켜 보기 바랍니다. 그러면 좀 더 충분한 전원이 공급되어서 모터나 LCD같이 전력을 많이 소비하는 장치가 원활하게 작동될 것입니다.

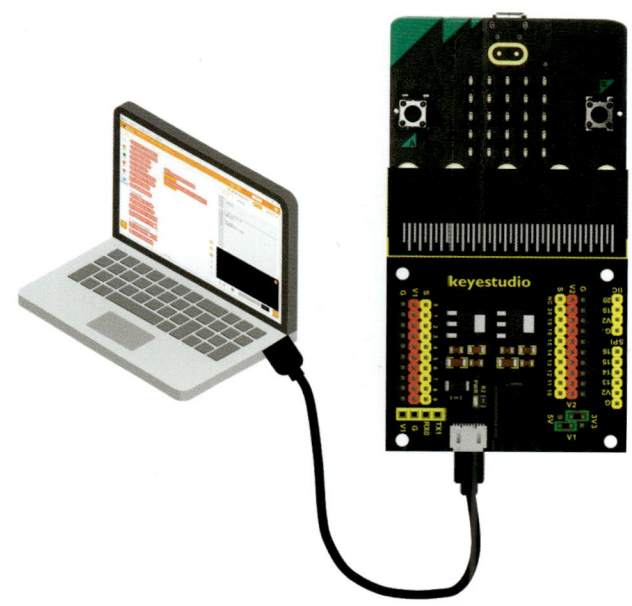

그림 1.30. 업로드 모드 외부 전원 연결법 2

[실시간 모드]

Mind+의 실시간 모드에서 만든 실습 코드가 모터나 LCD를 다수 사용해서 전력이 많이 필요할 경우에는 그림 1.31.과 같이 배터리를 추가로 연결하면 됩니다.

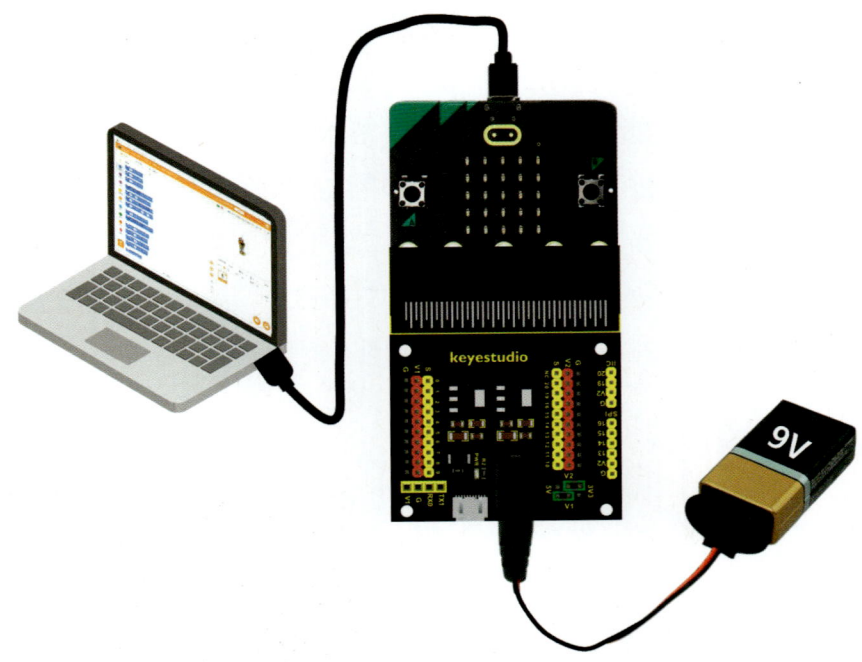

그림 1.31. 실시간 모드 외부 전원 연결법 1

만약 당장 준비된 배터리가 없고 대신 USB 케이블이 하나 더 준비되어 있다면, 그림 1.32. 와 같이 컴퓨터의 두 번째 USB 포트에 케이블을 연결하고 확장보드의 외부 전원 단자에 연결해 주는 것도 추가 전력을 공급하는 방법이 될 수 있습니다.

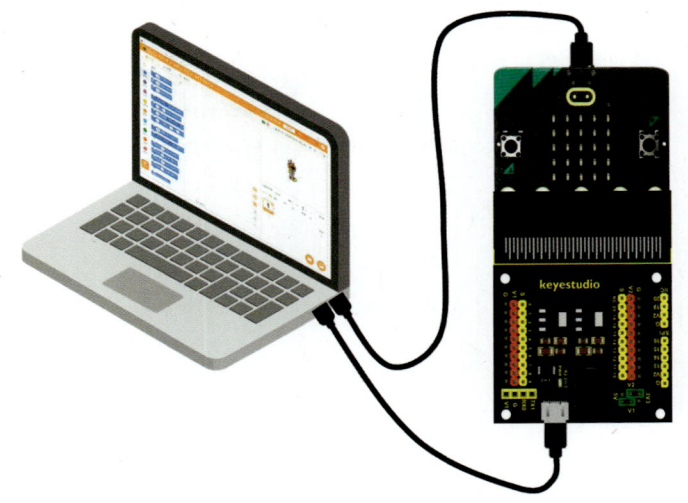

그림 1.32. 실시간 모드 외부 전원 연결법 2

1.3.2.4. 전자부품을 마이크로비트와 연결하기

키트 속에 들어 있는 전자부품을 마이크로비트에 직접 연결하기는 어려워 확장보드를 이용해서 연결해야 합니다. 이때 키트 속의 3색 케이블과 점퍼 케이블(F-F)을 활용해서 어떻게 연결해야 하는지 설명하겠습니다.

* F-F는 Female-Female의 약자로서 점퍼 케이블의 양 끝부분에 금속핀이 없고, 금속핀을 꽂을 수 있는 구멍이 나 있는 것을 의미.

키트에 들어 있는 대부분의 전자 부품은 3핀 연결입니다. 부품 연결 부위에 보면 S(신호), V(전원 +), G(전원 -)라는 알파벳이 적혀 있습니다. 그래서 편하게 연결하기 위해 3색 전선을 이용해서 그림 1.33.과 같이 연결할 수 있습니다.

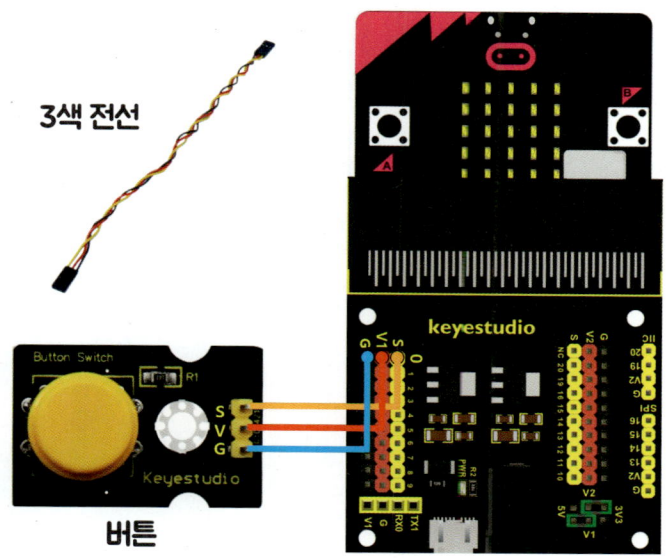

그림 1.33. 3색 전선 연결

여기에서 3색 전선의 노란색 전선을 S(신호)에 맞춰서 연결해 주세요. 그리고 V는 빨간색 전선, G는 검정색 전선으로 맞춰 주세요. 그림 1.33.에서 검정색 선은 파란색으로 표현했습니다.

중요한 것은 버튼 같은 전자 부품의 "S" 부분이 확장보드의 "S"에 맞게 연결되어야 한다는 점입니다. 나머지 V, G도 마찬가지로 서로 맞게 연결되어야 합니다. 그림 1.34.에 이러한 것을 강조해서 표시했습니다.

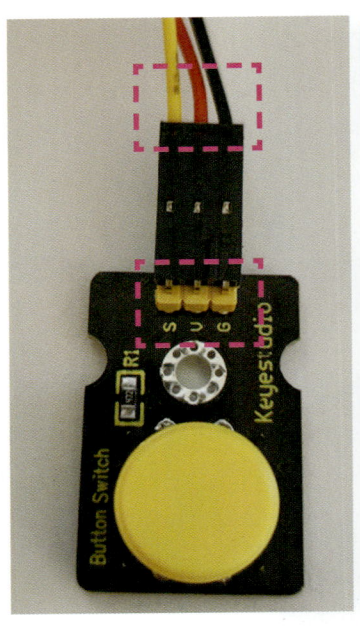

그림 1.34. 부품 연결

키트 속의 부품 중에 3핀이 아닌, 4핀, 5핀의 전자 부품도 있습니다.
이런 전자부품은 그림 1.35.의 점퍼 케이블(F-F)을 하나씩 뜯어서 사용하면 됩니다. 이때는 3색 전선처럼 색깔을 신경 쓰지 말고 각 챕터별 회로도를 잘 보고 그대로 연결해 주면 됩니다.

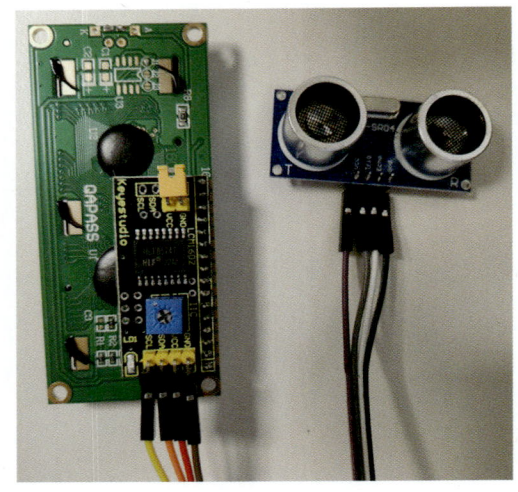

그림 1.35. 점퍼 케이블(F-F) 연결

memo

1.3.3. 책에서 다루는 실습예제 소개

챕터	작품 대표 이미지	작품 요약
2		마이크로비트 보드만 활용해서 간단하게 여러 작품을 만들어 봅니다.
3		- "버튼 빨리 누르기 게임"을 만듭니다. - 센서로 작동하는 "빵 자르기 게임"을 만듭니다.
4		- 세게 흔들어 작동하는 "소다로켓 쏘아 올리기 게임"을 만듭니다. - 흔들어 작동하는 "플래피 버드 게임"을 만듭니다.
5	전원 ON 전원 OFF	- LED로 "전원 ON/OFF 표시" 장치를 만들어 봅니다. - 센서를 이용해 자동으로 켜지는 "길거리 가로등"을 만들어 봅니다.

챕터	작품 대표 이미지	작품 요약
6		- LED로 "컬러 LED 무드등"을 만듭니다. - LED로 "교통 신호등"을 만듭니다.
7		- 센서와 LED로 "경광봉"을 만듭니다. - 센서와 LED로 "터치형 전등"을 만듭니다.
8		- 센서로 "스마트변기"를 만듭니다. - 센서와 LCD로 "물높이 알람장치"를 만듭니다.
9		- 여러 가지 전자장치를 제어하는 패널을 만듭니다. - 센서를 화면에 시각화 하는 프로그램을 만듭니다.
10	A 버튼 누를 때 센서값 (빛, 적외선) / B 버튼 누를 때 센서값 (압력, 터치)	- LCD로 센서를 모니터링하는 장치를 만듭니다. - 센서와 LED로 "자동차 후방감지 장치"를 만듭니다.

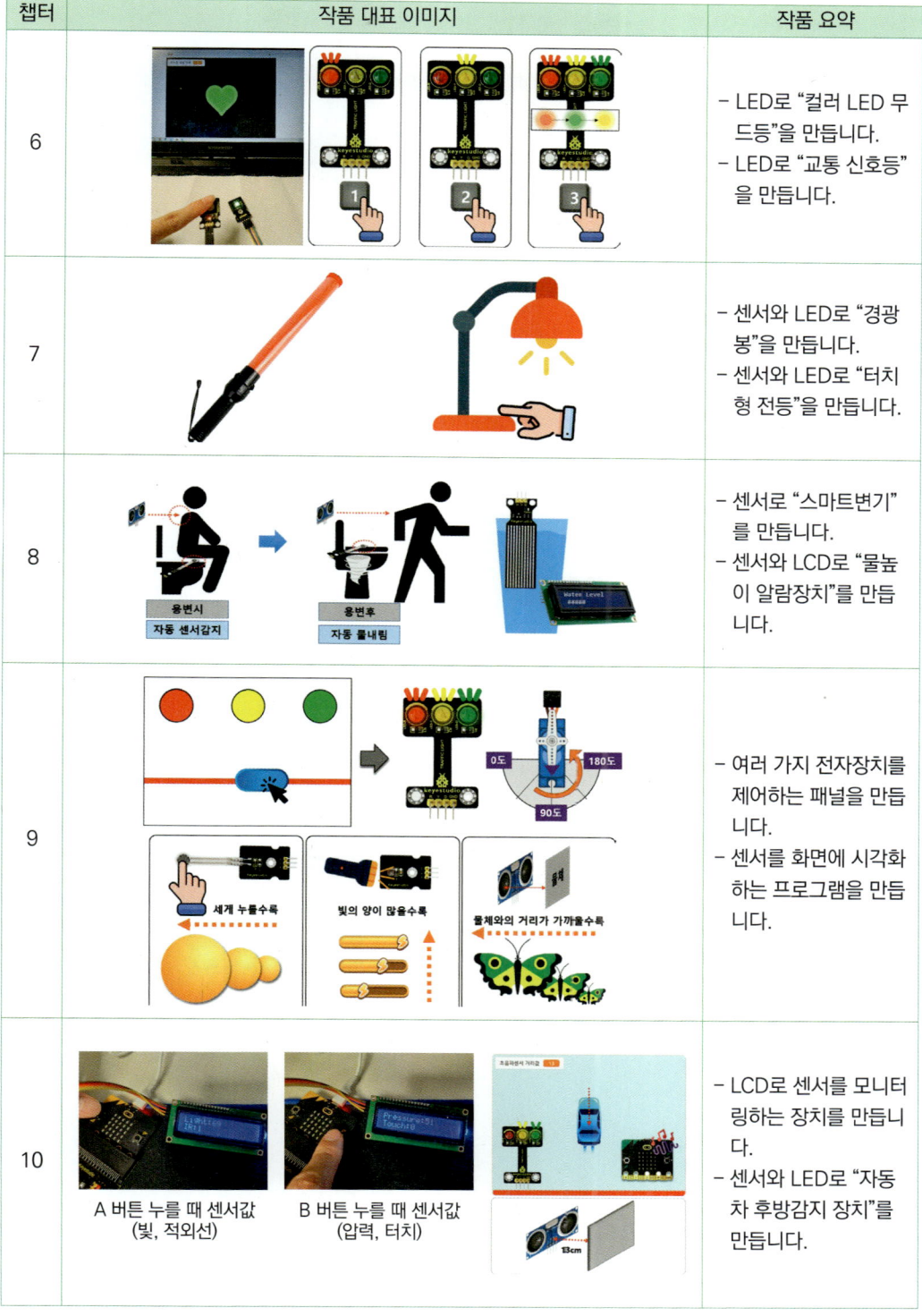

1장 마이크로비트 올인원 키트 소개와 코딩 개발 환경 준비하기

마이크로비트
기본 명령 블록으로 제어해 보기

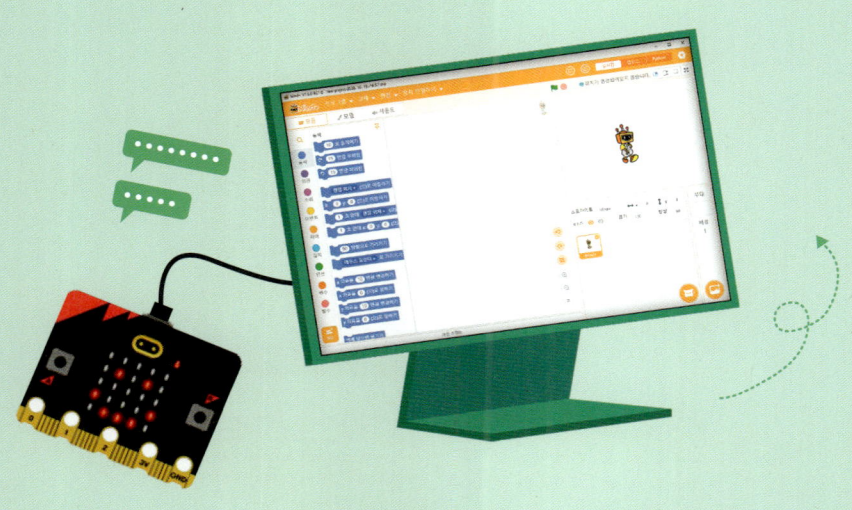

마이크로비트 기본 명령 블록으로 제어해 보기

학습 요약	
학습 목표	마이크로비트의 기본 명령 블록을 익히고 기초적인 제어를 해 봅니다.
핵심 키워드	마이크로비트, Mind+, 스크래치, 명령 블록
준비물	마이크로비트 올인원 키트, 컴퓨터
학습 시간	1시간
학습 난이도	★☆☆☆☆

2.1. 마이크로비트 기본 명령 블록 알아보기

Mind+ 프로그램의 **"확장"** 버튼을 눌러 마이크로비트를 선택했을 때 다음 그림과 같이 마이크로비트 카테고리와 전용 명령 블록이 생깁니다.

그림 2.1. 마이크로비트 전용 명령 블록

이 명령 블록들이 어떤 기능을 하는 건지 카테고리별로 나누면 다음과 같습니다.

event program	
A 버튼이 눌러졌을 때	마이크로비트의 버튼 A, B를 누르면 실행되는 명령 블록
포트 P0 가 연결됐을 때	마이크로비트의 확장 포트(P0, P1, P2, LOGO)에 입력값이 들어오면 실행되는 명령 블록
로고가 위로 향하게 일 때	마이크로비트를 움직여서 내장 기울기센서값에 변화가 있으면 실행되는 명령 블록
dot screen	
그림 표시하기	마이크로비트 앞면에 있는 LED에 그림 아이콘을 표시하는 블록
문자 표시하기 hello world	마이크로비트 앞면에 있는 LED에 글자를 나타내는 명령 블록
켜기 좌표 x: 0 , y: 0	마이크로비트 앞면에 있는 특정 위치의 LED를 작동시키는 명령 블록
밝기 9 설정	마이크로비트 앞면에 있는 LED의 밝기 값을 설정하는 명령 블록
모든 도트 매트릭스 제거하기	마이크로비트 앞면에 있는 LED를 모두 끄게 하는(OFF) 명령 블록
music	
포트 P0 백그라운드 음악 DADADADUM 을 재생합니다.	마이크로비트에 연결된 스피커로 음악을 발생시키는 명령 블록
포트 P0 이 사운드 DADADADUM 을 끝날 때까지 재생합니다.	마이크로비트에 연결된 스피커로 음악 재생이 완전히 끝날 때까지 실행하는 명령 블록
포트 P0 가 음표 Low C/C3 비트 1 을 재생합니다.	선택한 음표와 비트(박자)에 맞춰 음을 재생하는 명령 블록
BPM(bpm)을 20 로 바꾸기	재생되는 음악의 BPM(1분당 비트 수)값을 더하거나 뺄 때 사용하는 명령 블록
BPM(bpm)을 120 로 설정하기	재생되는 음악의 BPM을 특정 값으로 결정하는 데에 사용되는 명령 블록
BPM	재생되는 음악의 현재 BPM값을 저장하고 있는 변수

board's sensor	
버튼 A ▼ 이 눌러졌습니까?	마이크로비트의 버튼이 눌리면 참 값을, 안 눌리면 거짓 값을 갖는 명령 블록
핀 P0 ▼ 이 연결되었습니까?	마이크로비트 확장 포트에 입력값이 있으면 참 값을, 없으면 거짓 값을 갖는 명령 블록
현재 상태 로고가 위로 향하게 ▼ 는?	마이크로비트가 특정 방향으로 기울었으면 참 값을, 기울지 않으면 거짓 값을 갖는 명령 블록
주변 조도 읽어내기	마이크로비트에 내장된 빛센서값을 저장하고 있는 명령 블록
나침반 방향(°) 읽기	마이크로비트에 내장된 자기장센서값을 저장하고 있는 명령 블록
온도값(°C) 읽기	마이크로비트에 내장된 온도센서값을 저장하고 있는 명령 블록
가속도 값 x ▼ 읽기(mg)	마이크로비트에 내장된 가속도센서값을 저장하고 있는 명령 블록
accurate compass	마이크로비트에 내장된 자기장센서값의 정확도를 조절하는 명령 블록
get sound level(V2)	마이크로비트에 내장된 마이크로 입력된 소리 값을 저장하고 있는 명령 블록
pin operation	
디지털핀 P0 ▼ 읽기	마이크로비트의 특정 디지털핀에 입력된 전기신호 값이 있으면 참 값을, 없으면 거짓 값을 저장하는 명령 블록
아날로그핀 P0 ▼ 읽기	마이크로비트의 특정 아날로그 핀에 입력된 값을 저장하고 있는 명령 블록
디지털핀 P0 ▼ 출력 낮은 ▼ 레벨 설정하기	마이크로비트의 특정 핀으로 디지털 전기를 내보낼 때 사용하는 명령 블록
아날로그핀 P0 ▼ 출력 666 설정하기	마이크로비트의 특정 핀으로 PWM 전기를 내보낼 때 사용하는 명령 블록
wireless communication	
오프라인 채널을 7 로 설정하기	마이크로비트로 무선 라디오 통신을 사용할 때 그룹 번호를 설정하는 명령 블록
열기 ▼ 오프라인 통신	마이크로비트를 이용한 무선 라디오 통신을 시작하는 명령 블록
오프라인으로 hello 전송하기	무선 라디오 통신으로 문자열 데이터를 보낼 때 사용하는 명령 블록
오프라인 데이터 ▼ 를 수신할 때	무선 라디오 통신으로 입력된 데이터가 있을 때 실행되는 명령 블록

	system resource
 시스템 운영 시간(ms)	프로그램이 시작된 이래로 얼마의 시간이 흘렀는지 milliseconds 단위로 시간을 저장하는 명령 블록

다음에 나오는 2.2. LED로 이모티콘 만들기에서는 간단한 작품을 만들어 보며 마이크로비트 기본 명령 블록 사용법을 알아보도록 하겠습니다.

2.2. LED로 이모티콘 만들기

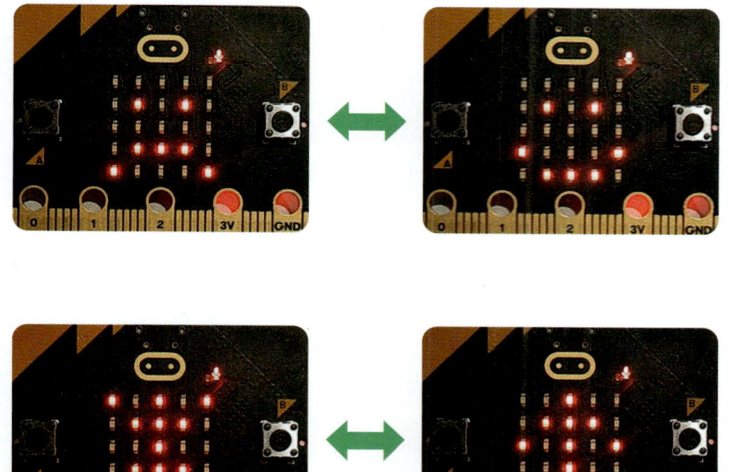

그림 2.2. LED로 이모티콘 만들기

마이크로비트의 앞면에 있는 25개의 LED를 이용하면 그림이나 글자를 나타낼 수 있습니다. 그림 2.2.는 LED로 이모티콘을 만든 모습으로 마이크로비트로 만들어 볼 첫 작품입니다.

먼저 컴퓨터에서 Mind+를 실행시키고 USB 케이블로 마이크로비트와 컴퓨터를 연결합니다.

그림 2.3. 컴퓨터와 마이크로비트 연결하기

그리고 Mind+의 **"확장"** 버튼을 눌러 마이크로비트 보드를 불러온 뒤, **"실시간"** 모드 연결을 해 줍니다. 실시간 연결 방법을 모르겠다면 1장 내용을 참고해 주세요.

모든 연결이 완료되면 다음의 절차대로 코딩을 해 줍니다.

그림 2.4.

그림 2.5. 그림 표시하기

[이벤트] 카테고리에서 **"스페이스 키를 눌렀을 때"**를 가져와 **"스페이스"**를 키보드 **"1"**로 바꾸어 **"1키를 눌렀을 때"**로 만들어 줍니다. 그러면 키보드 1번을 눌렀을 때 이 명령 블록이 실행됩니다. 그리고 **[제어]** 카테고리에서 **"10번 중복 실행하기"**를 가져와 반복 횟수를 5번으로 바꿔 줍니다. 그리고 마이크로비트의 앞면에 있는 LED를 제어하는 **"그림~표시하기"** 블록을 **[micro:bit]** 카테고리에서 가져와 웃는 얼굴과 우는 얼굴로 그려 주고 **"1초 기다리기"**를 사용하여 천천히 실행될 수 있도록 해 줍니다.

"그림~표시하기" 블록은 왼쪽 그림에서처럼, 그림 부분을 클릭하면 아래에 LED를 켜거나 끄는 것을 편집할 수 있는 창이 나옵니다. 이 창에서 마우스로 사각형을 하나씩 클릭하여 내가 원하는 모습의 LED를 쉽게 만들 수 있습니다.

이번에는 **"2키를 눌렀을 때"**를 블록에 **"5번 중복 실행하기"**를 연결해 줍니다. 그리고 LED 그림을 사람 모양으로 하되 두 손을 올렸다 내렸다 하는 동작이 반복되게끔 만들어 줍니다. 사람 모양이 좀 더 역동적으로 움직이게 느껴지도록 기다리는 시간을 **"0.5초 기다리기"**로 해 줍니다.

그림 2.6.

이제 첫 번째 마이크로비트 작품의 코드를 모두 완성했습니다. 최종 완성 코드는 다음과 같습니다.

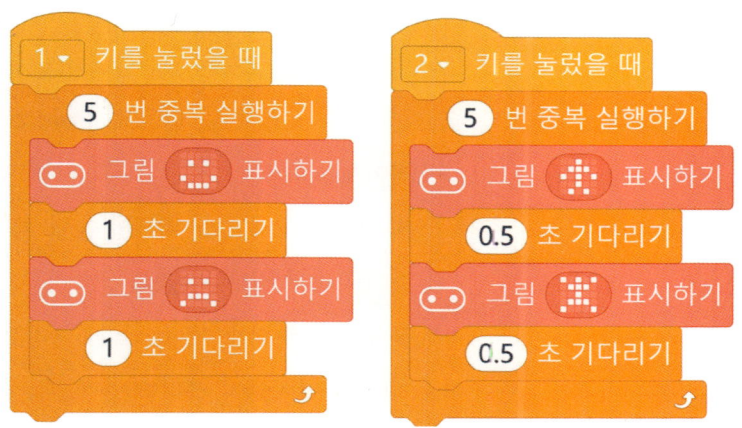

그림 2.7. 완성 코드

실시간 모드이기 때문에 키보드의 숫자 1키와 2키를 누르기만 해도 마이크로비트의 LED에 이모티콘 변화가 그림 2.2.처럼 나타날 것입니다.

2.3. 버튼 눌러 숫자 바꾸기

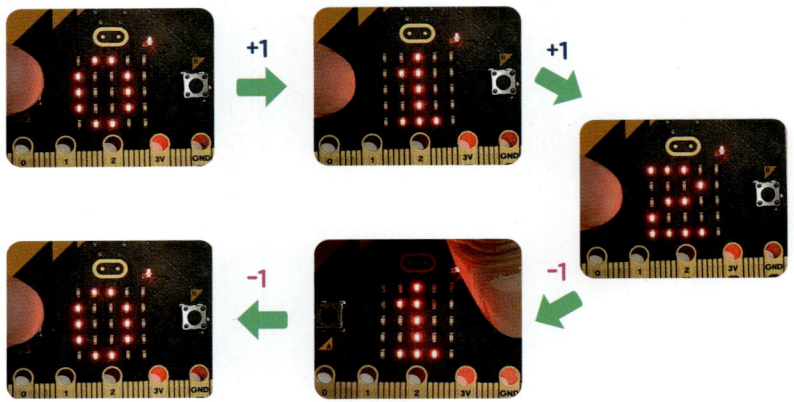

그림 2.8. 버튼 눌러 숫자 바꾸기

이번에는 마이크로비트의 버튼 A, B를 눌러서 LED에 나타나는 숫자 값이 1씩 바뀌는 작품을 만들어 보겠습니다. 마이크로비트 보드를 실시간 모드로 연결해 주세요.

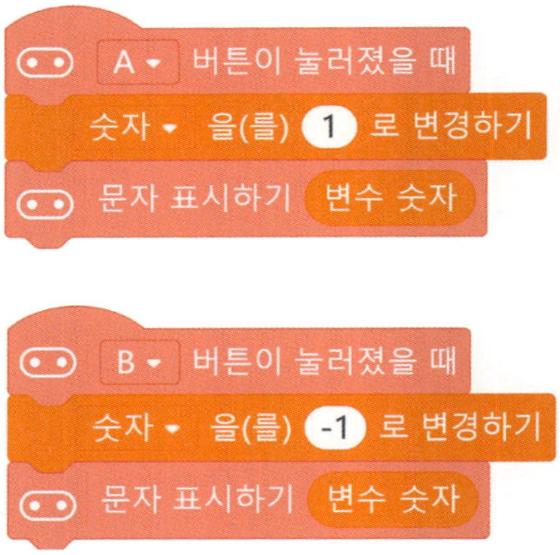

이번 작품의 코드는 간단합니다.

변수 **"숫자"**를 하나 만들고, **[micro:bit]** 카테고리에서 **"A 버튼이 눌러졌을 때"** 명령 블록을 가져옵니다. 그리고 A 버튼이 눌릴 때 변수 **"숫자"** 값이 1씩 커질 수 있도록 **"숫자를 1로 변경하기"** 블록을 실행되게 해 줍니다. 그리고 LED에 숫자 값을 표시해야 하니까 **"문자 표시하기"**에 변수 **"숫자"** 블록을 넣어 줍니다.

B 버튼을 눌렀을 때는 **"숫자를 -1로 변경하기"**로 해서 B 버튼을 누를 때마다 변수값이 1씩 작아지게 해 줍니다.

그림 2.9. 완성코드

그림 2.9.와 같이 코드를 완성하고 실시간 모드 상태에서, 마이크로비트의 버튼 A, B를 한 번씩 눌러 보세요. 그러면 그림 2.8.과 같이 마이크로비트 앞면의 LED에 숫자 값이 1씩 변화가 생기는 것을 확인할 수 있습니다.

2.4. 소음 측정기 만들기

그림 2.10. 소음 측정기

이번 작품은 마이크로비트에 내장된 마이크로 감지되는 소리의 크기를 LED로 표시하는 소음 측정기입니다. 감지되는 소리 값이 작으면 LED가 조금만 켜지고, 소리 값이 크면 LED가 많이 켜지게 코딩을 하면 됩니다. 이제 작품 코딩을 시작하기 위해 실시간 모드를 준비하세요.

실시간 모드가 완료되면, **[micro:bit]** 카테고리에서 마이크 소리 값을 저장하고 있는 **"get sound level(V2)"** 변수 블록을 가져옵니다. 이 블록이 가지고 있는 값의 범위가 0~255인데, 이 범위 값을 좁히기 위해 **"0 [0,1023]에서 [0,255]까지 매핑합니다"** 명령 블록을 가져와 그림 2.11.처럼 연결해 줍니다. 매핑이라는 것은 어떤 변수의 범위 값을(ex: [0~1023]) 내가 원하는 범위 값으로(ex: [0~50]) 바꿔 주는 기법입니다. 이렇게 바꾼 값은 소수점이 포함된 값으로 나와 우리가 보기에 불편해서 정수형으로 바꿔 주기 위해 **"반올림"** 명령 블록을 하나 더 넣어 주도록 합니다.

`get sound level(V2) [ 0 , 255 ]에서[ 0 , 50 ]까지 매핑합니다. 의 반올림`

그림 2.11.

변수 **"소리크기"**를 하나 만듭니다. 그리고 그림 2.11.에서 만든 소리 값을 변수 **"소리크기"**에 저장해 줍니다. **"소리크기"** 변수에 저장되는 명령은 **"스페이스 키를 눌렀을 때"** 무한 반복으로 실행되게 해 줍니다.

그림 2.12.

변수 **"소리크기"** 값이 1보다 작으면 마이크로비트의 LED가 다 꺼지게 합니다. 그리고 10, 20, 30, 40, 50까지 10단위만큼 비교를 해서 LED가 감지된 소리크기에 비례해서 한 줄씩 켜지게 코딩해 줍니다. 그 코딩 방법은 그림 2.13.에 나와 있습니다.

그림 2.13. 완성코드

그림 2.13.처럼 모든 코딩이 완료되었으면, 스페이스 키를 눌러 명령 블록들이 실행되게 해 줍니다. 이제 그림 2.10.의 마이크(노란색 동그라미 부분)에 목소리나 박수 소리 같은 것을 작게, 또는 크게 내 주어 마이크로비트 LED가 소리 크기에 비례해서 켜지는지 확인해 봅니다.

2.5. 도레미 음악 연주하기

그림 2.14. 도레미 음악 연주

이번 작품은 마이크로비트에 내장되어 있는 스피커를 이용하여 음악 연주를 해 보는 실습입니다. Mind+ 스크래치 프로그램에는 계이름과 박자를 조절할 수 있는 명령 블록이 있어서 음악 연주 코딩을 쉽게 할 수 있습니다. 실시간 모드 준비를 하고 다음의 코딩을 따라 해 보세요.

그림 2.15.

"녹색 깃발 클릭했을 때"를 가져오고 [micro:bit] 카테고리에서 "포트 ~가 음표 ~비트 1를 재생합니다" 명령 블록을 가져옵니다. 이 블록은 계이름 소리를 만들어 내는 명령어로서 제일 앞에 포트를 "LS(V2)"로 해 줍니다. 그 이유는 마이크로비트 버전 V2부터 스피커가 들어 있기 때문에 마이크로비트 버전을 의미하는 V2가 선택되어야 합니다. 그리고 "음표" 오른쪽의 하얀색 부분을 클릭하면 그림 2.15.처럼 피아노 건반이 나옵니다. 이 건반에서 내가 원하는 계이름을 선택할 수 있습니다. 그리고 "비트" 다음에 오는 숫자를 선택해서 계이름의 박자를 설정할 수 있습니다.

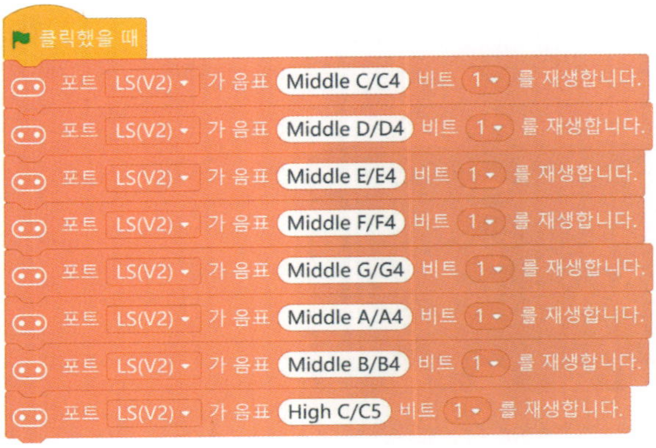

이제 그림 2.16.처럼 코딩을 해 보고 녹색 깃발을 클릭해 보세요. 그러면 "도, 레, 미, 파, 솔, 라, 시, 도" 계이름 소리가 1박자 간격으로 발생될 것입니다.

그림 2.16. 완성코드

도레미 계이름 소리가 잘 발생되었다면, 인터넷에서 "학교종", "작은별" 같은 동요의 악보를 검색해서 계이름과 박자를 파악한 다음, 마이크로비트 내장 스피커로 음악 연주를 해 보세요.

2.6. 흔들면 숫자가 나오는 주사위

그림 2.17. 마이크로비트 주사위

마이크로비트에 내장되어 있는 가속도센서는 마이크로비트가 어느 방향으로 얼마나 기울었는지를 파악하는 데에 사용됩니다. 그래서 마이크로비트를 흔들었을 때 작동되는 이벤트 명령 블록과 LED 장치를 이용하면, 흔들어서 숫자를 나타내는 주사위를 쉽게 만들 수 있습니다. 실시간 모드가 준비되었다면 다음의 코딩을 따라 해 보세요.

마이크로비트가 흔들렸을 때를 감지하는 **"흔들기일 때"** 명령 블록을 **[micro:bit]** 카테고리에서 가져옵니다. 그리고 흔들 때마다 소리가 발생되도록 **"포트 LS(V2) 백그라운드 음악 BA_DING을 재생합니다"** 명령 블록이 바로 실행되도록 그림 2.18.처럼 코딩해 줍니다.

그림 2.18.

마지막으로 변수 **"주사위 숫자"** 를 만들고, 이 변수에 **"1과 6사이의 임의의 난수를 취합니다"** 명령 블록을 넣어서 1~6 숫자 중 랜덤으로 숫자가 저장되게 해 줍니다. 그리고 LED에 주사위 숫자를 표시하기 위해 **"문자 표시하기~"** 블록에 변수 **"주사위 숫자"** 를 넣어 줍니다.

그림 2.19. 완성코드

이제 모든 코드가 완성되었습니다. 그림 2.17.처럼 마이크로비트를 손으로 잡고 흔들었을 때 소리가 발생되며 LED에 주사위 숫자 값이 랜덤으로 나타나는지 확인해 보세요.

센서로 게임 만들기
프로젝트 ①

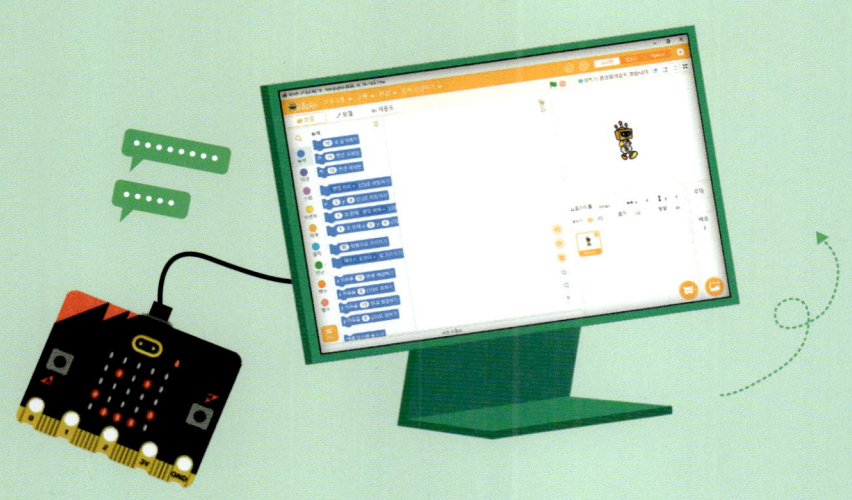

센서로 게임 만들기 프로젝트 ①

학습 요약	
학습 목표	마이크로비트에 센서를 하나씩 연결해 간단한 게임을 만들어 봅니다.
핵심 키워드	마이크로비트, Mind+, 스크래치, 버튼, 적외선센서
준비물	마이크로비트 올인원 키트, 컴퓨터
학습 시간	2시간
학습 난이도	★☆☆☆☆

3.1. 버튼 빨리 누르기 게임

3.1.1. 작품 미리보기

이번 장의 첫 번째 작품은 버튼을 빠르게 100번 눌러야 하는 게임입니다. 제한시간(20초) 안에 버튼을 100번 이상 클릭하게 되면 게임 성공이고, 클릭 횟수가 100번보다 적으면 게임 실패를 하게 됩니다. 게임이 단순하기 때문에 부품 준비와 회로도 연결만 잘 한다면 코딩 실습은 금방 따라올 수 있을 겁니다.

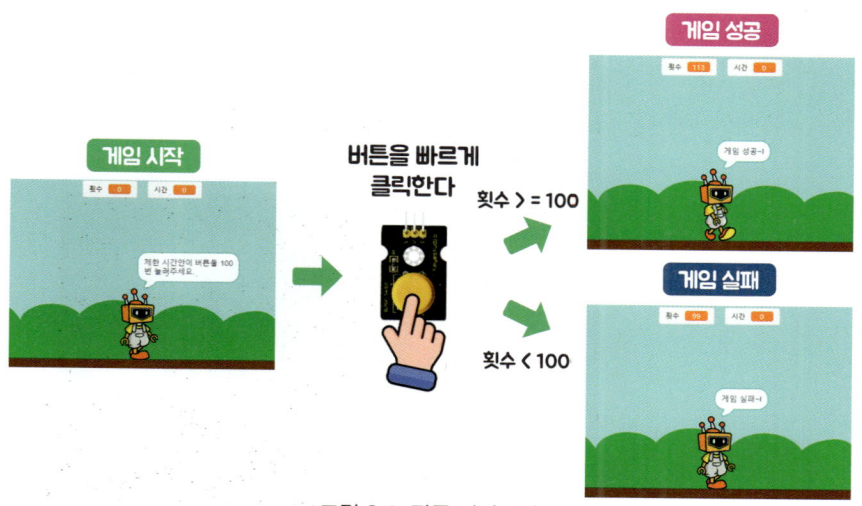

그림 3.1. 작품 미리보기

3.1.2. 준비하기

마이크로비트와 확장보드, 전선 같은 기본적인 부품 외에 버튼 하나를 준비합니다.

이미지	부품명	개수
	마이크로비트	1
	확장보드	1
	micro 5핀 USB 케이블	1
	버튼	1
	3색 전선	1

3.1.3. 회로도

3색 전선을 이용해서 버튼을 확장보드의 0번에 연결하면 됩니다.

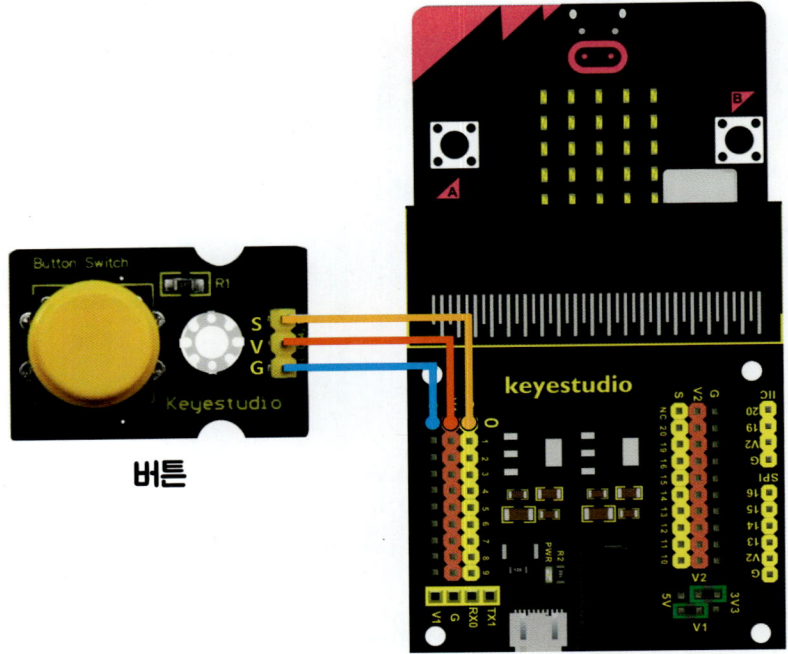

그림 3.2. 회로도

버튼 핀	마이크로비트 핀
S	S (0번)
V	V1 (0번)
G	G (0번)

> 회로도 연결 완료 후, 마이크로비트를 컴퓨터에 연결하고 마인드 플러스는 **[실시간 모드]**로 설정해 주세요.

3.1.4. 코딩하기

작품의 알고리즘을 순서도로 나타내면 다음과 같습니다.

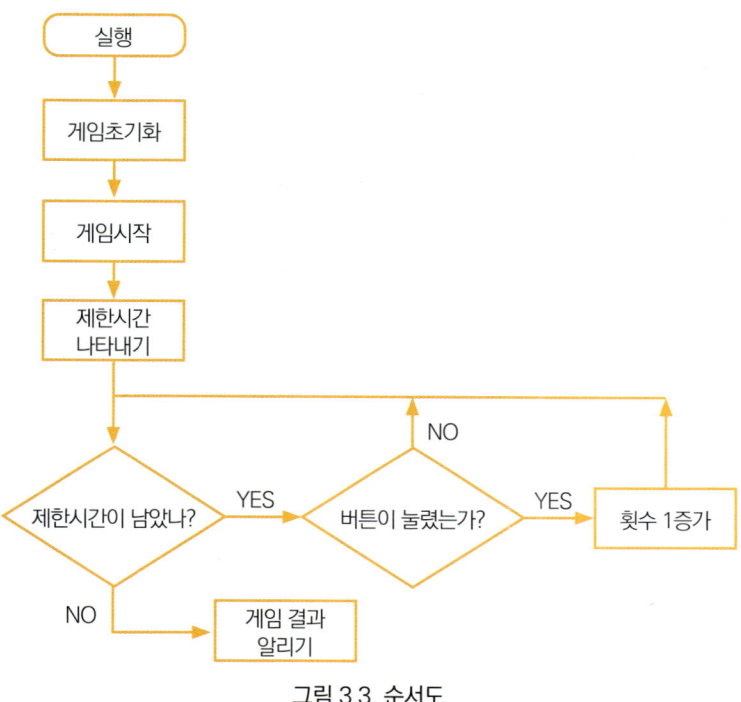

그림 3.3. 순서도

이 작품은 처음에 게임에 필요한 변수의 값을 시작 상태로 되돌리는 "게임 초기화" 이벤트를 제일 먼저 실행합니다. 그리고 "게임 시작" 이벤트를 실행하여 게임이 실행된다는 글자를 "말하기" 명령 블록으로 표현해 줍니다. 그리고 "제한시간" 이벤트로 제한시간(20초)을 계산하여 표현하는 코딩을 해 줍니다. 만약 제한시간 안에서 사용자가 버튼을 눌렀으면 "횟수" 변수값을 1씩 증가시켜 줍니다. 제한시간이 끝난 뒤, "횟수" 변수값이 100을 넘으면 게임 성공을, 100을 넘지 못하면 게임 실패를 알리는 행위를 "결과 알리기" 이벤트에서 실행시켜 줍니다.

이제 순서도에 맞춰서 코딩을 시작해 보겠습니다.

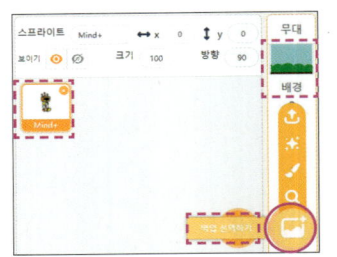

그림 3.4. 스프라이트와 무대 배경 선택

먼저 작품에 필요한 스프라이트와 무대 배경을 선택해 보겠습니다.

그림 3.4.에 표시된 **"백업 선택하기"** 아이콘을 클릭해 **"Blue Sky"**라는 이름의 배경을 가져옵니다. 스프라이트는 기본으로 표시되는 **"Mind+"**를 그대로 사용하겠습니다.

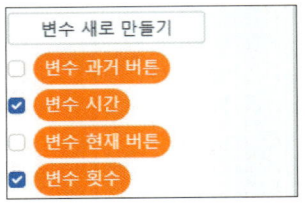

그림 3.5. 변수

게임에 필요한 변수를 그림 3.5.와 같이 4개(과거 버튼, 시간, 현재 버튼, 횟수) 만들어 줍니다. 이 중 **"시간"**과 **"횟수"** 변수는 게임 화면에서 보일 수 있도록 체크 박스에 체크☑ 표시를 해 줍니다.

이제 "Mind+" 스프라이트를 선택하여 코딩을 해 보겠습니다.

그림 3.6. 스페이스 키를 눌렀을 때

[이벤트] 카테고리에서 **"스페이스 키를 눌렀을 때"**를 가져오고, 그 아래에 순서대로 **"게임초기화 신호 보내고 기다리기"**, **"게임시작 신호 보내고 기다리기"**, **"제한시간 신호 보내기"** 3가지 이벤트를 만들어서 연결합니다. 이때 **"게임초기화"**와 **"게임 시작"**은 신호 보내고 기다리기 이벤트로 **"제한시간"**은 신호 보내기 이벤트로 만들어야 한다는 점 주의하세요.

[micro:bit] 카테고리에서 **"디지털핀 P0 읽기"** 블록을 가져와 변수 **"현재 버튼"** 값으로 설정합니다. 그리고 [제어] 카테고리에서 **"무한 반복하기"** 명령 블록을 가져와 변수 블록을 감싸 줍니다. 이렇게 하면 마이크로비트 0번 핀에 연결된 버튼의 현재 상태값을 변수 **"현재 버튼"**에 저장할 수 있습니다. 참고로 버튼이 눌리면 0, 안 눌리면 1의 값을 가집니다.

이제 버튼을 눌렀을 때 변수 **"횟수"**의 값을 1 증가시키는 작업을 해야 합니다. 그런데 버튼을 한 번만 눌렀다 뗄 경우에만 **"횟수"**가 1 증가되어야 하고, 버튼을 계속 누르고 있다고 해서 **"횟수"**가 계속 증가되면 안 됩니다. 이런 경우를 방지하는 코드를 만들기 위해 변수 **"과거 버튼"**에 바로 직전의 버튼 상태값(눌림, 안눌림)을 저장해 줍니다. 그리고 **"과거 버튼=안눌림"** 상태에서 **"현재 버튼=0"**이면 이제 막 버튼을 누른 경우이니까 **"횟수"**를 1 증가시켜 주고 곧바로 **"과거 버튼"** 값을 **"눌림"**으로 변경해 줍니다. 그리고 버튼을 눌렀을 때 스프라이트 모양도 바뀌면 재밌기 때문에 **"다음 모양으로 바꾸기"**를 추가로 실행해 줍니다.

그리고 버튼에서 손을 떼어 누르지 않는 상태라면 **"과거 버튼"**을 **"안눌림"**으로 바꿔 주는 것을 꼭 해 주어야 합니다.

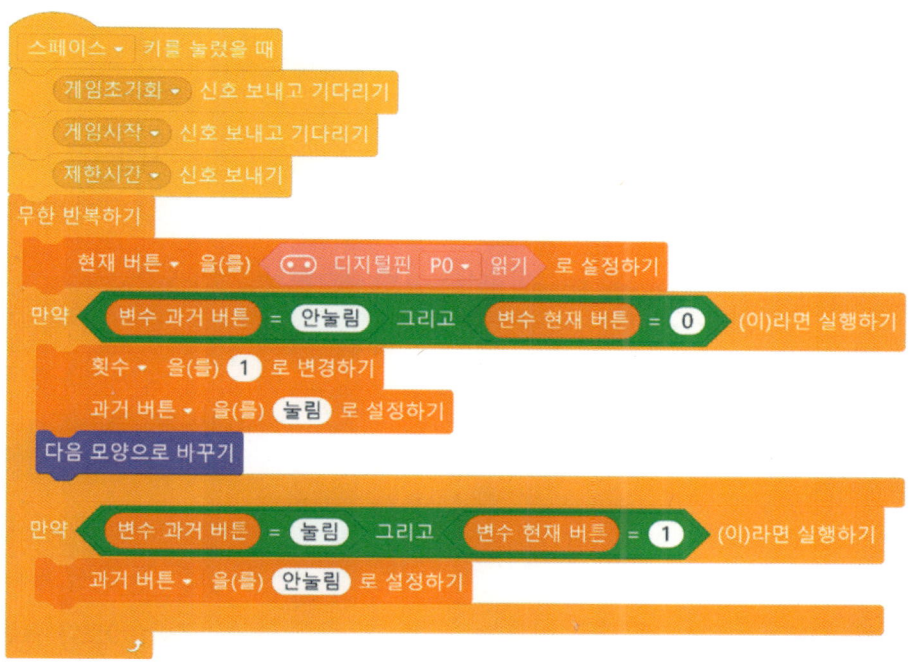

그림 3.8. 버튼 눌렸는지 체크

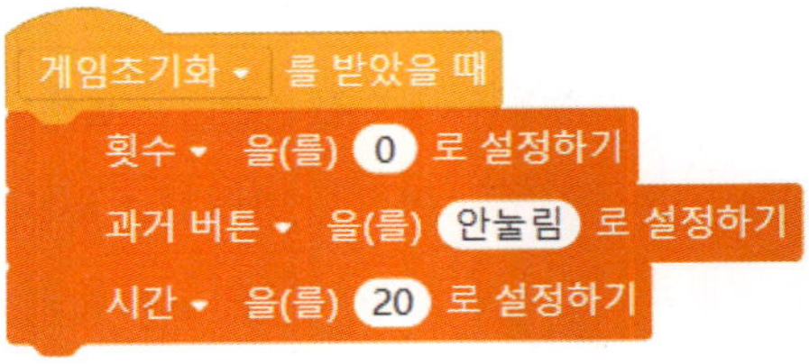

이번에는 앞에서 만들었던 이벤트 3개에 대한 실행 코드를 만들어 보겠습니다. **"게임초기화를 받았을 때"**에는 게임이 시작되는 시점이기 때문에 그림 3.9와 같이 변수 **"횟수"**를 0으로, 변수 **"과거 버튼"**을 **"안눌림"**으로 그리고 변수 **"시간"**을 20으로 초기화해 줍니다.

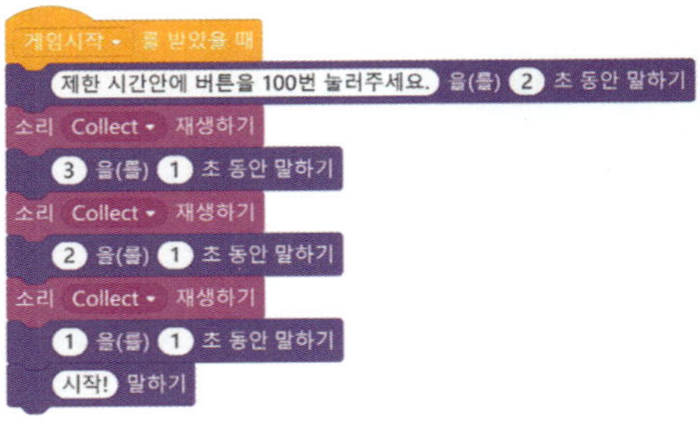

그림 3.9. 게임 초기화

"게임시작을 받았을 때"에는 게임 방법에 대한 안내 글자 **"제한 시간안에 버튼을 100번 눌러주세요."**를 말해 줍니다. 그리고 게임 시작 카운팅 느낌이 나게끔 **"소리 Collect 재생하기"**로 소리를 내 주면서 **"3, 2, 1"**을 1초씩 말해 주고, 마지막에 **"시작!"**을 말해 줍니다.

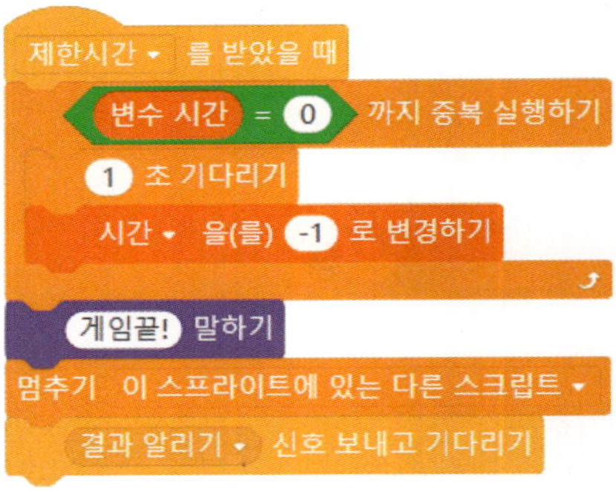

그림 3.10. 게임 시작

"제한시간을 받았을 때"에는 **"시간=0"**이 될 때까지 1초씩 시간을 줄어들게 한 뒤 **"게임끝!"** 말하기를 하고 게임을 끝내기 위해 **"멈추기 이 스프라이트에 있는 다른 스크립트"**를 실행시킨 뒤 **"결과 알리기 신호 보내고 기다리기"** 이벤트를 실행해 줍니다.

그림 3.11. 제한시간

"결과 알리기"에는 게임이 끝나서 결과를 판정해 주는 코드가 들어가야 합니다. 버튼을 누른 횟수가 저장되는 변수 **"횟수"** 값이 99보다 크면(100 이상이면) **"게임 성공~!"** 말하기와 승리를 뜻하는 음악인 **"소리 Win을 끝까지 재생하기"**를 실행해 줍니다. 만약 변수 **"횟수"** 값이 100보다 작으면 **"게임 실패~!"**를 말해 주고 실패를 뜻하는 음악인 **"소리 Lose을 끝까지 재생하기"**를 실행해 줍니다.

그림 3.12. 결과 알리기

이 작품의 모든 코딩을 마쳤습니다. 전체 코드를 한 번에 확인하고 싶다면 그림 3.12.를 확인하거나 함께 제공되는 교육 자료 중 "소스코드" 폴더를 참고해 주세요.

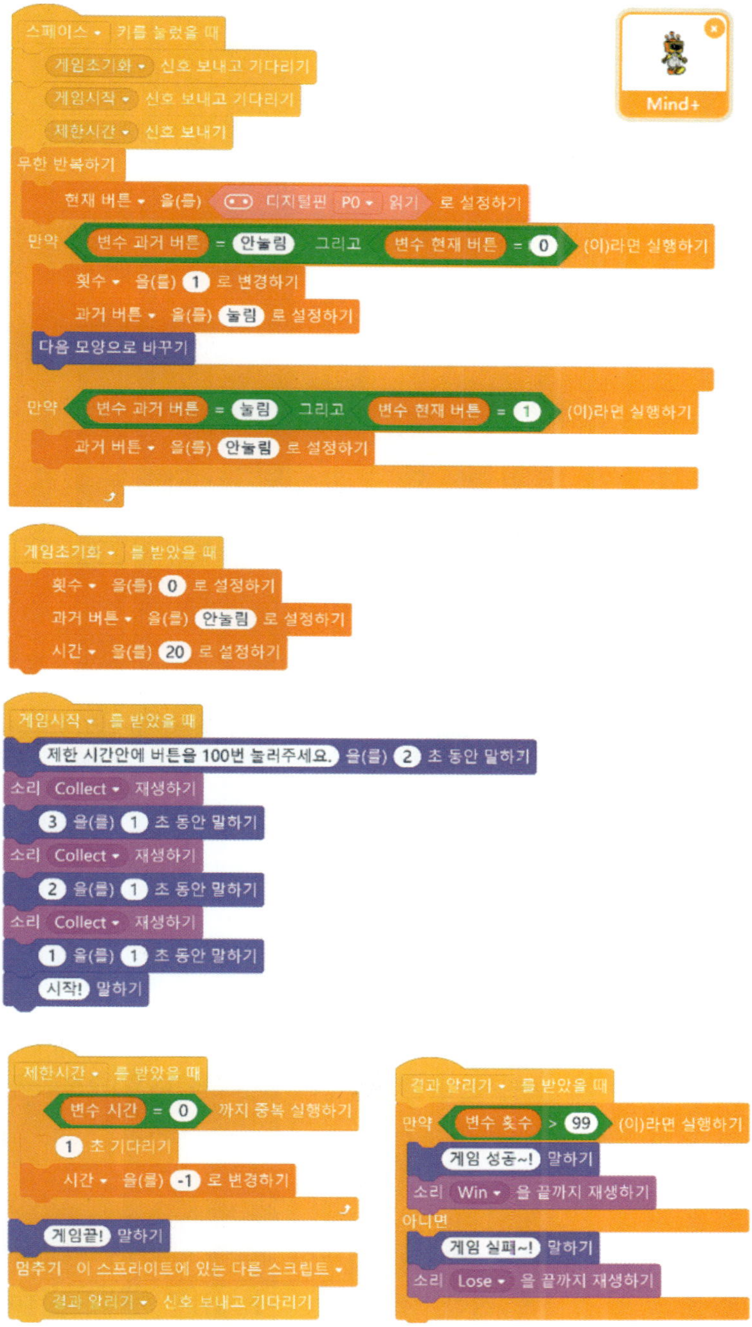

그림 3.13. Mind+ 스프라이트 전체 코드

3장 센서로 게임 만들기 프로젝트 ①

3.1.5. 결과 확인

코딩을 모두 완료했다면 실시간 모드로 장치 연결하기가 되어 있는지 한 번 더 확인합니다. 그리고 스페이스 키를 눌러 게임을 시작합니다.

게임이 시작되면 게임 안내 말하기가 나오면서 카운팅 "3, 2, 1"이 나옵니다. 이때 버튼에 손을 얹어 준비하고 "시작!" 말하기가 나오면 버튼을 빠르게 연속해서 눌러 보세요. 버튼을 제한시간(20초) 안에 100번 이상 누를 때랑, 100번 미만으로 눌렀을 때 결과가 다르게 나오는지도 확인해 보세요.

그림 3.14. 실행해 보기

3.1.6. 더 해 보기

1) 위 작품에 난이도를 조절할 수 있게 추가해 보세요. 예를 들어 난이도를 어려운 것으로 선택하게 되면 제한시간을 줄여서 시작되게 하고, 난이도를 쉬운 것으로 선택하게 되면 제한시간을 넉넉하게 제공해 주세요.

2) 위 작품에서 버튼을 눌러야 하는 횟수가 정확해야 게임에서 승리하게 만들어 보세요. 예를 들어 제한시간 안에 버튼을 88번 정확하게 눌러야 게임에 승리하고, 1이라도 차이가 나면 게임에서 실패하게 되는 것입니다.

3.2. 빵 자르기 게임

3.2.1. 작품 미리보기

이번 장의 두 번째 작품은 빵 자르기 게임입니다. 스크래치 프로그램의 실행 화면에서 빵이 나타나면 칼로 빵을 잘라야 하는데요. 칼을 움직이는 방법은 적외선센서에 손을 대어 칼질하듯이 움직이면 됩니다. 적외선센서로 손이 감지되면 칼 그림이 움직이면서 빵을 자르게 됩니다. 게임을 재미있게 하기 위해 빵을 자르면 +1점을 주고, 빵이 아닌 다른 물체를 자르면 -1점을 주는 게임 요소를 넣어서 만들어 보도록 하겠습니다.

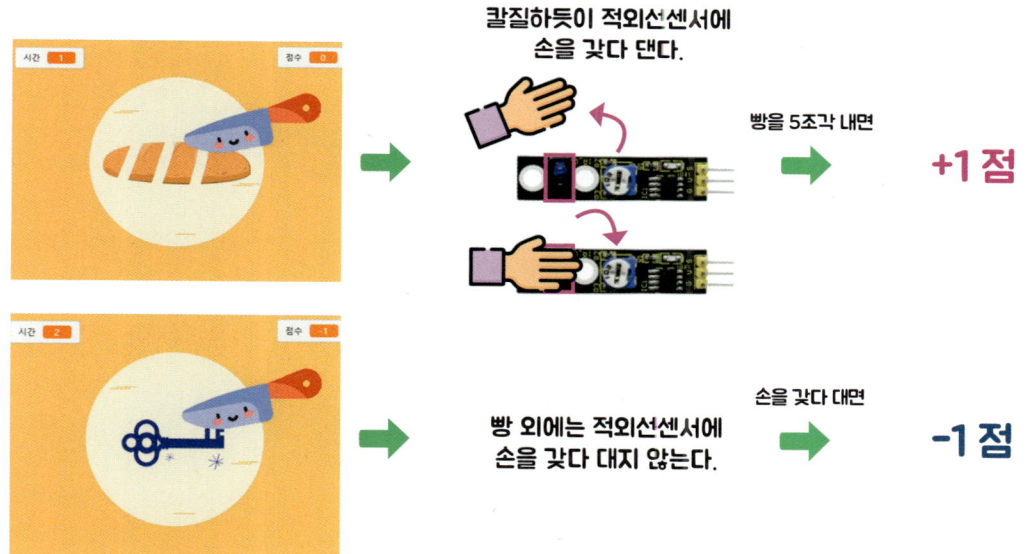

그림 3.15. 작품 미리보기

3.2.2. 준비하기

마이크로비트와 확장보드, 전선 같은 기본적인 부품 외에 적외선센서 하나를 준비합니다.

이미지	부품명	개수
	마이크로비트	1
	확장보드	1
	micro 5핀 USB 케이블	1
	적외선센서	1
	3색 전선	1

3.2.3. 회로도

3색 전선을 이용해서 적외선센서를 확장보드의 0번에 연결하면 됩니다.

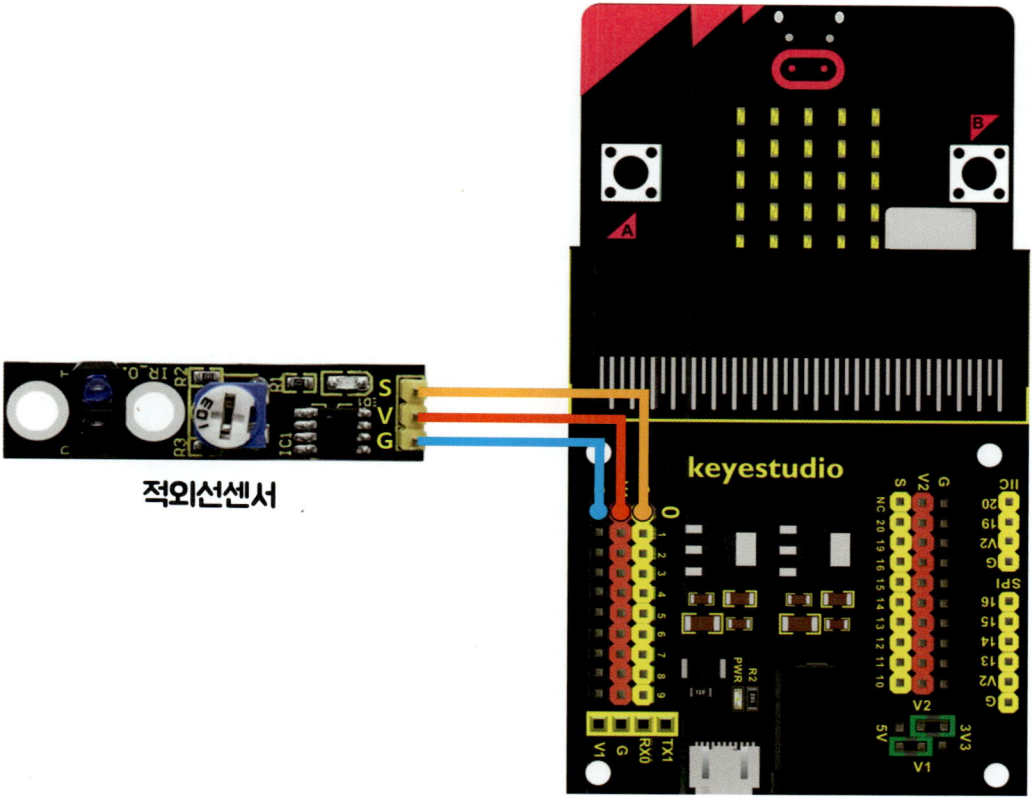

그림 3.16. 회로도

적외선센서 핀	마이크로비트 핀
S	S (0번)
V	V1 (0번)
G	G (0번)

✚ 회로도 연결 완료 후, 마이크로비트를 컴퓨터에 연결하고 마인드 플러스는 **[실시간 모드]**로 설정해 주세요.

3.2.4. 코딩하기

이 작품의 알고리즘을 순서도로 나타내면 다음과 같습니다.

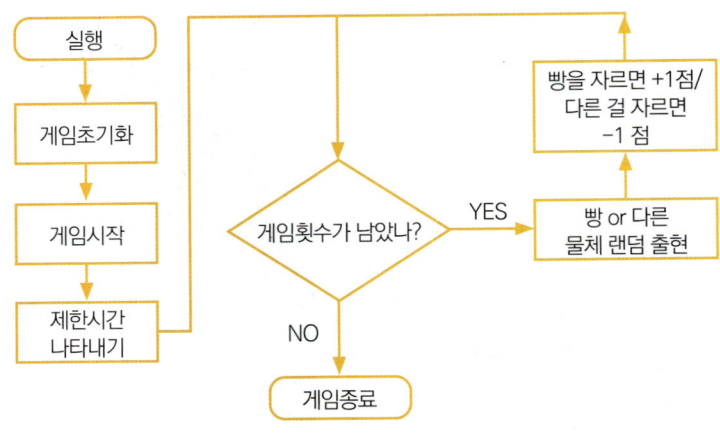

그림 3.17. 순서도

이 작품은 정해진 게임 횟수만큼 반복하여 실행하고 종료되는 게임입니다. 스크래치 화면에 빵이 나타날 때 적외선센서에 손바닥으로 칼질하듯이 갖다 대면 칼 스프라이트가 움직이면서 빵을 자르고 점수를 1점 얻게 됩니다. 만약 빵이 아닌 다른 물체가 화면에 나타났을 때 칼질을 하면 점수를 1점 잃게 됩니다.

이제 순서도에 맞춰서 코딩을 시작해 보겠습니다.

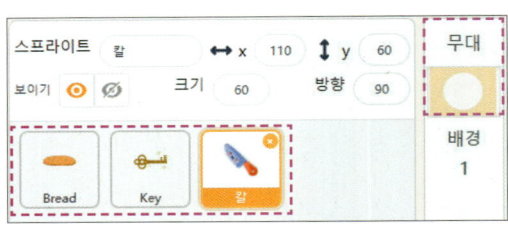

그림 3.18. 스프라이트와 무대 배경

먼저 작품에 필요한 스프라이트와 무대 배경을 선택해 보겠습니다. 그림 3.18과 같이 "Light"라는 이름의 무대 배경을 설정해 주고, 스프라이트 3개(Bread, Key, 칼)를 가져옵니다. "칼" 스프라이트는 스크래치에 없기 때문에 함께 제공되는 교육 자료 폴더에 저장된 "소스코드" 폴더의 code_3.2에서 이미지를 가져오면 됩니다.

그림 3.19. 외부 스프라이트 가져오기

칼 스프라이트처럼 외부 이미지 파일을 스크래치로 가져오는 방법은 그림 3.19.처럼 **"스프라이트 업로드하기"**를 클릭해서 저장된 이미지 파일을 선택하면 됩니다.

그림 3.20. 변수

그리고 게임에 필요한 변수를 그림 3.20.과 같이 7개(게임횟수, 과거 적외선센서, 랜덤숫자, 시간, 점수, 칼 상태, 현재 적외선센서)를 만들어 줍니다. 이때 변수 **"시간"**, **"점수"**는 게임 화면에서 보일 수 있도록 체크 박스에 체크☑ 표시를 해 줍니다.

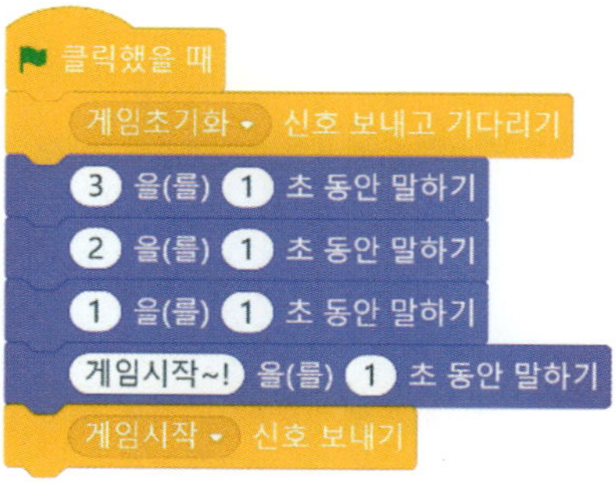

칼 스프라이트부터 코딩을 시작하겠습니다.
칼 스프라이트에서 **"게임초기화 신호 보내고 기다리기"** 이벤트가 실행되도록 한 뒤 **"3, 2, 1, 게임 시작~!"**을 1초 간격으로 말하게 해 줍니다. 이렇게 하면 게임을 시작할 때 플레이어가 게임을 준비할 수 있는 효과가 있습니다. 그런 다음 **"게임 시작 신호 보내기"** 이벤트가 실행되도록 해 줍니다.

그림 3.21. 칼 스프라이트 시작코드

칼 스프라이트에서 **"게임초기화"** 신호를 받으면 칼의 크기, 모양 그리고 초기화할 변수들을 그림 3.22.처럼 설정해 줍니다. **"칼 상태"** 변수는 칼 모양을 올렸다, 내렸다 하는 동작을 만들 때 활용하는 것으로 **"올림"**, **"내림"** 이라는 2가지 동작을 글자로 저장할 수 있습니다. 초기화에서는 **"칼 상태"** 변수를 **"올림"** 으로 설정합니다. 그리고 칼의 방향은 **"90 방향"** 으로 하고 위치는 x:110, y:60으로 설정해 줍니다.

그림 3.22. 칼 스프라이트 게임 초기화

이번에는 적외선센서에 감지되는 손동작에 맞춰서 칼 스프라이트가 마치 도마 위의 음식을 자르는 것처럼 자연스럽게 움직이게 만들어 보겠습니다.

먼저 그림 3.23.처럼 **"게임시작을 받았을 때"** 바로 아래에 **"무한 반복하기"** 를 넣어 줍니다. 그리고 그 무한 반복코드 안에서 마이크로비트 디지털핀 P0에 연결된 적외선센서값을 변수 **"현재 적외선센서"** 에 저장해 줍니다. 이 적외선센서에 손을 갖다 대면 값이 0, 갖다 대지 않으면 1이 됩니다.

그림 3.23. 적외선센서값 읽기

이제 그림 3.24.처럼 만약 변수 **"칼 상태"** 가 **"올림"** 임과 동시에 **"현재 적외선센서"** 값이 0이면 칼을 아래로 내리면서 자르는 동작을 할 수 있게 **"30 방향으로 가리키기"** 를 실행해 줍니다. 칼로 자르는 소리 효과를 표현할 **"Water drop"** 도 같이 실행해 주면 게임이 더욱 실감 날 것입니다. 그리고 손을 적외선센서에 갖다 댄 후, 다시 손을 들었다 다시 갖다 대어야지만 칼이 움직이게 하려면 변수 **"칼 상태"**를 **"내림"**으로 설정해 줍니다.

만약 변수 **"칼 상태"**가 **"내림"**임과 동시에 **"현재 적외선센서"** 값이 1이면 칼을 아래로 내렸다가 올린 상태라는 의미이기 때문에 칼을 들어 올린 모습을 표현할 수 있는 **"90 방향으로 가리키기"**를 실행시켜 줍니다. 그 뒤 변수 **"칼 상태"** 값은 **"올림"**으로 설정해 줍니다.

그림 3.24.와 같이 코딩이 되었다면 중간 테스트를 위해 초록색 깃발을 클릭한 뒤, 적외선 센서에 손을 칼질하듯 가까이 대었다 뗐다를 반복하면서 칼 스프라이트가 잘 움직이는지 관찰해 보세요.

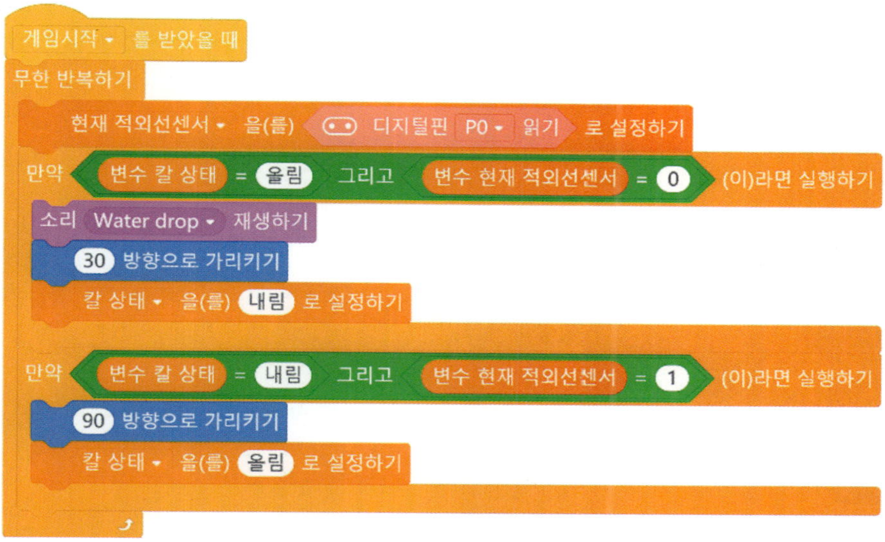

그림 3.24. 칼 스프라이트 게임 시작(칼 움직이기)

이제 칼 스프라이트의 마지막 코드로서, 정해진 게임 횟수만큼 반복하여 여러 물체를 나타나게 한 뒤 게임을 종료시키는 부분입니다.

"~번 중복 실행하기"에 변수 **"게임횟수"**를 삽입하여 게임 횟수만큼 반복되게 해 주고, 변수 **"랜덤숫자"**에 1~3 사이의 랜덤 숫자가 저장되게 해 줍니다. 그래서 만약 랜덤숫자가 1 또는 2이면 **"빵 나타나기"** 이벤트 신호를 보내고, 3이면 **"열쇠 나타나기"** 이벤트 신호를 실행해 줍니다. 여기서 빵이 나타날 때 칼질을 하면 점수를 얻을 수 있고, 열쇠가 나타났을 때 칼질을 하면 점수가 줄어들게 할 수 있습니다. 게임 횟수만큼 반복이 끝나면 **"게임 종료~!"**를 말하면서 이 스프라이트에 있는 스크립트들을 **"멈추기"**로 종료시켜 줍니다.

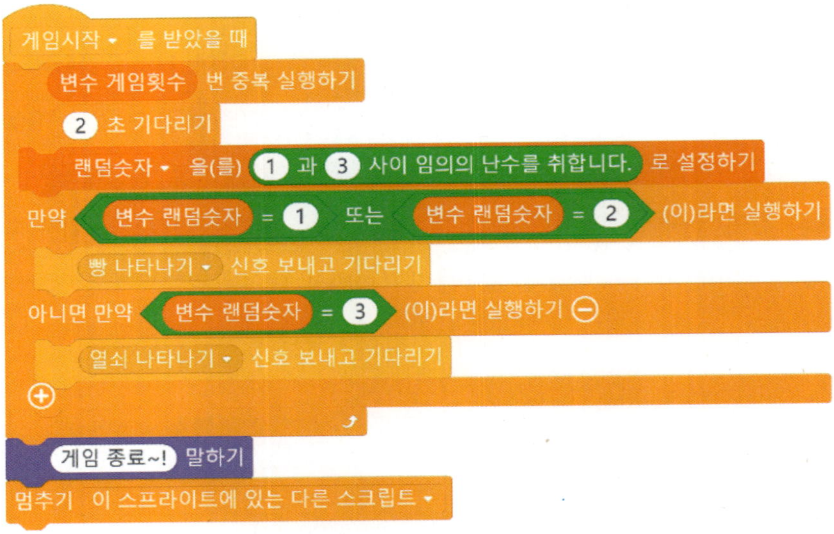

그림 3.25. 칼 스프라이트 게임 시작과 종료

이제 Bread 스프라이트를 선택합니다. 이 스프라이트에서 녹색 깃발을 클릭했을 때, 스프라이트 모양과 크기, 위치를 그림 3.26.과 같이 설정해 주고 처음에는 안 보이게 숨겨 줍니다.

그림 3.26. Bread 스프라이트 시작코드

Bread 스프라이트는 칼로 자르는 동작에 따라 빵 모양도 잘리는 그림으로 나타나야 하므로 그림 3.27.과 같이 **"모델"** 탭에서 **"Bread"** 그림을 4개 더 복사해서 하나씩 잘린 그림으로 수정해 줍니다. 잘린 빵 그림을 새로 그리지 말고, 복사된 Bread를 지우개로 지워서 잘린 효과를 나타내면 쉽고 빠르게 그릴 수 있습니다. Bread2는 지우개로 한 번만 지워 빵 2조각이 되도록 하고, Bread3은 빵 3조각, Bread4는 빵 4조각, 마지막 Bread5는 빵 5조각의 모습이 되도록 수정해 주세요.

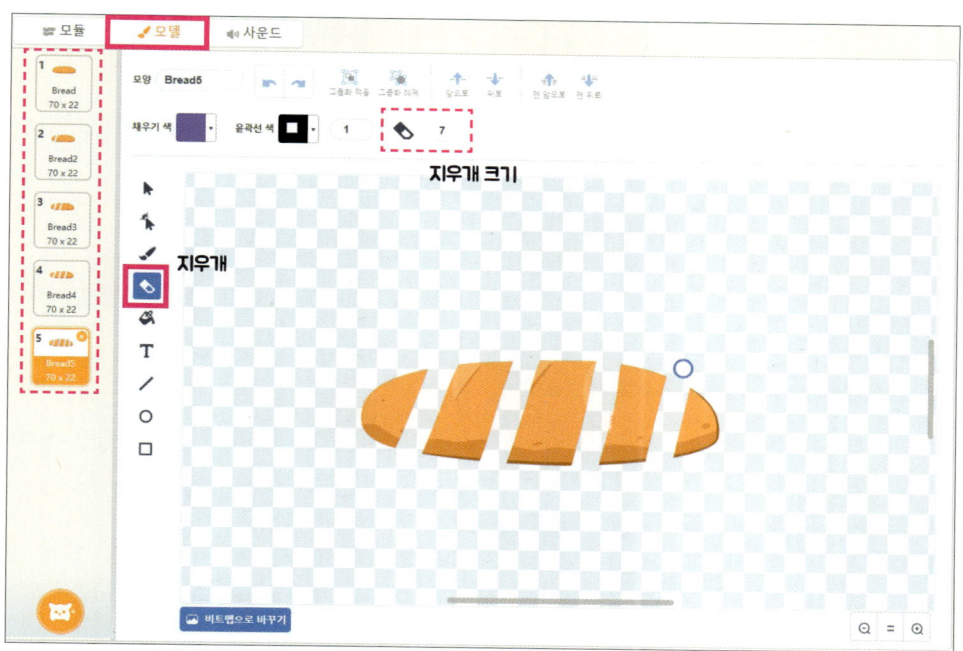

그림 3.27. Bread 스프라이트 모양 추가하기

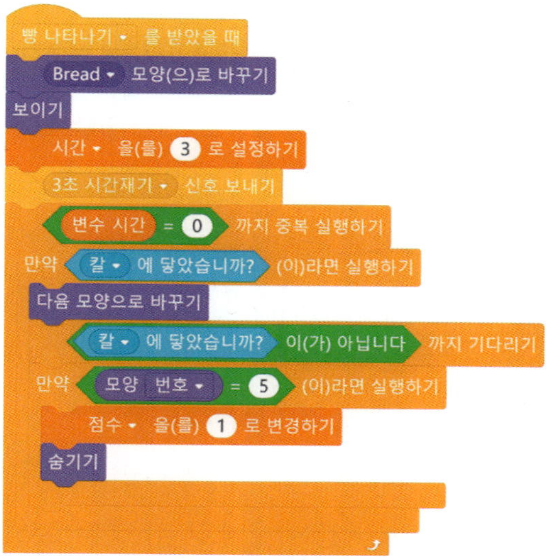

Bread 스프라이트가 **"빵 나타나기를 받았을 때"** 빵 모양이 나타나게끔 **"Bread 모양으로 바꾸기"**와 **"보이기"**를 실행시켜 줍니다. 그리고 변수 **"시간"**을 3으로 설정해 주고 **"3초 시간재기 신호 보내기"**를 만들어 빵이 나타나 사라질 때까지 3초 카운팅 하는 동작을 시작해 줍니다. 변수 **"시간"**이 3초에서 0초가 될 때까지 반복실행하면서 칼이 빵에 닿으면 빵이 잘려 나가는 효과를 나타내기 위해 **"다음 모양으로 바꾸기"**를 하여 Bread 스프라이트의 모양이 순서대로 바뀌도록 해 줍니다. 그리고 빵이 5번 잘려서 5조각의 모양으로(모양 번호=5) 바뀌면 변수 **"점수"**를 1 올려 준 뒤 **"숨기기"** 명령 블록으로 Bread 스프라이트가 사라지게 해 줍니다.

그림 3.28. Bread 스프라이트 모양 바꾸기

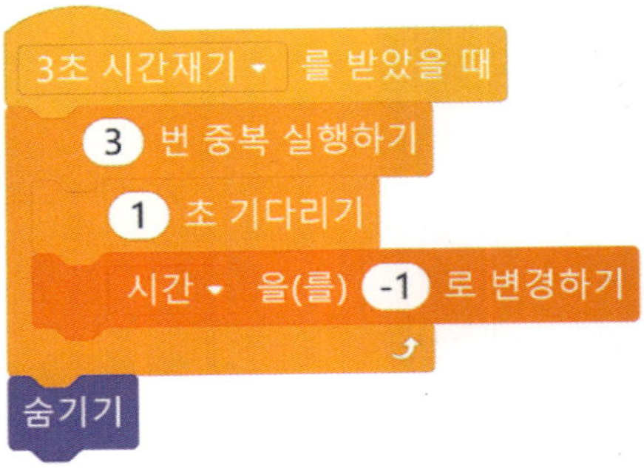

Bread 스프라이트가 나타나서 사라질 때까지 3초 카운팅을 하기 위해 **"3초 시간재기를 받았을 때"** 변수 **"시간"**을 3에서 0까지 1초마다 1씩 줄어들게끔 코드를 그림 3.29.처럼 만들어 줍니다.

3초 시간이 다 지나면 Bread 스프라이트를 강제로 **"숨기기"** 해 줍니다.

그림 3.29. Bread 스프라이트 3초 시간재기

이번에는 열쇠 모양의 Key 스프라이트를 선택합니다. 이 스프라이트에서 **"게임초기화를 받았을 때"** 키 스프라이트의 색깔 효과, 모양, 크기, 위치를 그림 3.30.과 같이 설정해 주고 처음에는 **"숨기기"** 명령어로 안 보이게 해 줍니다. 색깔 효과를 0으로(기본 색깔) 주는 이유는 나중에 칼에 닿았을 때 열쇠 색깔이 변하는 효과를 주기 위해서입니다.

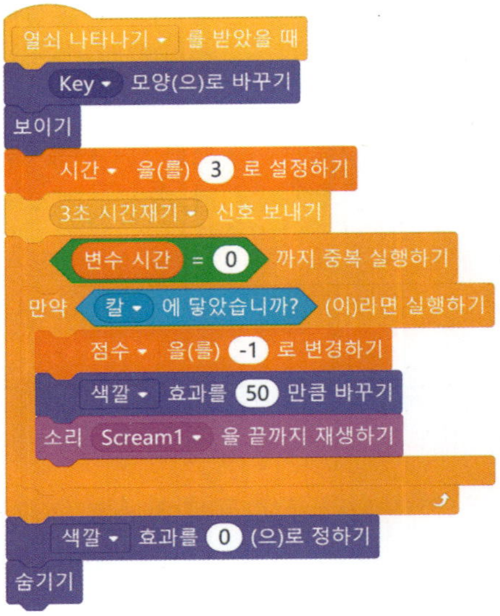

그림 3.30. Key 스프라이트 게임 초기화

Key 스프라이트에서 **"열쇠 나타나기를 받았을 때"** 열쇠 모양이 보이게 하고 Bread 스프라이트처럼 3초 시간을 재는 코드를 실행시켜 줍니다. 그리고 칼이 Key 스프라이트에 닿으면 변수 **"점수"**가 1씩 줄어들게 만들어 주고, 잘못된 칼 동작을 알리기 위해 **"색깔 효과를 50만큼 바꾸기"**와 **"소리 Scream1을 끝까지 재생하기"**를 실행해 줍니다.

그리고 3초 시간이 다 흐른 뒤 색깔 효과를 다시 0으로 설정해서 기본 색깔로 돌아오게 하고 **"숨기기"**로 사라지게 해 줍니다.

그림 3.31. Key 스프라이트 나타나기

이 작품의 모든 코딩을 마쳤습니다. 전체 코드를 한 번에 확인하고 싶다면 그림 3.32., 3.33., 3.34.를 확인하거나 함께 제공되는 교육 자료 중 "소스코드" 폴더를 참고해 주세요.

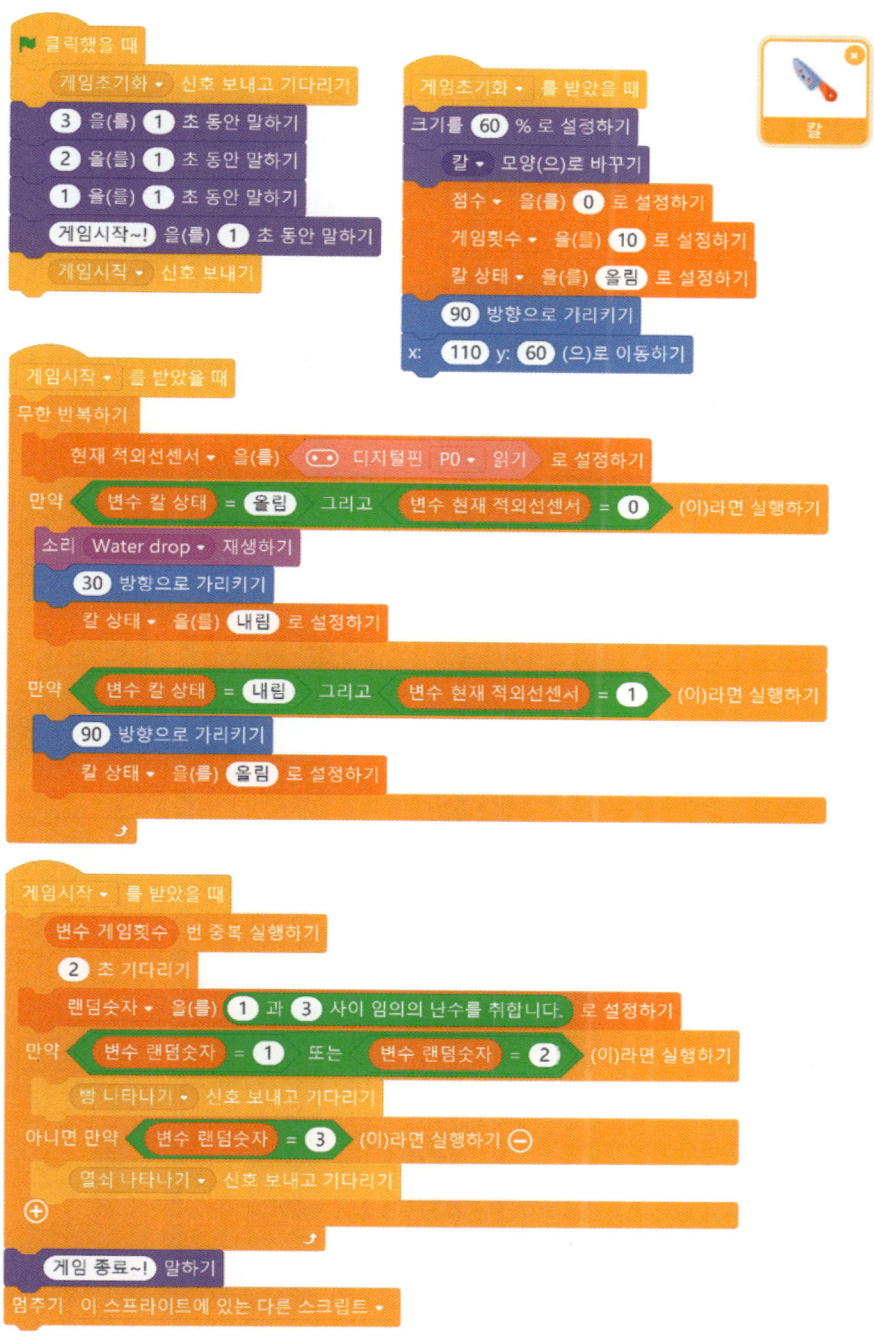

그림 3.32. 칼 스프라이트 전체 코드

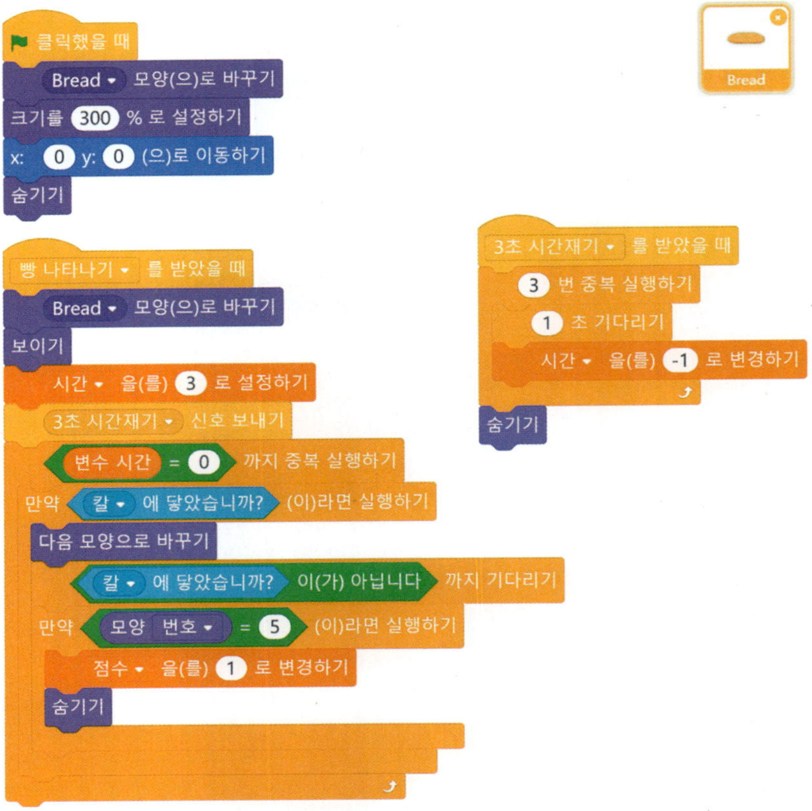

그림 3.33. Bread 스프라이트 전체 코드

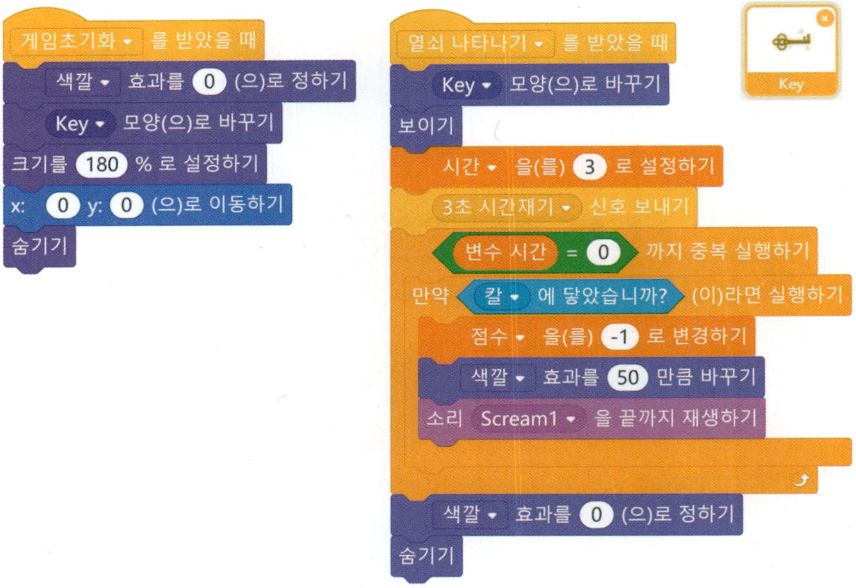

그림 3.34. Key 스프라이트 전체 코드

3.2.5. 결과 확인

코딩을 모두 완료했다면 실시간 모드로 장치 연결하기가 되어 있는지 한 번 더 확인합니다. 이제 초록색 깃발을 클릭해서 게임을 실행시켜 줍니다. 그리고 "3, 2, 1" 카운터가 시작될 때 적외선센서와 손의 위치를 그림 3.35.와 같이 가까이 오게끔 준비해 주세요. 그리고 화면에 빵이 나오면 칼질하듯이 손을 움직여 주세요. 참고로 이 동작은 제공되는 교육 자료의 "동영상" 폴더에 있는 영상을 보며 확인하는 것을 권장합니다.

열쇠가 나올 때 칼질 동작을 하면 1점이 감점되니 조심해야 합니다. 최종 반복횟수가 종료될 때까지 내가 몇 점을 얻었는지 확인해 보세요.

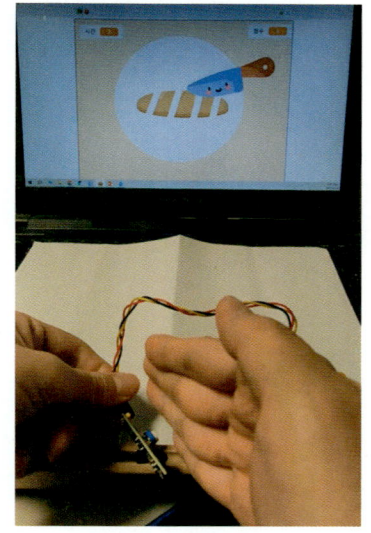
빵이 나오면 칼질해서
5조각 내어 1점 획득

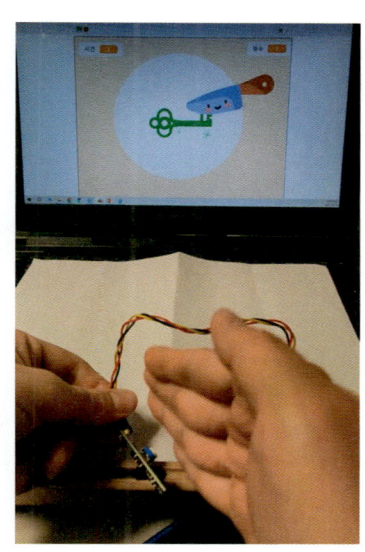
열쇠가 나올 때 칼질하면
1점 감점

그림 3.35. 실행해 보기

3.2.6. 더 해 보기

위 작품에 난이도를 더 어렵게 하기 위해, 열쇠 외에 다른 스프라이트를 1~2개 추가해서 랜덤으로 나타나게 해 보세요. 추가된 스프라이트는 열쇠 스프라이트처럼 칼질을 하면 1점 감점되는 스프라이트로 설정합니다.

센서로 게임 만들기 프로젝트 ②

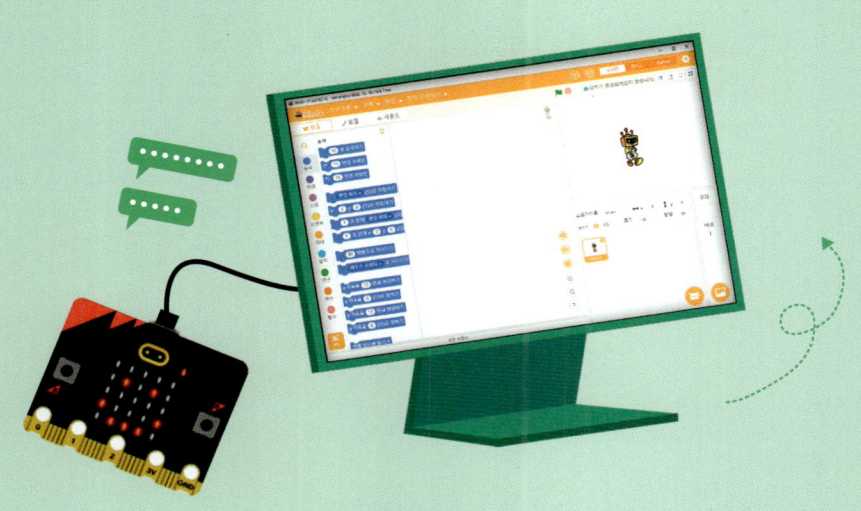

센서로 게임 만들기 프로젝트 ②

학습 요약	
학습 목표	마이크로비트에 센서를 하나씩 연결해 간단한 게임을 만들어 봅니다.
핵심 키워드	마이크로비트, Mind+, 스크래치, 기울기센서
준비물	마이크로비트 올인원 키트, 컴퓨터
학습 시간	2시간
학습 난이도	★☆☆☆☆

4.1. 세게 흔들어 소다로켓 쏘아 올리기 게임

4.1.1. 작품 미리보기

이번 장의 첫 번째 작품은 기울기센서를 빠르게 흔들어야 하는 게임입니다. 제한시간(30초) 안에 기울기센서를 여러 번 흔들어서 에너지 바가 80을 넘기면 로켓이 발사되어 게임 성공이고, 에너지 바가 80보다 작으면 로켓이 발사되지 못해 게임 실패하게 됩니다.

그림 4.1. 작품 미리보기

4.1.2. 준비하기

마이크로비트와 확장보드, 전선 같은 기본적인 부품 외에 기울기센서 하나를 준비합니다.

이미지	부품명	개수
	마이크로비트	1
	확장보드	1
	micro 5핀 USB 케이블	1
	기울기센서	1
	3색 전선	1

4.1.3. 회로도

3색 전선을 이용해서 기울기센서를 확장보드의 0번에 연결합니다.

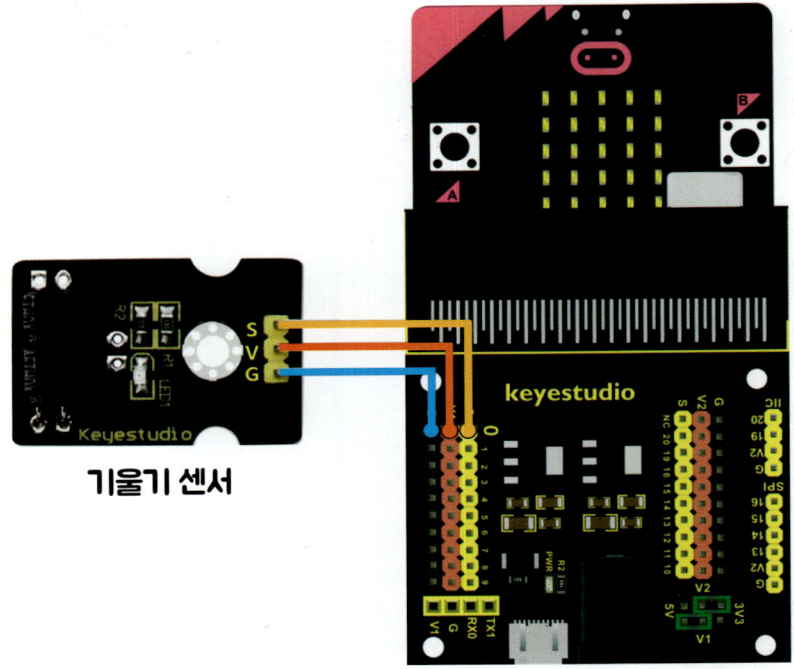

그림 4.2. 회로도

기울기센서 핀	마이크로비트 핀
S	S (0번)
V	V1 (0번)
G	G (0번)

† 회로도 연결 완료 후, 마이크로비트를 컴퓨터에 연결하고 마인드 플러스는 **[실시간 모드]**로 설정해 주세요.

4.1.4. 코딩하기

이 작품의 알고리즘을 순서도로 나타내면 다음과 같습니다.

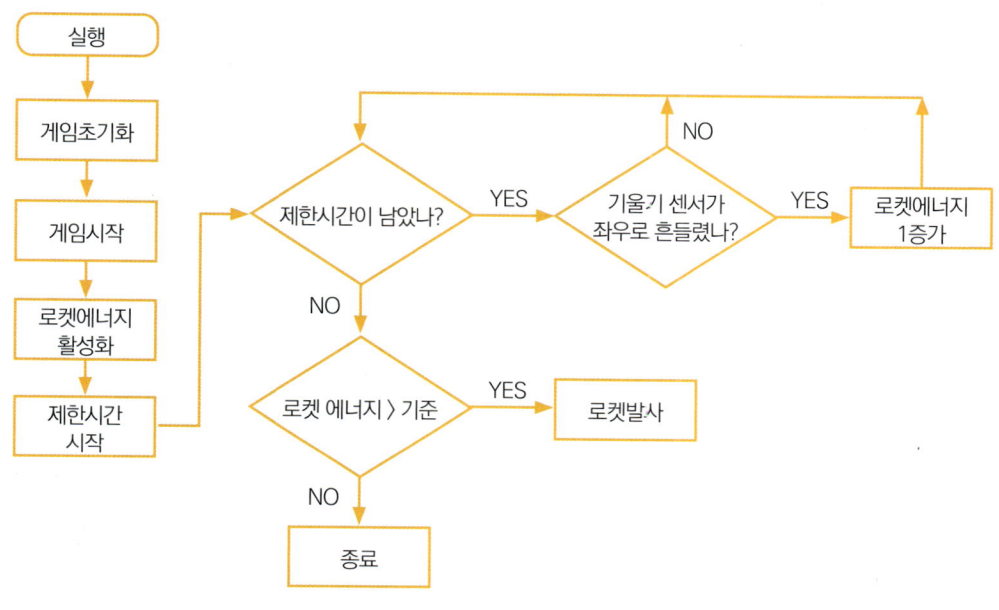

그림 4.3. 순서도

이 작품은 초록색 깃발을 눌러 처음 실행했을 때 게임에 필요한 변수값 및 스프라이트의 모양, 상태값을 초기화하는 "게임 초기화" 이벤트를 제일 먼저 실행합니다. 그리고 "게임 시작" 이벤트를 실행하여 게임이 시작됨을 알리는 글자를 **"말하기"** 명령 블록으로 표현해 줍니다. 이후 "로켓에너지 활성화" 이벤트로 "로켓에너지" 변수값에 따라 에너지 바 모양이 변할 수 있도록 준비해 주고 "제한시간 시작" 이벤트로 제한시간(30초)을 계산하여 표현하는 코딩을 해 줍니다. 만약 제한시간 안에서 사용자가 기울기센서를 좌우로 흔들었으면 "로켓에너지" 변수값을 1씩 증가시켜 줍니다. 제한시간이 끝난 뒤에는 "로켓에너지" 변수값이 기준값(80) 이상이면 "로켓발사" 이벤트를 실행시켜 로켓이 달로 이동하는 동작을 코딩해 주고, 그렇지 않을 경우에는 **"말하기"** 명령 블록을 이용해 게임 실패를 알리도록 해 줍니다.

이제 순서도에 맞춰서 코딩을 시작해 보겠습니다.

먼저 작품에 필요한 무대 배경을 선택해 보겠습니다. 배경은 그림 4.4.처럼 **"백업 선택하기"** 아이콘을 이용해 "Desert"라는 이름의 배경을 먼저 불러옵니다. 이때 기존에 있는 배경 "backdrop1"은 ⓧ를 눌러 삭제합니다.

그림 4.4. 배경 선택하기

그리고 그림 4.5.와 같이 **"배경"** 탭을 클릭해서 왼쪽 하단의 **"배경 고르기"** 아이콘을 눌러 "Meteorite Adventure B-1"이라는 이름의 배경을 추가로 가져옵니다.

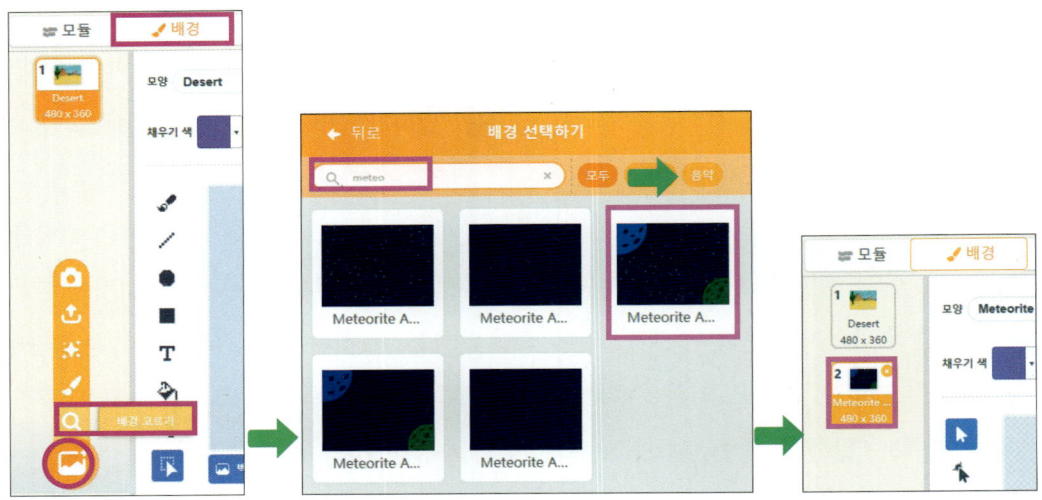

그림 4.5. 배경 추가하기

이제 작품에 필요한 스프라이트를 불러와 보겠습니다. 총 3가지(soda_can, soda_rocket, 로켓에너지)의 스프라이트가 필요한데 이 중에서 2가지의 soda_can 스프라이트와 soda_rocket 스프라이트는 스크래치에 없는 것이기 때문에 함께 제공되는 교육 자료 폴더에 저장된 "소스코드" 폴더 code_4.1에서 이미지 파일을 가져오면 됩니다. 그리고 soda_can 스프라이트는 추가적인 이미지가 필요하기 때문에 그림 4.6.과 같이 **"모델"** 탭을 클릭하여 soda_2, soda_3 이미지를 추가해야 합니다.

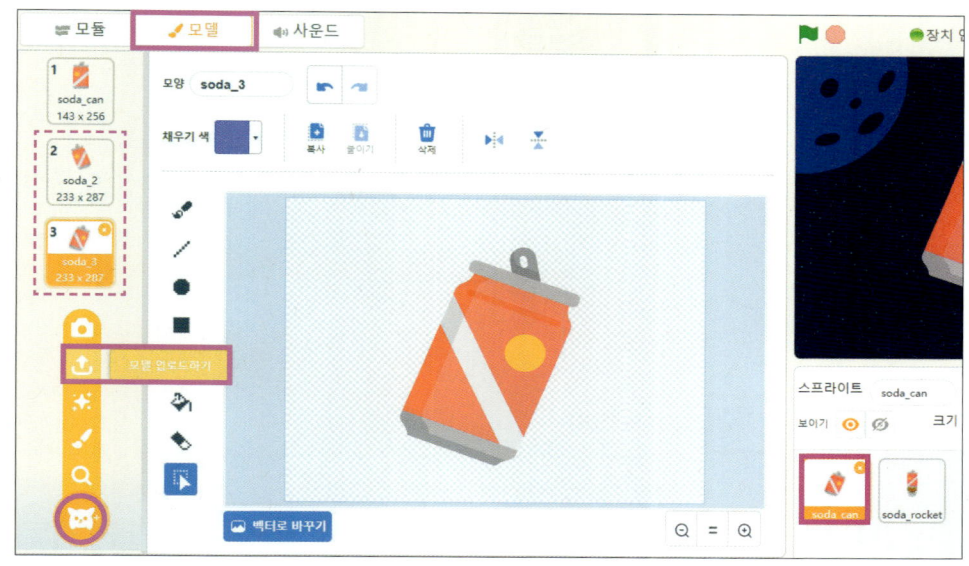

그림 4.6. 외부 스프라이트 가져오기 및 추가하기

"로켓에너지" 스프라이트는 직접 그려서 만들어 보겠습니다.

그림 4.7.과 같이 **"그리기"** 아이콘을 클릭해서 직접 스프라이트를 만들 수 있습니다.

그림 4.7. 스프라이트 그리기

"**그리기**" 아이콘을 클릭하면 그림 4.8.과 같이 "**모델**" 탭의 그림판 화면이 나타납니다. 여기서 도형 색상과 도형 윤곽선 색상 그리고 굵기를 선택한 후 "**직사각형**" 그리기 아이콘을 눌러서 바 형태의 긴 직사각형을 그립니다.

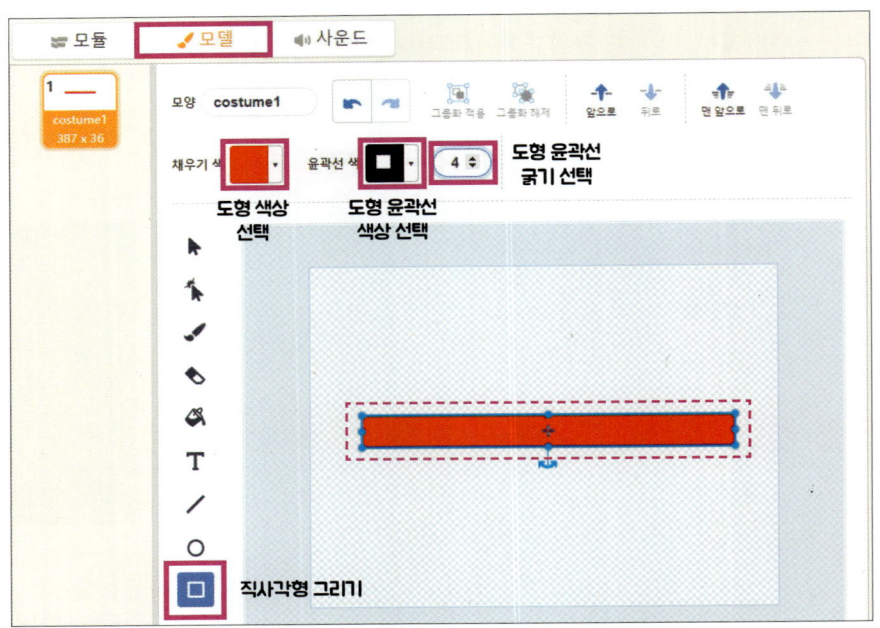

그림 4.8. 로켓에너지 스프라이트 그리기

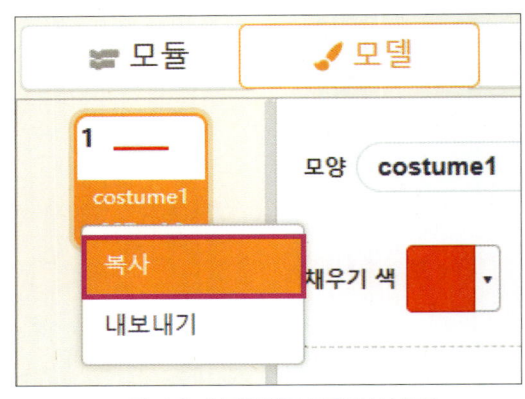

그림 4.9. 스프라이트 모양 복사하기

이번에는 로켓에너지의 모양을 추가해 보겠습니다. 로켓에너지 스프라이트는 에너지 바가 점점 차오르는 모습을 표현하기 위해 만든 것이기 때문에 이 부분이 잘 표현되려면 여러 개의 모양이 필요합니다. "`costume1`" 모양 위에서 마우스 우클릭을 하면 그림 4.9.처럼 "**복사**" 메뉴가 나타납니다. "**복사**" 메뉴를 선택하면 "`costume1`" 모양과 똑같이 생긴 "`costume2`" 모양이 아래에 추가됩니다.

그리고 이전 로켓에너지가 가득 찼을 때와는 다르게 표현하기 위해 그림 4.10.과 같이 **"채우기 색"** 아이콘을 이용해 **"연두색"**으로 바꿔 줍니다. 그리고 에너지가 조금 줄어든 모습을 표현하기 위해 **"지우개"** 아이콘을 이용해 오른쪽 끝 부분을 조금 지워 줍니다.

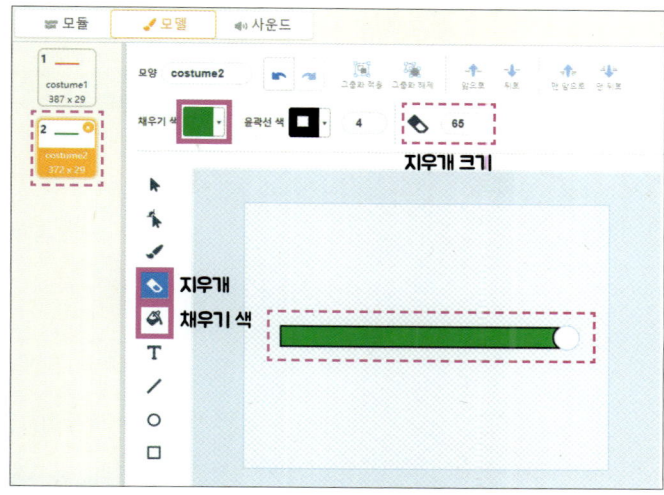

그림 4.10. 스프라이트 모양 편집하기

이런 식으로 점차 로켓에너지가 줄어든 모습을 하나씩 하나씩 복사하며 만들어 주면 그림 4.11.과 같이 총 10개의 로켓에너지 모양이 생기게 됩니다.

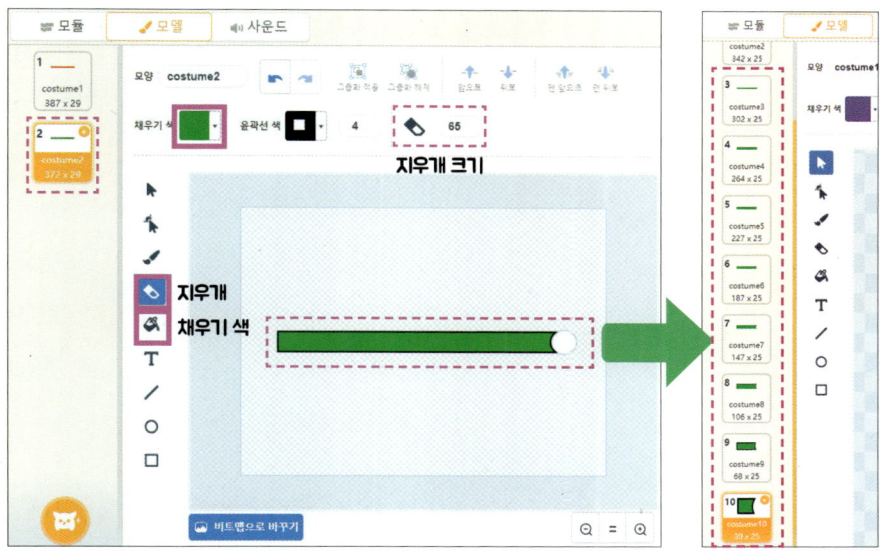

그림 4.11. 로켓에너지 스프라이트 모양 추가하기 및 최종 모습

이제 스프라이트의 이름을 변경해 보겠습니다. 그림 4.12.처럼 기존의 **"Sprite1"**에서 **"로켓에너지"**로 이름을 새롭게 입력하면 스프라이트 이름이 변경됩니다.

그림 4.12. 스프라이트 이름 변경하기

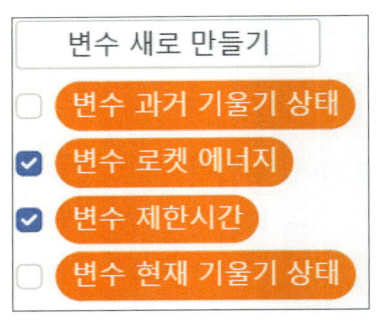

그림 4.13. 변수

스프라이트 및 배경 준비가 모두 완료되었다면 게임에 필요한 변수를 그림 4.13.과 같이 4개(과거 기울기 상태, 로켓에너지, 제한시간, 현재 기울기 상태) 만들어 줍니다. 이 중 **"로켓에너지"**와 **"제한시간"** 변수는 게임 화면에서 보일 수 있도록 체크 박스에 체크☑ 표시를 해 줍니다.

soda_can 스프라이트를 선택하여 코딩을 시작하겠습니다. 그림 4.14.처럼 **"초록색 깃발 클릭했을 때"**를 가져와서 바로 아래에 이벤트 **"게임 초기화"**, **"게임 시작"**, **"로켓에너지 활성화"**, **"제한시간 시작"** 4가지를 만들어서 붙여 줍니다. 이때 **"게임 초기화"**, **"게임 시작"**은 신호 보내고 기다리기 이벤트로 나머지 **"로켓에너지 활성화"**와 **"제한시간 시작"**은 신호 보내기 이벤트로 만들어야 한다는 점 주의하세요.

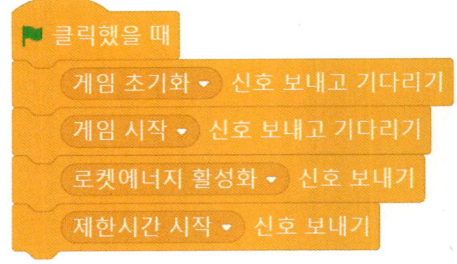

그림 4.14. 초록색 깃발 클릭했을 때

그림 4.15.와 같이 **"무한 반복하기"**를 가져와서 그 안에 변수 **"현재 기울기 상태"**에 **"디지털 핀 P0 읽기"** 블록을 넣어 줍니다. 이렇게 하면 마이크로비트 0번 핀에 연결된 기울기센서의

현재 상태값을 변수 **"현재 기울기 상태"**에 저장하여 확인할 수 있습니다. 참고로 기울기센서를 흔들 때는 1과 0의 값을 가집니다.

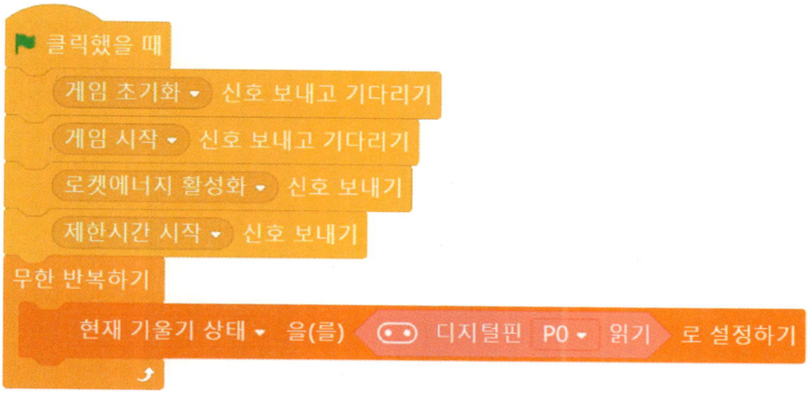

그림 4.15. 기울기센서값 읽기

이제 기울기센서를 기울였을 때 **"soda_can"** 스프라이트가 좌우로 흔들리는 모습을 보이며 **"로켓에너지"**를 1씩 증가시키는 작업을 해야 합니다.

그런데 여기서 생각해 볼 부분이 있습니다. 기울기센서를 계속 기울이고 있다고 해서 **"soda_can"**이 계속 흔들리고 **"로켓에너지"** 값이 계속 증가되면 안 되기 때문입니다. 그래서 기울기센서를 좌우로 한 번 흔드는 동작을 하나의 동작으로 보고 그럴 때만 **"soda_can"**이 기울어진 모양을 하고 **"로켓에너지"**가 1씩 증가하도록 해 보겠습니다.

그림 4.16.과 같이 변수 **"과거 기울기 상태"**와 변수 **"현재 기울기 상태"**를 비교하는 코드를 만들어 주도록 하겠습니다.

"과거 기울기 상태=0"인 상황에서 **"현재 기울기 상태=1"**이면 기울기센서를 좀 전과 다른 방향으로 기울였다는 것이기 때문에 **"로켓에너지"**가 1 증가하게 됩니다. 그런데 이때 **"로켓에너지"** 값이 가득 찼을 때는 더 이상 에너지가 증가하면 안 되기 때문에 **"만약"** 블록을 이용해 **"로켓에너지"** 변수가 100보다 작다면 **"로켓에너지"**를 1씩 증가시키도록 만들어 줍니다. 그리고 곧바로 **"과거 기울기 상태"** 값을 1로 변경해 줍니다. 그리고 게임을 좀 더 재미있게 즐길 수 있게 하기 위해 **"소리 Water drop 재생하기"**와 **"다음 모양으로 바꾸기"** 명령 블록을 추가로 실행해 줍니다. 그럼 기울기센서를 흔들 때마다 **"soda_can"** 스프라이트가 소리를 내며 흔들리는 모습을 하게 됩니다.

그리고 반대의 상황에서는 **"과거 기울기 상태"** 값을 0으로 바꿔 주는 것을 꼭 해 주어야 합니다. 그래야 기울기센서를 한 번 흔들었을 때의 사이클이 완성되기 때문입니다.

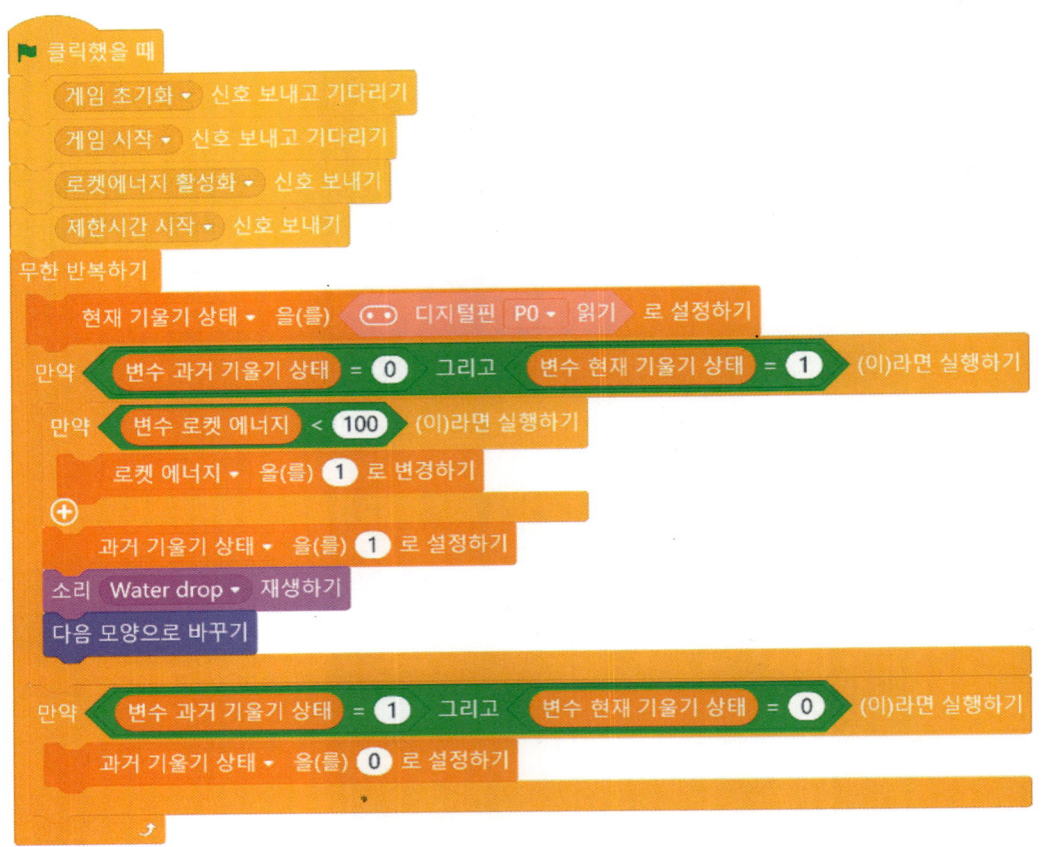

그림 4.16. 기울기센서를 흔들었는지 체크

soda_can 스프라이트에서 **"게임 초기화"** 신호를 받았을 때 초기화될 것들을 그림 4.17.과 같이 설정해 줍니다. soda_can 스프라이트가 똑바로 서 있는 모습으로 보이도록 **"모양 바꾸기"** 와 **"보이기"** 블록을 순서대로 연결하고, **"로켓에너지"** 변수는 0으로, **"제한시간"** 변수는 30으로 설정합니다. 그리고 기울기센서를 제대로 흔들었는지 확인하기 위해 필요한 변수 중 하나인 **"과거 기울기 상태"** 변수값은 마이크로비트의 0번 핀에 연결된 기울기센서값을 읽어 들일 수 있도록 **"디지털핀 P0 읽기"** 로 설정합니다.

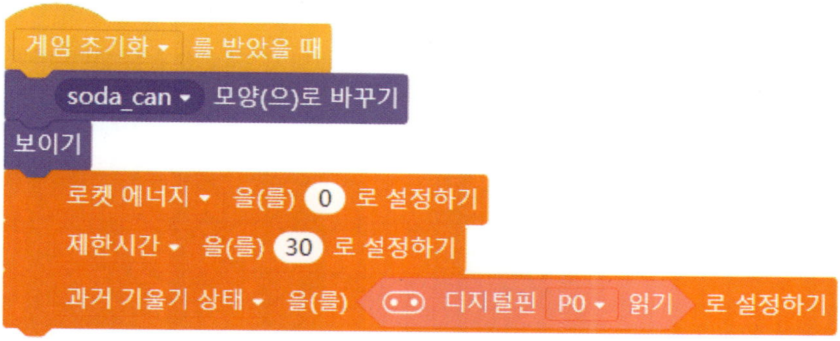

그림 4.17. soda_can 스프라이트 게임 초기화

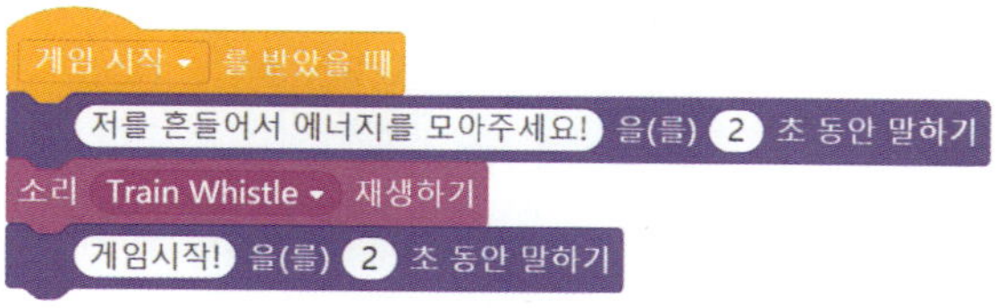

그림 4.18. soda_can 스프라이트 게임 시작

"게임 시작을 받았을 때"에는 그림 4.18. 과 같이 게임 방법에 대한 안내 글자 **"저를 흔들어서 에너지를 모아주세요!"**를 말하기 합니다. 그리고 게임 시작을 알리는 **"소리 Train Whistle 재생하기"** 로 소리를 내 주면서 **"게임 시작!"**을 말하기 합니다.

그림 4.19.와 같이 **"제한시간 시작을 받았을 때"**에는 변수 **"제한시간"**이 0이 될 때까지 1초마다 1씩 줄어들게 실행시켜 주고, 제한시간이 끝이 나면 변수 **"로켓에너지"**가 80보다 큰지 비교하여 크다면 이벤트 **"로켓발사 신호 보내고 기다리기"**를 실행시키고, 그렇지 않다면 게임 실패를 알리는 **"로켓발사를 실패했습니다~"**를 말하기 하고 **"멈추기 모든 스크립트"** 명령 블록을 사용하여 게임 실행을 끝냅니다.

그림 4.19. 제한시간 시작

soda_can 스프라이트가 **"로켓발사를 받았을 때"** 로켓이 발사되는 모습을 표현하기 위해 그림 4.20.과 같이 자신의 모양은 **"숨기기"**를 하고 soda_can 스프라이트에서 무한 반복 중인 스크립트가 동작되지 않도록 **"멈추기"** 명령 블록을 실행시킵니다.

그림 4.20. soda_can 스프라이트 로켓발사

이번에는 로켓에너지 스프라이트를 선택합니다. 그림 4.21.과 같이 **"게임 초기화를 받았을 때"** 로켓에너지가 나타날 위치는 **"x:0, y:-160"**으로 설정해 주고, 모양은 로켓에너지가 가장 적은 형태인 **"costume10"**으로 바꿔 줍니다.

그림 4.21. 로켓에너지 스프라이트 게임 초기화

앞서 미리 만들어 둔 로켓에너지 스프라이트의 10가지 모양들을 이용해서 **"로켓에너지 활성화를 받았을 때"** 변수 **"로켓에너지"**의 값에 따라서 로켓에너지 모양이 바뀌도록 만들어 보겠습니다.

[제어] 카테고리에서 **"만약 (이)라면 실행하기"** 명령 블록을 가져와서 블록에 표시된 **"+"**를 클릭하면 **"아니면 만약"**이 추가됩니다.

이를 이용해 그림 4.22.와 같이 총 10가지의 모양으로 바뀌는 조건 코드를 만들면 됩니다.

변수 **"로켓에너지"** 값이 10보다 작다면 에너지가 가장 작은 모습인 **"costume10"**으로 바뀌도록 하고, **"로켓에너지"** 값이 20보다 작으면 **"costume9"**로, **"로켓에너지"** 값이 30보다 작으면 **"costume8"**로, **"로켓에너지"** 값이 40보다 작으면 **"costume7"**로, **"로켓에너지"** 값이 50보다 작으면 **"costume6"**으로, **"로켓에너지"** 값이

그림 4.22. 로켓에너지 활성화

60보다 작으면 "costume5"로, "로켓에너지" 값이 70보다 작으면 "costume4"로, "로켓에너지" 값이 80보다 작으면 "costume3"으로, "로켓에너지" 값이 90보다 작으면 "costume2"로 그리고 이 외의 조건은 에너지가 거의 가득 찼다는 의미이기 때문에 "costume1"로 바꿔게 합니다. 그리고 이 조건 코드를 **"무한 반복하기"** 명령 블록으로 감싸 줍니다.

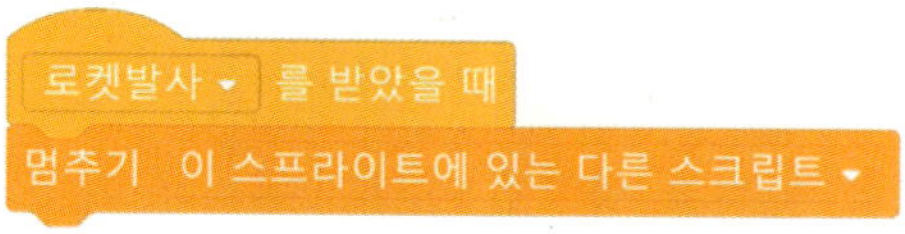

"로켓발사를 받았을 때"에는 그림 4.23.과 같이 **"멈추기 이 스프라이트에 있는 다른 스크립트"** 명령 블록을 연결하여 무한 반복되고 모양 바꾸기 코드가 멈추도록 합니다.

그림 4.23. 로켓에너지 스프라이트가 로켓발사 받았을 때

이제 soda_rocket 스프라이트를 선택합니다. 그림 4.24.와 같이 **"게임 초기화를 받았을 때"**는 **"숨기기"**를 하여 로켓 발사 전까지는 soda_rocket 스프라이트가 안 보이도록 합니다.

그림 4.24. soda_rocket 게임 초기화

그리고 그림 4.25.와 같이 soda_rocket 스프라이트가 **"로켓발사를 받았을 때"** 크기는 **"50%"**, 방향은 **"45 방향"**, 위치는 **"x:150, y:-100"**으로 설정한 뒤 화면에 **"보이기"**를 합니다. 그리고 soda_rocket이 달로 이동하는 장면을 위해 **"소리 Teleport 재생하기"**로 효과음을 내 주고, 그 아래에 **"5초 안에 x:-150, y:100으로 이동하기"** 명령 블록을 연결합니다. 그리고 게임 성공을 알리는 **"달에 도착했습니다~! 야호~!"**라고 2초 동안 말하기를 합니다.

그림 4.25. soda_rocket 로켓발사

마지막으로 무대 배경을 선택하여 코딩을 해 보겠습니다.

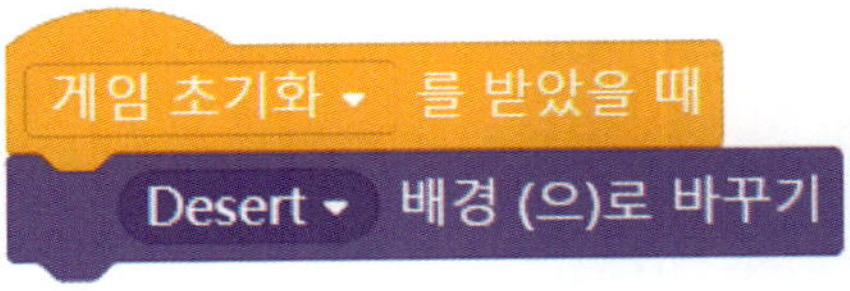

[게임 초기화 를 받았을 때 / Desert 배경(으)로 바꾸기]

그림 4.26. 배경 게임 초기화

배경은 **"게임 초기화를 받았을 때"** 배경 화면이 **"Desert"**로 나타나도록 배경 바꾸기를 해 줍니다.

[로켓발사 를 받았을 때 / Meteorite Adventure B-1 배경(으)로 바꾸기]

그림 4.27. 로켓발사 시 배경

"로켓발사를 받았을 때"에는 **"Meteorite Adventure B-1"** 배경으로 바꿔서 로켓이 우주로 발사된 느낌이 표현되도록 해 줍니다.

이 작품의 모든 코딩을 마쳤습니다. 전체 코드를 한 번에 확인하고 싶다면 그림 4.28., 4.29., 4.30., 4.31.을 확인하거나 함께 제공되는 교육 자료 중 "소스코드" 폴더를 참고해 주세요.

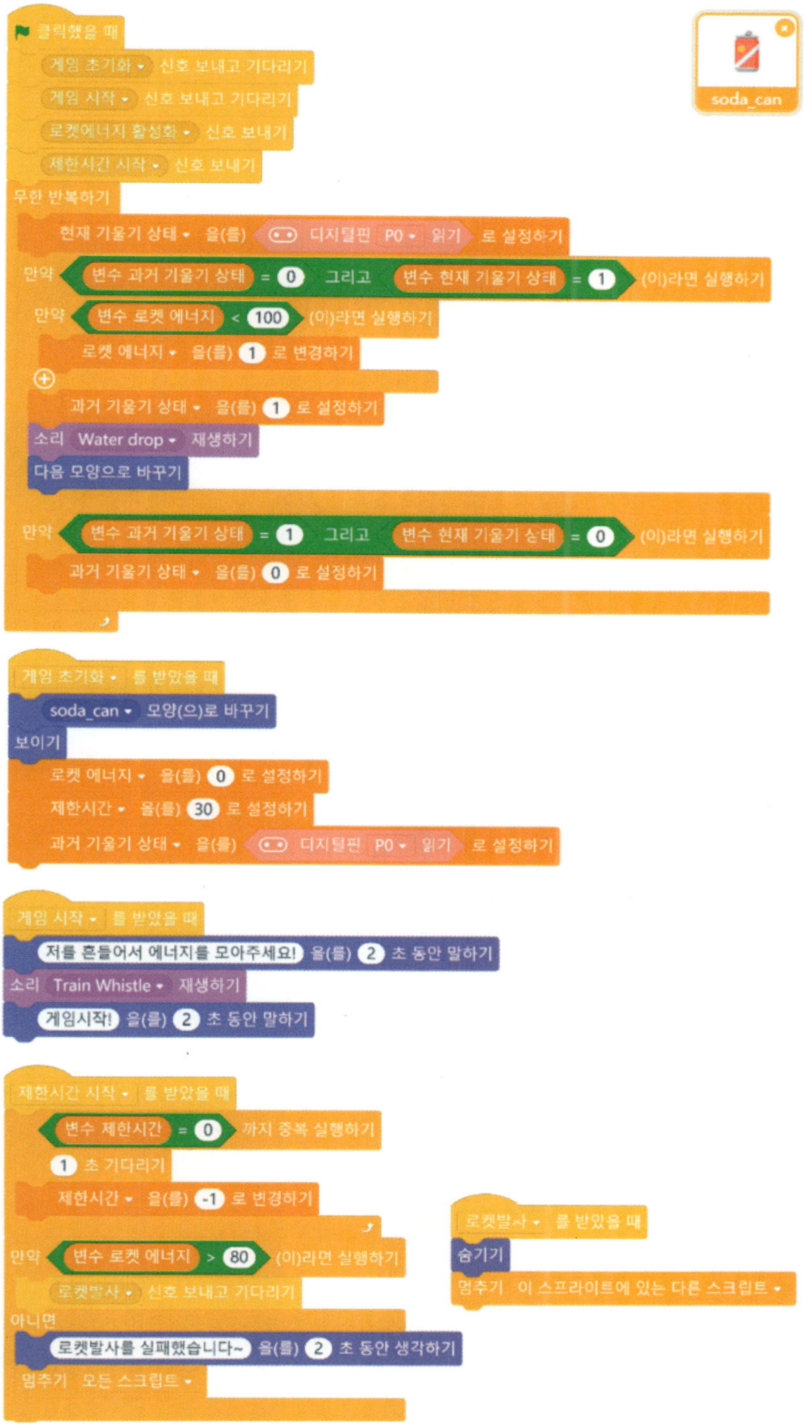

그림 4.28. soda_can 스프라이트 전체 코드

그림 4.29. 로켓에너지 스프라이트 전체 코드

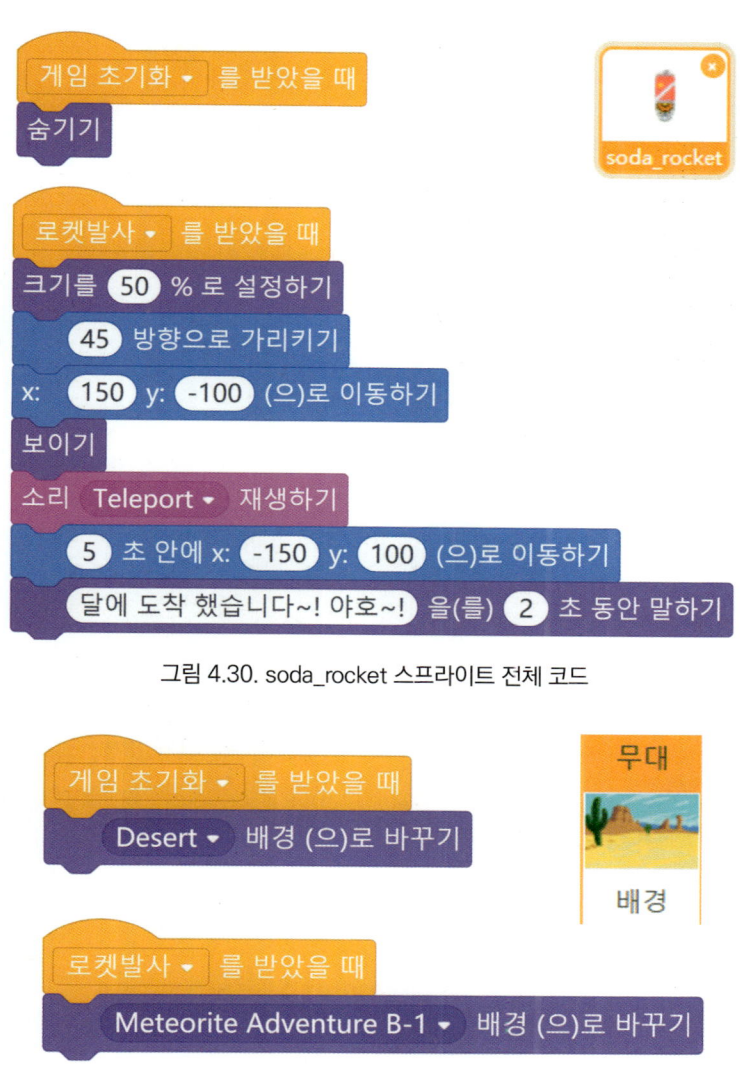

그림 4.30. soda_rocket 스프라이트 전체 코드

그림 4.31. 배경 전체 코드

4.1.5. 결과 확인

코딩을 모두 완료했다면 실시간 모드로 장치 연결하기가 되어 있는지 한 번 더 확인합니다. 모든 설정이 완료돼 있다면 초록색 깃발을 클릭해서 실행해 줍니다. 그리고 게임 시작이 되면 기울기센서를 좌우로 빠르게 흔들어서 제한시간(30초) 안에 로켓에너지가 가득 차도록 해 보세요. 그리고 로켓에너지가 80 이상 찼을 때와 80 미만으로 찼을 때 결과가 다르게 나오는지도 확인해 보세요.

그림 4.32. 실행해 보기

4.1.6. 더 해 보기

soda_can 스프라이트를 복사하여 폭발하는 모양으로 변형시킨 후, 제한시간 안에 로켓에너지를 다 못 채울 경우 soda_can이 폭발하는 모양으로 나타나도록 업그레이드해 보세요.

4.2. 흔들어 작동시키는 플래피 버드 게임

4.2.1. 작품 미리보기

이번 장의 두 번째 작품은 기울기센서를 적절하게 흔들어 나비가 다가오는 기둥을 통과하도록 하는 게임입니다. 게임이 시작되면 오른쪽에서부터 기둥이 다가옵니다. 이때 기울기센서를 좌우로 흔들면 나비가 바닥으로 떨어지지 않고 하늘로 올라갑니다. 기울기센서를 적절하게 잘 흔들어 다가오는 기둥의 틈 사이로 나비를 끝까지 이동시키면 게임 성공, 그렇지 않고 기둥에 닿으면 게임 실패가 됩니다. 기울기센서를 무조건 세게 흔들어도 너무 약하게 흔들어도 안 되는 게임으로 다가오는 기둥의 높이를 보고 강약 조절을 잘해야 할 필요가 있습니다.

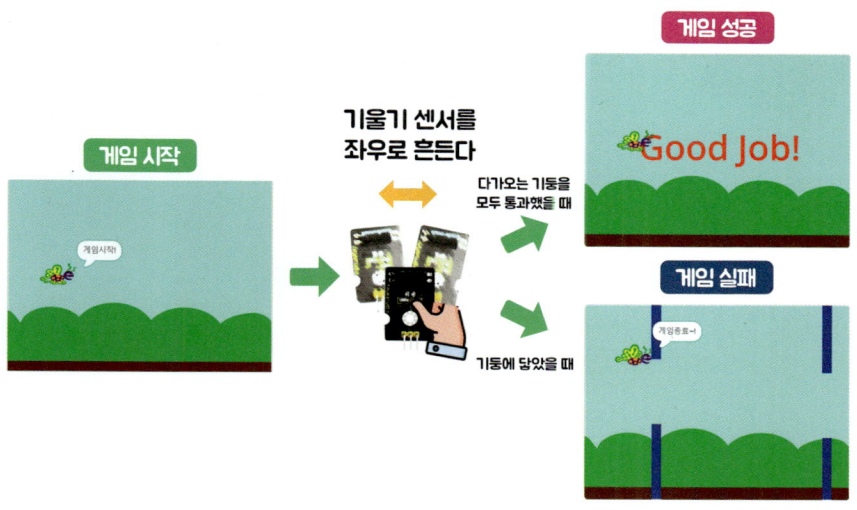

그림 4.33. 작품 미리보기

4.2.2. 준비하기

마이크로비트와 확장보드, 전선 같은 기본적인 부품 외에 기울기센서 하나를 준비합니다.

이미지	부품명	개수
	마이크로비트	1
	확장보드	1
	micro 5핀 USB 케이블	1
	기울기센서	1
	3색 전선	1

4.2.3. 회로도

3색 전선을 이용해서 기울기센서를 확장보드의 0번에 연결하면 됩니다.

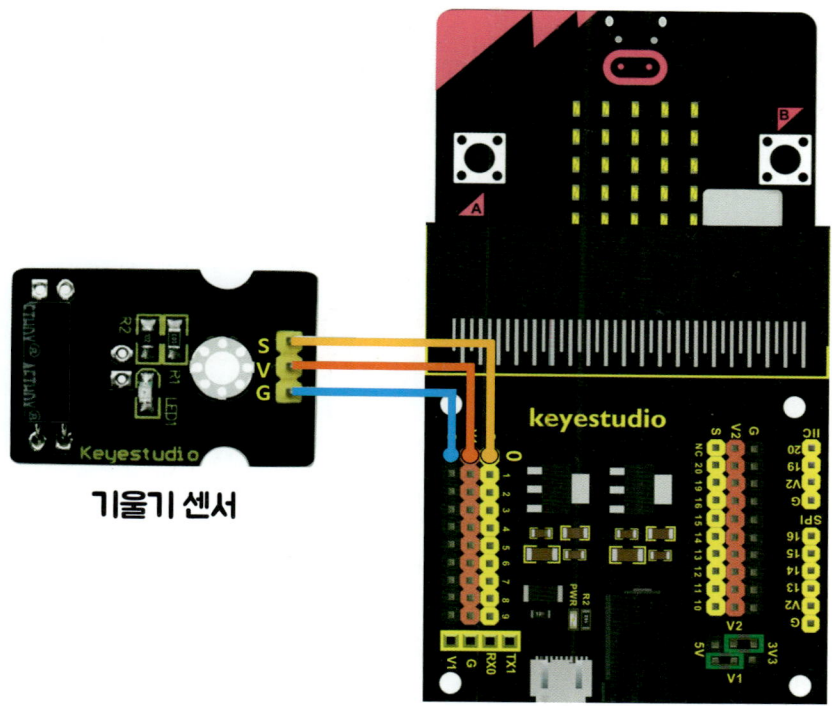

그림 4.34. 회로도

기울기센서 핀	마이크로비트 핀
S	S (0번)
V	V1 (0번)
G	G (0번)

✝ 회로도 연결 완료 후, 마이크로비트를 컴퓨터에 연결하고 마인드 플러스는 **[실시간 모드]**로 설정해 주세요.

4.2.4. 코딩하기

이 작품의 알고리즘을 순서도로 나타내면 다음과 같습니다.

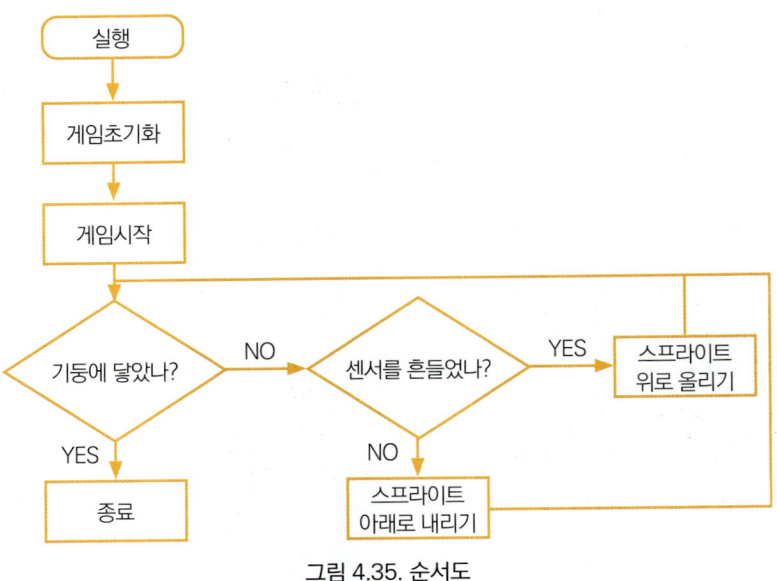

그림 4.35. 순서도

이 작품은 반복해서 다가오는 기둥을 피해 나비가 끝까지 잘 날아가도록 하는 게임입니다. 기울기센서를 잘 흔들어 스크래치 화면의 오른쪽 끝에서 나타나는 랜덤한 높이의 기둥을 나비가 잘 피해 갈 수 있도록 하면 됩니다. 처음에 게임 초기화를 한 뒤 나비 스프라이트가 기둥에 닿았는지 체크를 합니다. 만약 기둥에 닿지 않았다면 손으로 센서를 흔들었을 때 나비 스프라이트가 위로 올라갈 수 있게 코딩을 합니다. 센서를 흔들지 않으면 나비 스프라이트는 계속 아래로 떨어집니다. 10개의 기둥을 잘 통과하면 게임 성공, 한 번이라도 기둥에 닿는다면 게임 실패입니다.

이제 순서도에 맞춰서 코딩을 시작해 보겠습니다.

먼저 작품에 필요한 스프라이트와 무대 배경을 준비해 보겠습니다.

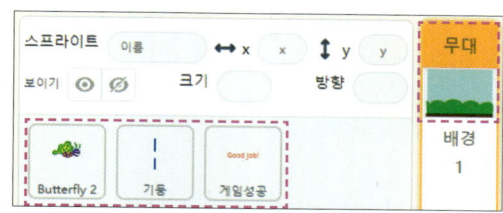

그림 4.36. 스프라이트와 무대 배경

그림 4.36.과 같이 **"Blue Sky"**라는 이름의 무대 배경을 설정해 주고, **"Butterfly2"** 스프라이트를 가져옵니다. 그리고 나머지 **"기둥"**, **"게임 성공"** 스프라이트는 직접 만들어 보도록 하겠습니다.

그림 4.37. 스프라이트 그리기

"기둥"과 **"게임 성공"** 스프라이트는 그림 4.37.과 같이 **"그리기"** 아이콘을 클릭해서 원하는 형태를 그리거나 글자를 입력하여 직접 만들 수 있습니다.

먼저 **"기둥"** 스프라이트를 만들어 보겠습니다.

"그리기"를 클릭하여 나타난 그림판에서 **"파란색"**으로 채우기 색을 선택하고, 윤곽선 색은 **"없음"**으로 선택합니다. 그리고 **"직사각형"** 그리기 아이콘을 눌러서 그림 4.38.에서 표시한 것과 같이 그림판 바깥 영역까지 가늘고 긴 기둥을 그려 줍니다. 이때 가운데 부분은 **"Butterfly2"** 스프라이트가 지나갈 수 있도록 비워 둡니다.

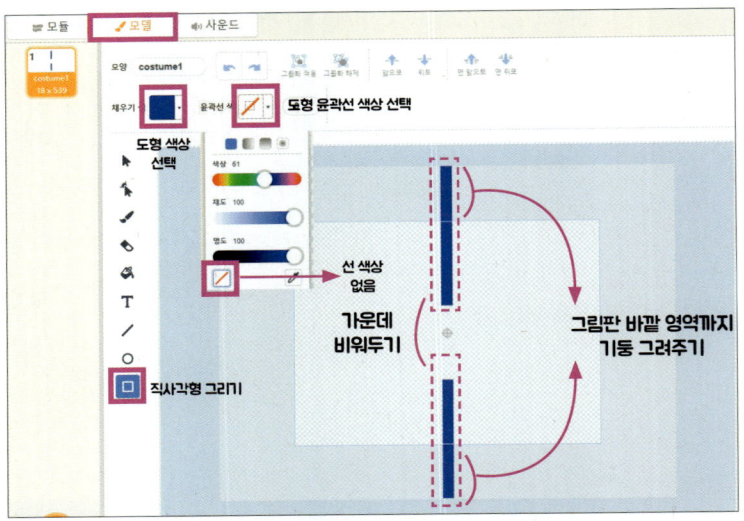

그림 4.38. 기둥 스프라이트 그리기

이번에는 "게임 성공" 스프라이트를 만들어 보겠습니다. **"그리기"** 아이콘을 다시 한 번 클릭합니다. 이번에는 그림을 그리는 것이 아니라 "텍스트"를 입력하여 스프라이트를 완성시켜 봅시다. 채우기 색에서 원하는 텍스트 색상을 고르고, 원하는 텍스트 모양을 선택한 후 **"T"** 아이콘을 클릭하여 그림 4.39.처럼 "Good Job!"이라는 글자를 입력하면 끝입니다.

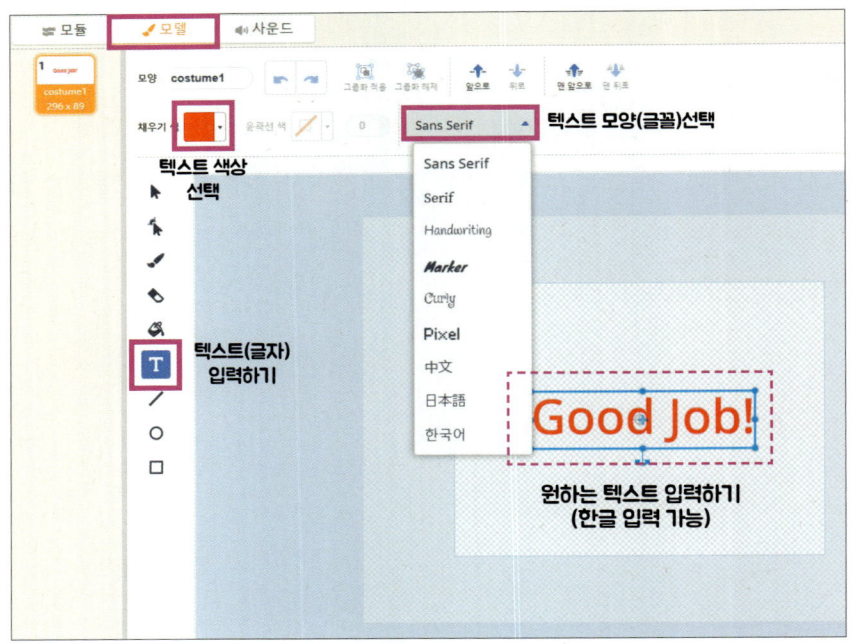

그림 4.39. 게임 성공 스프라이트 그리기

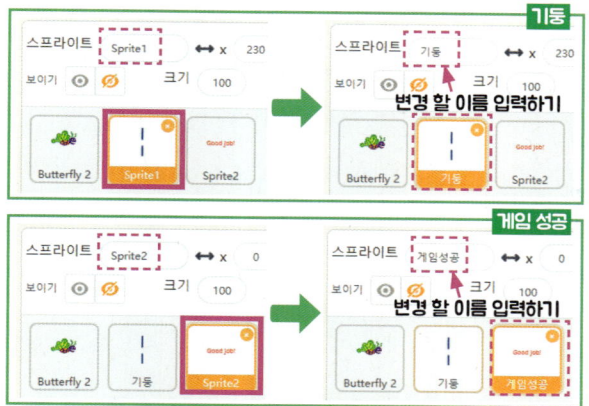

그림 4.40. 스프라이트 이름 바꾸기

이제 새롭게 그린 스프라이트들의 이름을 바꿔 보도록 하겠습니다.

그림 4.40.과 같이 이름을 바꿔야 할 스프라이트를 선택한 후 각각 "기둥" 그리고 "게임 성공"이라고 입력해 줍니다.

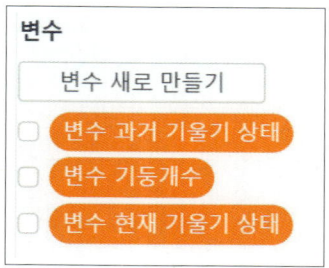

그림 4.41. 변수

이번에는 게임에 필요한 변수를 그림 4.41.과 같이 3개(과거 기울기 상태, 기둥개수, 현재 기울기 상태) 만들어 줍니다.

이제 Butterfly2 스프라이트를 선택하여 코딩을 시작하겠습니다. 그림 4.42.와 같이 Butterfly2 스프라이트에서 **"초록색 깃발 클릭했을 때"** 아래에 **"게임 초기화 신호 보내고 기다리기"**와 **"게임 시작 신호 보내기"** 이벤트를 만들어 줍니다.

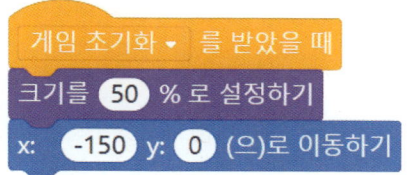

그림 4.42. Butterfly2 스프라이트 시작코드

Butterfly2 스프라이트에서 **"게임 초기화를 받았을 때"** 그림 4.43.에서와 같이 스프라이트의 크기는 **"50%"**로 설정하고, 위치는 **"x:-150, y:0"**으로 정합니다.

그림 4.43. Butterfly2 스프라이트 게임 초기화

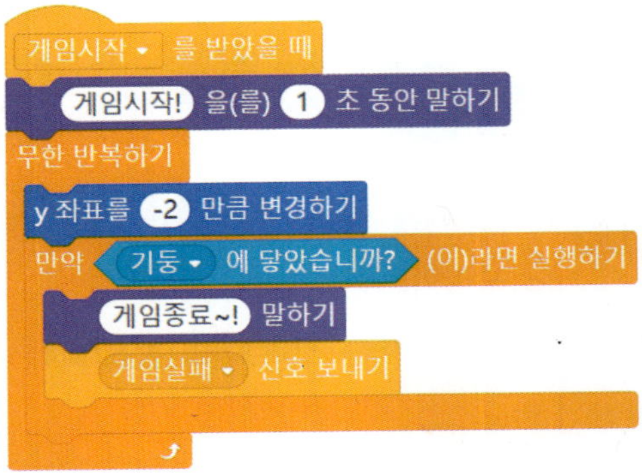

그림 4.44.에서와 같이 Butterfly2 스프라이트가 "게임 시작을 받았을 때" "게임 시작!"을 1초 동안 말하게 합니다. 그리고 Butterfly2 스프라이트가 아래로 계속 떨어지도록 **"무한 반복하기"** 명령 블록 안에 **"y좌표를 -2만큼 변경하기"**를 넣어 주고, 만약 아래로 떨어지다가 기둥에 닿았을 때에는 **"게임 종료~!"**를 말하며 **"게임 실패 신호 보내기"** 이벤트를 실행하도록 해 줍니다.

그림 4.44. Butterfly2 스프라이트 게임 시작과 종료조건

이번에는 기울기센서로 Butterfly2 스프라이트를 움직일 수 있도록 만들어 보겠습니다. 그림 4.45.과 같이 **"게임 시작을 받았을 때"** 블록 아래에 **"1초 기다리기"**와 **"무한 반복하기"** 명령 블록을 순서대로 연결합니다. 여기서 1초를 기다리는 이유는 그림 4.44.의 코드에서 **"게임 시작!"**을 1초 동안 말하기를 하기 때문에 그 시간만큼 기다렸다가 코드가 동작되게 하기 위함입니다. 이어서 무한 반복하기 명령 블록 안에 마이크로비트 0번 핀에 연결된 기울기센서값을 읽을 수 있도록 변수 **"현재 기울기 상태"**에 **"디지털핀 P0 읽기"**를 저장하도록 설정해 줍니다.

그림 4.45. 기울기센서값 읽기

이때 기울기센서는 왼쪽, 오른쪽으로 기울일 때마다 값이 바뀌며 0과 1의 두 가지 값만 표현합니다. 그래서 이를 활용해 0과 1로 각각 한 번씩 바뀌는 사이클을 한 번 흔들었다고 판단할 수 있고 그림 4.46.에서와 같이 기울기센서를 한 번 흔들었을 때 변수 **"과거 기울기 상태"** 값과 **"현재 기울기 상태"** 값을 각각 비교 체크하여 Butterfly2 스프라이트가 위로 25만

큼 올라가도록 만들 수 있습니다.

이렇게 하면 기울기센서를 한쪽으로만 계속 기울여도 Butterfly2 스프라이트가 움직이지 않도록 할 수 있습니다.

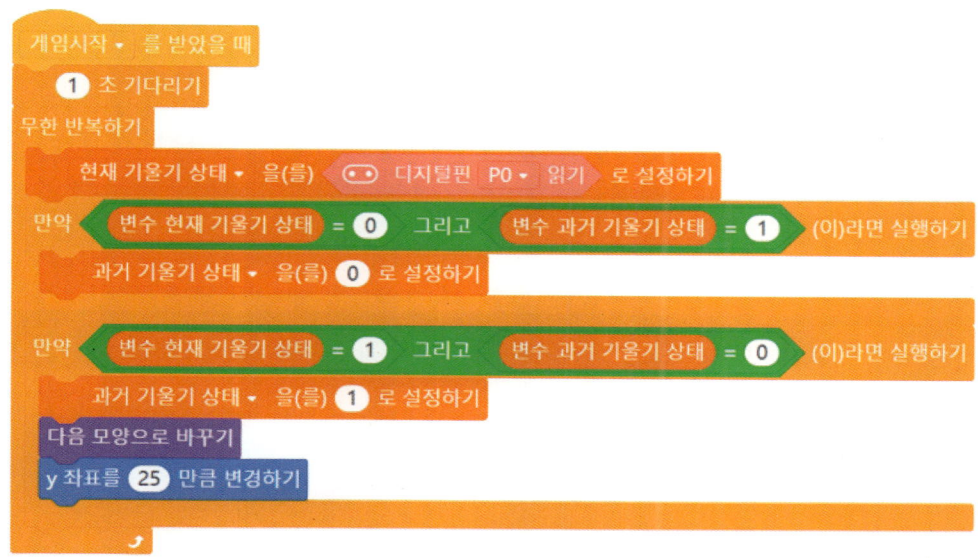

그림 4.46. Butterfly2 스프라이트를 기울기센서로 움직이기

"게임 실패를 받았을 때"와 **"게임 성공을 받았을 때"**는 그림 4.47.과 같이 각각 **"멈추기 이 스프라이트에 있는 다른 스크립트"** 명령 블록을 실행하여 무한 반복되고 있는 다른 코드들을 멈추게 합니다.

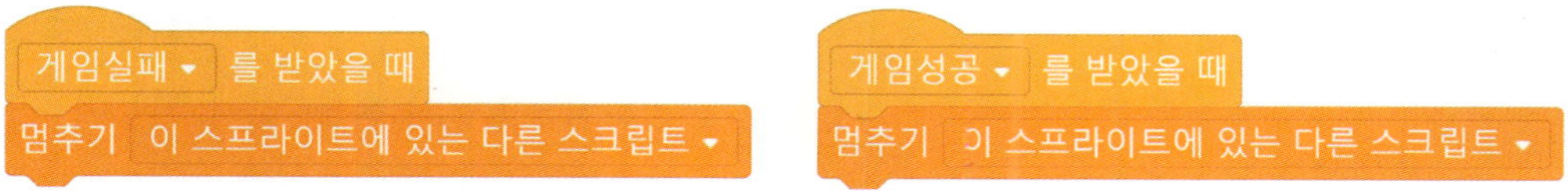

그림 4.47. Butterfly2 스프라이트 게임 실패와 게임 성공

이제 **"기둥"** 스프라이트를 선택합니다. **"게임 초기화를 받았을 때"** 변수 **"기둥개수"**를 10으로 설정하고 **"숨기기"** 합니다.

그림 4.48. 기둥 스프라이트 게임 초기화

"게임 시작을 받았을 때" 변수 **"기둥개수"**만큼 반복되도록 설정하고 2초 뒤에 무대의 오른쪽인 **"x:230"**에 위치하도록 하고 y좌푯값은 기둥의 높낮이가 랜덤으로 나타날 수 있도록 **"-40과 90"** 사이의 임의의 난수로 결정되도록 설정합니다. 그리고 **"나 자신 복사하기"** 명령 블록을 연결해 줍니다. 변수 **"기둥개수"**만큼 반복된 이후에는 잠시 기다렸다가 **"게임 성공 신호 보내기"** 이벤트를 실행시켜 줍니다.

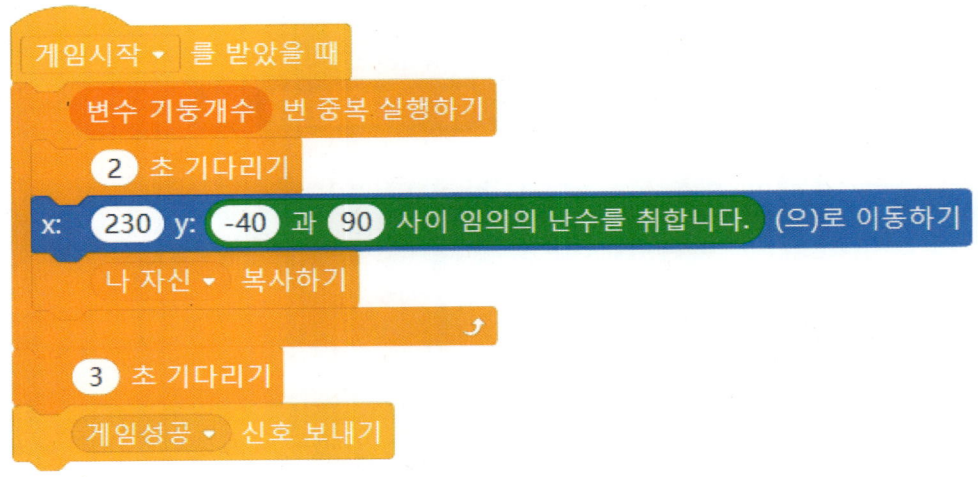

그림 4.49. 기둥 스프라이트 게임 시작

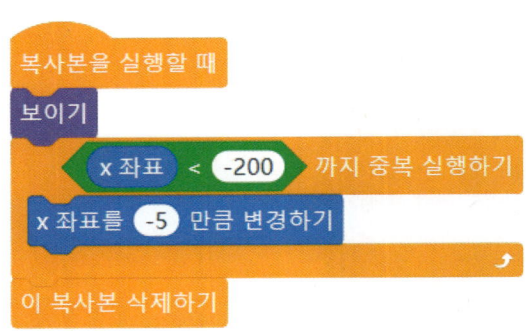

그림 4.50. 기둥 스프라이트 복사본 실행

"복사본을 실행할 때" 기둥 스프라이트의 복사본이 보이게 하고 왼쪽 끝까지 이동할 수 있도록 **"x좌표 < -200까지 중복 실행하기"**를 설정하고 그 안에 **"x좌표를 -5만큼 변경하기"** 명령 블록을 넣어 기둥이 -5만큼씩 왼쪽으로 이동하도록 합니다. 그리고 다 이동한 뒤에는 복사본이 삭제될 수 있도록 **"이 복사본 삭제하기"**를 실행시켜 줍니다. 스크래치에서 복사본은 생성될 수 있는 개수가 제한적이기 때문에 해당 명령 블록을 잊지 말고 사용해 주세요.

그림 4.51. 기둥 스프라이트의 게임 실패

기둥 스프라이트가 **"게임 실패를 받았을 때"** 는 **"멈추기 이 스프라이트에 있는 다른 스크립트"** 를 실행시켜 줍니다.

그림 4.52. 기둥 스프라이트의 게임 성공

기둥 스프라이트가 **"게임 성공을 받았을 때"** 는 **"멈추기 이 스프라이트에 있는 다른 스크립트"** 를 실행시키고 화면에 나타난 기둥이 사라질 수 있도록 **"이 복사본 삭제하기"** 명령 블록을 아래에 연결해 줍니다.

마지막으로 **"게임 성공"** 스프라이트를 선택하여 코딩해 보겠습니다.

게임 성공 스프라이트는 **"게임 초기화를 받았을 때"** 화면에 보이지 않도록 **"숨기기"** 를 합니다.

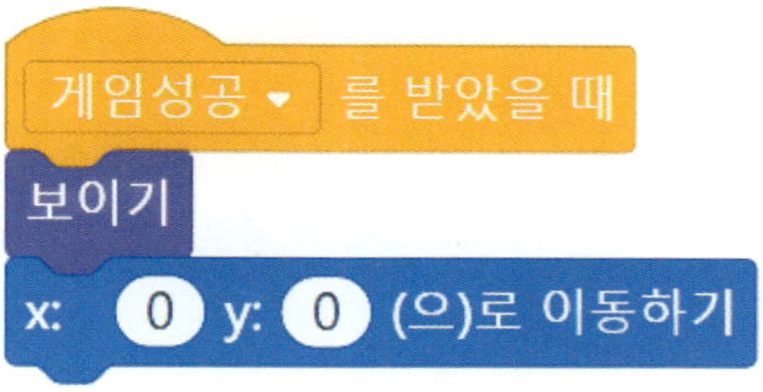

그림 4.53. 게임 성공 스프라이트의 게임 초기화

"게임 성공을 받았을 때" **"보이기"** 를 하여 화면 정중앙인 **"x:0, y:0"** 의 위치에 나타나도록 합니다.

그림 4.54. 게임 성공 스프라이트의 게임 성공

이 작품의 모든 코딩을 마쳤습니다. 전체 코드를 한 번에 확인하고 싶다면 그림 4.55., 4.56., 4.57.을 확인하거나 함께 제공되는 교육 자료 중 "소스코드" 폴더를 참고해 주세요.

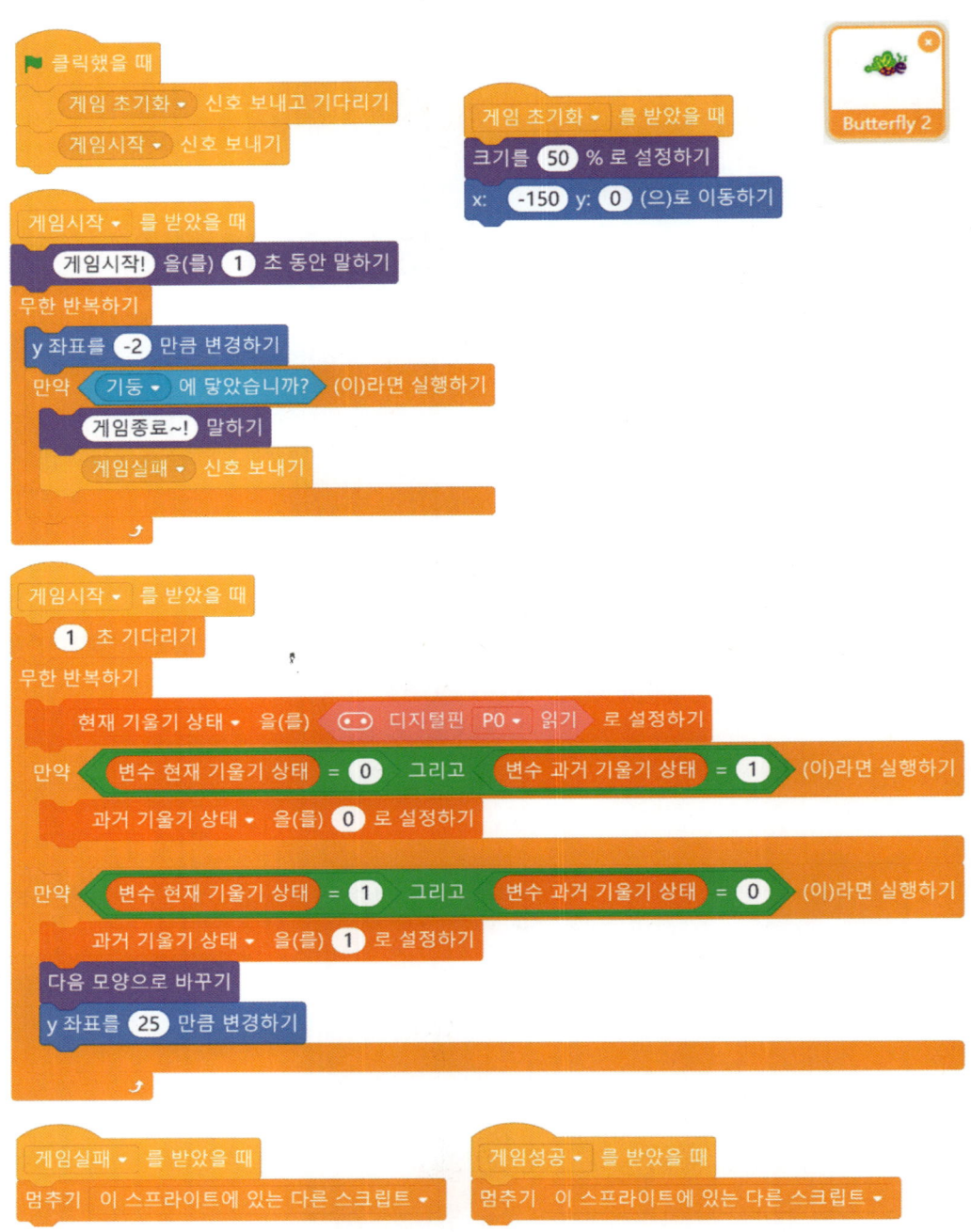

그림 4.55. Butterfly2 스프라이트 전체 코드

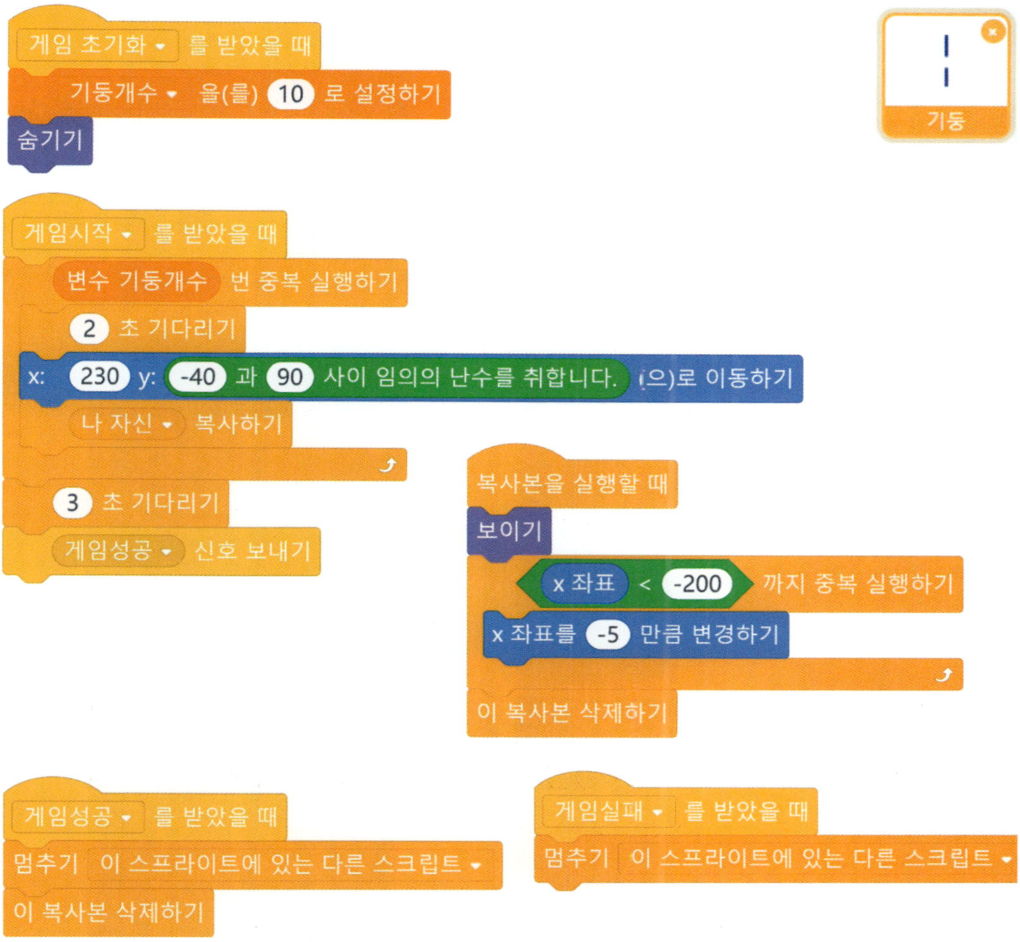

그림 4.56. 기둥 스프라이트 전체 코드

그림 4.57. 게임 성공 스프라이트 전체 코드

4.2.5. 결과 확인

코딩을 모두 완료했다면 실시간 모드로 장치 연결하기가 되어 있는지 한 번 더 확인합니다. 모든 설정이 완료돼 있다면 초록색 깃발을 클릭해서 실행시켜 줍니다.

기울기센서를 적절하게 흔들어서 Butterfly2 스프라이트가 기둥을 잘 피해 가도록 해 보세요. 그리고 모든 기둥을 잘 피해 갔을 때와 기둥에 한 번이라도 부딪혔을 때 결과가 다르게 나오는지도 확인해 보세요.

그림 4.58. 실행해 보기

4.2.6. 더 해 보기

위 작품을 다음의 조건으로 업그레이드하여 친구들과 오래 버티기 게임을 해 보세요.
조건 1) 타이머 기능을 추가합니다.
조건 2) 기둥은 무한대로 나타나도록 합니다.
조건 3) 기둥에 닿으면 게임은 끝나고, 기둥을 통과하며 버틴 시간이 나타납니다.

memo

센서로 발명품 만들기 프로젝트 ①

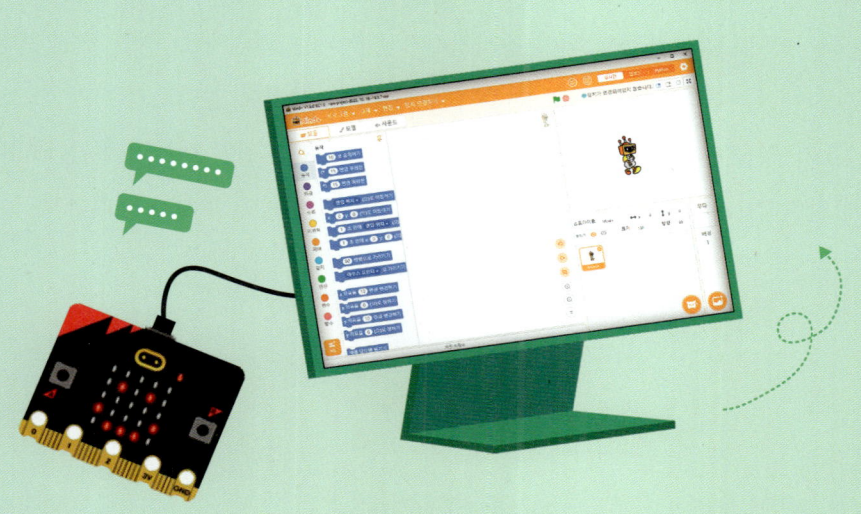

센서로 발명품 만들기 프로젝트 ①

학습 요약

학습 목표	마이크로비트와 LED를 이용해 생활 속 LED 장치를 만들어 봅니다.
핵심 키워드	마이크로비트, Mind+, 스크래치, LED, 빛센서, PIR센서, 전원, 가로등
준비물	마이크로비트 올인원 키트, 컴퓨터
학습 시간	2시간
학습 난이도	★☆☆☆☆

5.1. 전원 ON/OFF 표시 LED

5.1.1. 작품 미리보기

컴퓨터, 스마트폰, 세탁기, TV 등의 전자기기에는 일반적으로 전원 버튼이 있습니다. 이 버튼을 누르면 전기가 공급되어 전자기기가 작동되는 것인데요. 이런 전원 버튼을 사람이 눌렀을 때 잘 눌러졌는지를 알려 주기 위해 LED 불빛이 들어오거나 부저 소리가 발생되는 경우가 있습니다. 사람이 불빛을 보거나 소리를 듣고 "전원 버튼이 잘 눌러졌네"라고 인식되게 말이지요. 우리는 이와 같은 전원 버튼 기능을 만들어 보려고 합니다.

그림 5.1. 전원 버튼

이번 장의 첫 번째 작품은 컴퓨터의 전원이 켜지거나(전원 ON), 전원이 꺼질 때(전원 OFF) 마이크로비트에 연결된 LED의 불빛으로 알림을 주고 스크래치 프로그램에서 소리를 발생시키는 프로그램입니다. 동작이 간단하기 때문에 어렵지 않게 따라올 수 있을 겁니다.

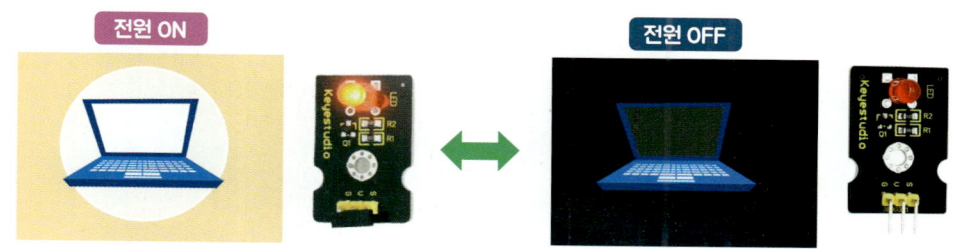

그림 5.2. 작품 미리보기

5.1.2. 준비하기

마이크로비트와 확장보드, 전선, LED를 준비합니다.

이미지	부품명	개수
	마이크로비트	1
	확장보드	1
	micro 5핀 USB 케이블	1
	LED	1
	3색 전선	1

5장 센서로 발명품 만들기 프로젝트 ① 117

5.1.3. 회로도

3색 전선을 이용해서 LED를 확장보드의 0번에 연결합니다.

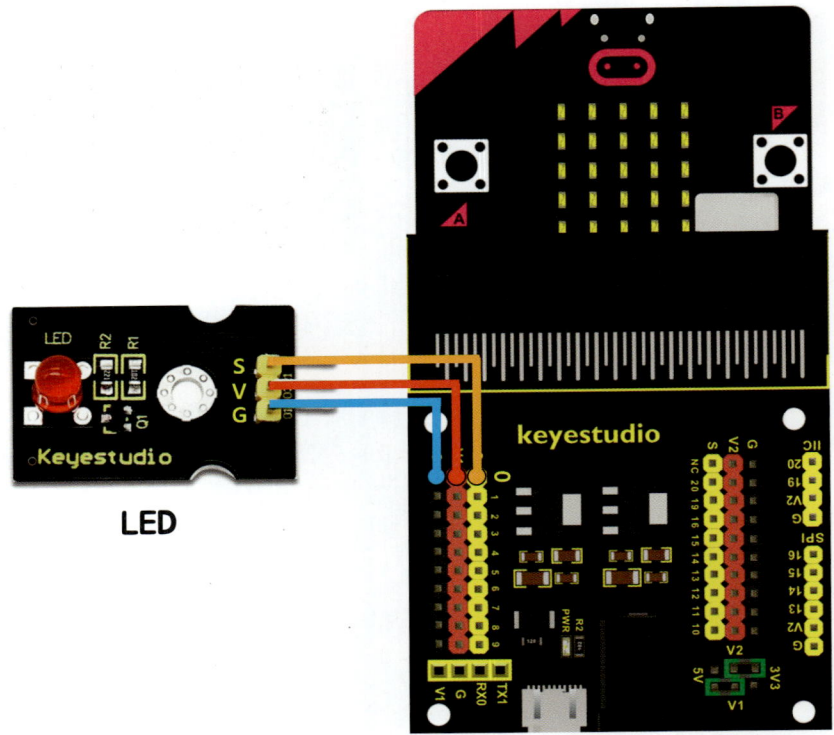

그림 5.3. 회로도

LED 핀	마이크로비트 핀
S	S (0번)
V	V1 (0번)
G	G (0번)

✝ 회로도 연결 완료 후, 마이크로비트를 컴퓨터에 연결하고 마인드 플러스는 **[실시간 모드]**로 설정해 주세요.

5.1.4. 코딩하기

이 작품의 알고리즘을 순서도로 나타내면 다음과 같습니다.

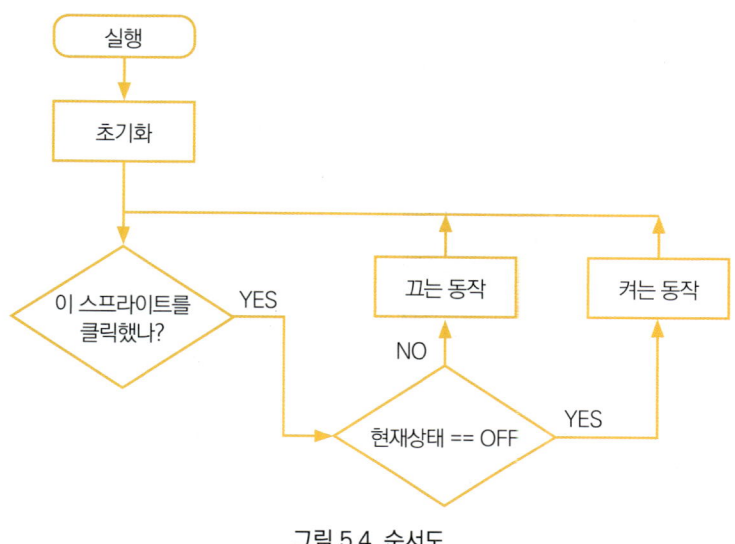

그림 5.4. 순서도

이번 작품에서는 필요한 변수나 설정 값을 "초기화"하는 작업을 거친 뒤, 노트북 스프라이트를 클릭하는 동작으로 전원 ON, 전원 OFF 동작을 실행하려고 합니다. 노트북을 클릭했을 때, 현재 상태가 꺼진(OFF) 상태이면 노트북을 켜야 하니까 "켜는 동작"을 해 주고, 그 반대이면 "끄는 동작"을 해 줍니다.

이제 순서도에 맞춰서 코딩을 시작해 보겠습니다.

작품에 필요한 무대 배경부터 선택해 보겠습니다. 배경은 총 2개(Stars, Light)가 필요합니다. 그림 5.5.와 같이 **"백업 선택하기"** 아이콘을 이용해 "Stars"라는 이름의 배경을 불러온 뒤 **"배경"** 탭으로 들어가 **"배경 고르기"** 아이콘을 이용해 "Light"라는 배경을 추가합니다.

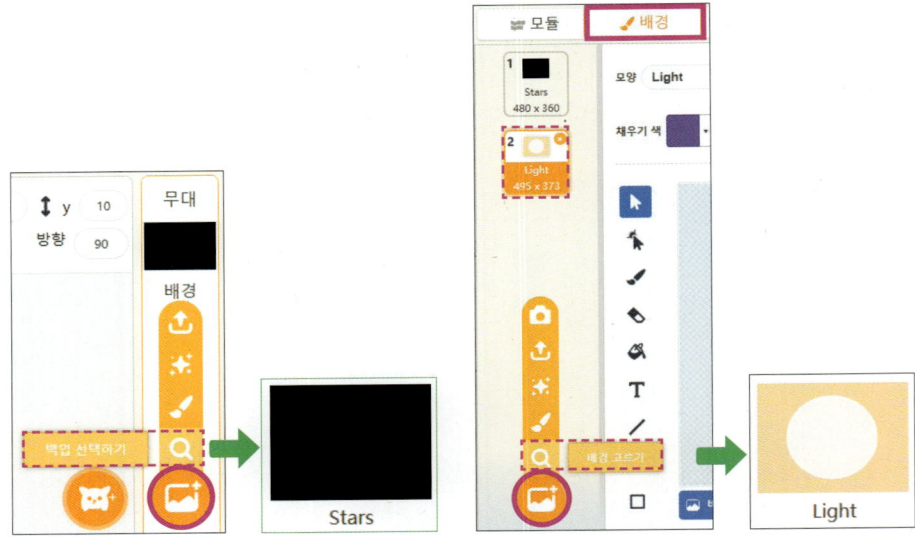

그림 5.5. 배경 선택하기

이번에는 전원을 켜고 끌 전자기기 역할을 할 "Laptop" 스프라이트를 가져옵니다.

그림 5.6. 스프라이트 선택하기

Laptop 스프라이트 가져오기를 완료했다면 **"모델"** 탭을 눌러 그림을 편집하는 화면으로 이동합니다. 그리고 "Laptop" 모양 위에서 마우스를 우클릭하여 모양을 복사한 뒤 복사된 Laptop의 노트북 모니터 부분을 그림 5.7.과 같이 진한 회색으로 색칠해 줍니다. 그리고 색칠 안 한 Laptop의 모양 이름을 "Laptop ON"으로, 진한 회색으로 색칠한 Laptop의 모양 이름은 "Laptop OFF"로 변경해 줍니다.

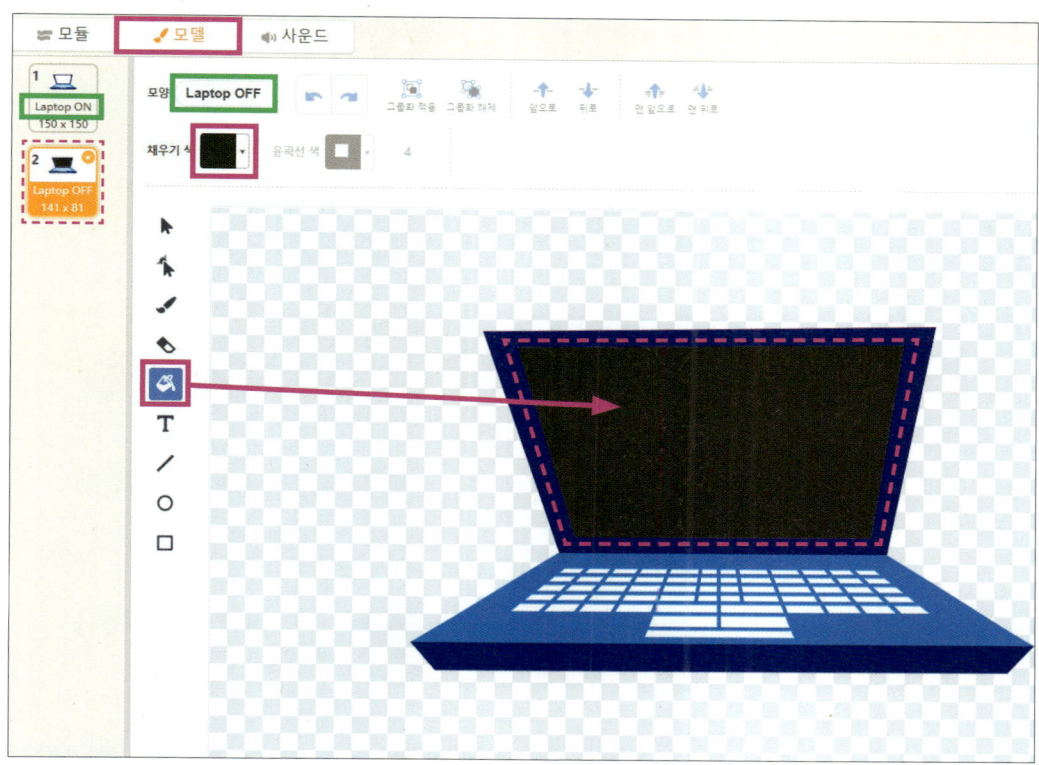

그림 5.7. Laptop 모양 복사 및 편집하기

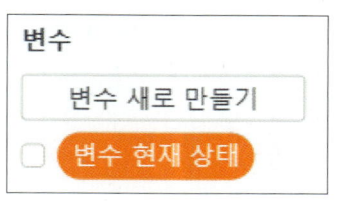

그림 5.8. 변수

그림 5.9. 초기 설정 코드

그림 5.8.과 같이 작품에 필요한 변수를 **"현재 상태"**라는 이름으로 만들어 줍니다. 이 변수는 작품에서 전원이 켜졌는지 꺼졌는지를 알 수 있는 상태값을 저장하는 역할을 합니다.

이제 Laptop 스프라이트를 선택하여 코딩을 해 보겠습니다. 먼저 초록색 깃발을 클릭했을 때, 노트북 모양을 **"Laptop OFF"**로 바꾸고, 크기는 **"200%"**로 설정하여 원래 사이즈보다 2배 크게 해 줍니다. 그리고 무대 배경은 어두운 화면인 **"Stars"**로, 전원 LED가 연결된 P0핀은 **"낮은"**으로 설정해서 LED가 꺼져 있게 해 줍니다. 변수 **"현재 상태"** 값은 **"OFF"**로 설정해 주면 초기 설정은 완료입니다.

그림 5.10.과 같이 **"사운드"** 탭을 선택해 전자기기 전원을 켜는 소리(Connect), 끄는 소리(Disconnect)를 가져옵니다.

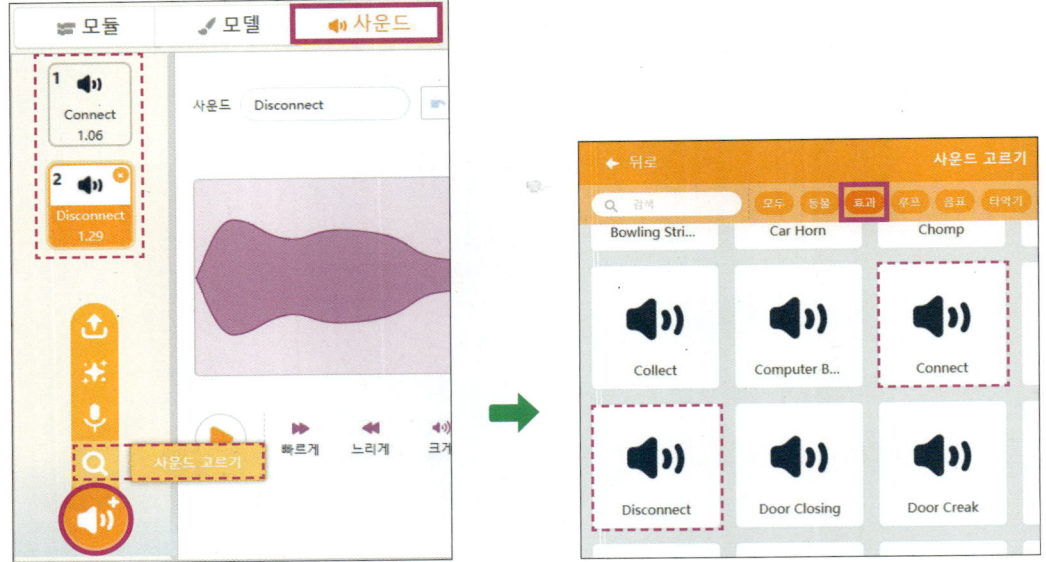

그림 5.10. 소리 가져오기

그림 5.11. Laptop 스프라이트 현재 상태 체크

Laptop 스프라이트를 클릭할 때마다 전원 ON, OFF가 번갈아 작동되게 해 주려고 합니다. 이를 위해 **"이 스프라이트를 클릭했을 때"** 이벤트 명령 블록 바로 아래에 **"만약 ~라면, 아니면"**을 연결해서 변수 **"현재 상태"**가 ON인지 OFF인지 검사해 줍니다.

그리고 그림 5.12.처럼 만약 변수 **"현재 상태"** 값이 **"OFF"**라면 노트북 전원이 켜져야 하기 때문에 **"소리 Connect 재생하기"**와 **"Laptop ON 모양으로 바꾸기"**를 해 주고 무대 배경도 밝아지도록 **"Light 배경으로 바꾸기"**를 합니다. 그리고 마이크로비트의 0번 핀에 연결된 LED에도 불이 켜지도록 **"디지털핀 P0 출력 높은 레벨 설정하기"**를 해 줍니다. 그리고 변수 **"현재 상태"**는 **"ON"**으로 되돌려 주어야 합니다. 그래야 다시 Laptop 스프라이트를 클릭했을 때 Laptop의 전원이 꺼진 모양으로 바뀔 수 있기 때문입니다.

만약 변수 **"현재 상태"** 값이 OFF가 아니라면, 즉 **"ON"**이라면 OFF와 반대의 상황이 연출되도록 소리는 **"Disconnect"**로 재생되도록 하고, 도양은 **"Laptop OFF"**, 배경은 **"Stars"**로 설정해 주고, LED가 연결된 디지털핀 P0의 출력은 **"낮은"** 레벨로 설정하여 LED의 불이 꺼지도록 합니다. 그리고 다시 클릭했을 때 다시 켜지는 동작이 될 수 있도록 **"현재 상태"** 변수값은 **"OFF"**로 다시 설정해 주어야 합니다.

그림 5.12. Laptop 스프라이트를 클릭했을 때 전원 켜고 끄기

이 작품의 모든 코딩을 마쳤습니다. 전체 코드를 한 번에 확인하고 싶다면 그림 5.13.을 확인하거나 함께 제공되는 교육 자료 중 "소스코드" 폴더를 참고해 주세요.

그림 5.13. Laptop 스프라이트 전체 코드

5.1.5. 결과 확인

코딩을 모두 완료했다면 실시간 모드로 장치 연결하기가 되어 있는지 한 번 더 확인합니다. 모든 설정이 완료돼 있다면 **"전체 화면"** 모드를 선택 한 뒤 초록색 깃발을 클릭해서 작품을 실행합니다. 그 후에 Laptop 스프라이트에 마우스를 얹어 클릭해 보세요. 클릭할 때마다 그림 5.14.와 같이 LED 점멸이 잘 되는지, 화면이 잘 변하는지 확인해 보세요.

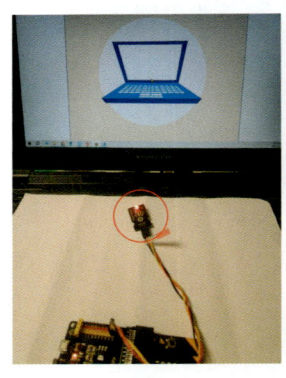

전원 ON   전원 OFF

그림 5.14. 실행해 보기

5.1.6. 더 해 보기

전자기기에서 전원을 켜거나 끌 때 나타나는 다른 효과를 코딩해 보세요.
예를 들면 어떤 전자기기는 전원을 끌 때, "전원이 곧 꺼집니다. 3, 2, 1, 0"과 같이 시간을 카운팅하는 메시지가 나오면서 천천히 꺼지는데요, 이와 같이 작품에서 다루지 않은 다른 효과들을 우리 주변 전자기기에서 찾아보고 코딩으로 표현해 봅시다.

5.2. 길거리 가로등

5.2.1. 작품 미리보기

이번 장의 두 번째 작품은 자동으로 낮과 밤을 인식하고 사람을 감지하여 스스로 켜지는 스마트 가로등입니다. 스마트 가로등에는 사람을 감지하는 PIR센서와 낮과 밤을 구별하는 데에 사용되는 빛센서가 들어 있습니다. 빛센서에 닿는 빛의 양이 적으면 밤이 되었음을 인식하고, PIR센서에 감지된 사람의 동작이 있다면 그림 5.15.와 같이 환하게 가로등을 켜 주는 프로그램을 만들어 보겠습니다.

가로등 PIR센서에
사람이 감지됨

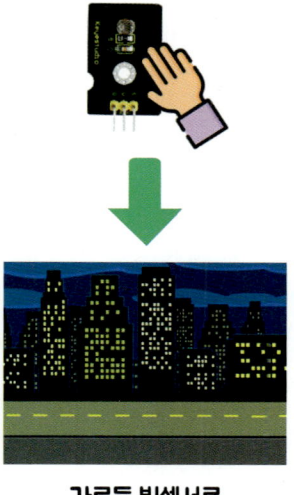
가로등 빛센서로
밤이 됨을 감지함

빛센서와 PIR센서로
밤에 사람이 감지되어
가로등 불을 켰음

그림 5.15. 작품 미리보기

5.2.2. 준비하기

이미지	부품명	개수
	마이크로비트	1
	확장보드	1
	micro 5핀 USB 케이블	1
	3W LED	1
	PIR센서	1
	빛센서	1
	3색 전선	1

5.2.3. 회로도

3색 전선을 이용해서 3W LED는 확장보드의 0번에, 빛센서는 2번에, PIR센서는 5번에 연결합니다.

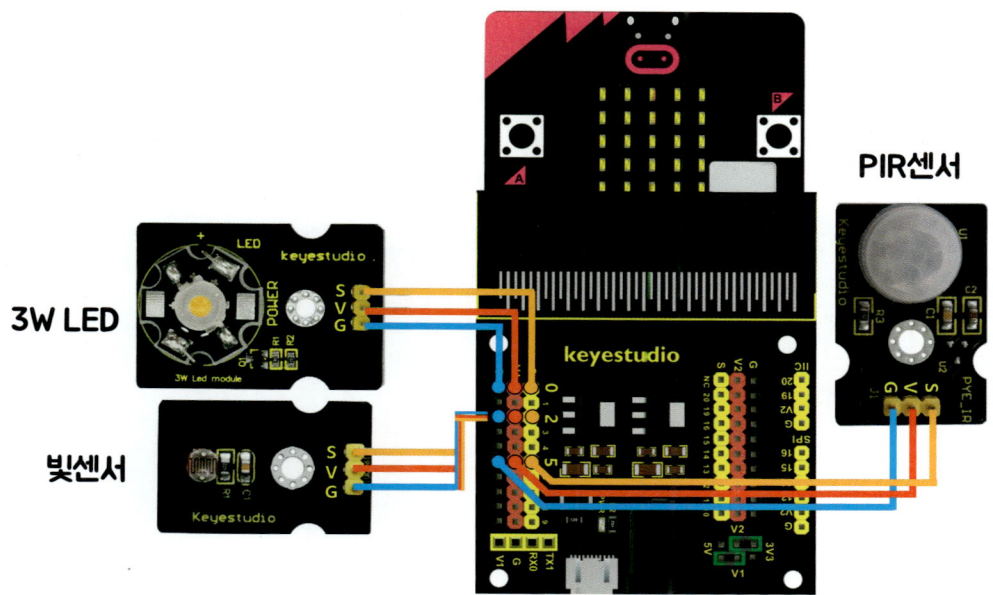

그림 5.16. 회로도

빛센서 핀	마이크로비트 핀
S	S (2번)
V	V1 (2번)
G	G (2번)

3W LED 핀	마이크로비트 핀
S	S (0번)
V	V1 (0번)
G	G (0번)

PIR센서 핀	마이크로비트 핀
S	S (5번)
V	V1 (5번)
G	G (5번)

✚ 회로도 연결 완료 후, 마이크로비트를 컴퓨터에 연결하고 마인드 플러스는 **[실시간 모드]**로 설정해 주세요.

5.2.4. 코딩하기

이 작품의 알고리즘을 순서도로 나타내면 다음과 같습니다.

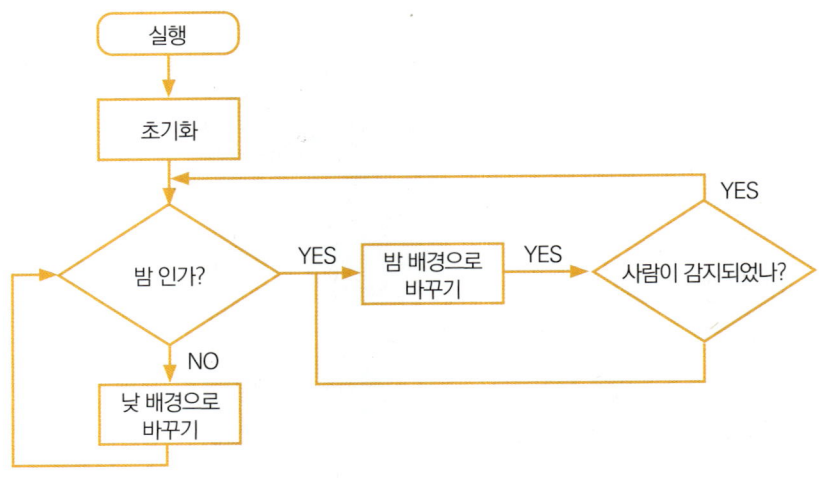

그림 5.17. 순서도

이 작품은 프로그램에 필요한 변수나 스프라이트의 상태를 처음 시작 상태로 설정하는 "초기화" 작업을 한 뒤, 빛센서로 밤이 되었는지, PIR센서로 사람이 가로등 가까이 왔는지를 감지합니다. 만약 빛센서값이 기준값보다 작아서 밤으로 감지되면 스크래치 화면을 밤 배경으로 바꿔 줍니다. 밤인 상태에서 PIR센서에 사람이 감지된다면 LED 불빛을 켜 주고 스크래치 화면에서도 가로등이 켜진 그림이 나타나게 해 줍니다.

이제 순서도에 맞춰서 코딩을 시작해 보겠습니다.

먼저 그림 5.18.과 같이 낮과 밤을 대표할 만한 무대 배경을 2개(Urban, Night City)를 가져옵니다. 그리고 낮을 의미하는 배경의 모양 이름은 "낮배경"으로 밤을 의미하는 배경의 모양 이름은 "밤배경"으로 변경해 주세요.

그림 5.18. 배경 선택하기

그리고 스프라이트 **"그리기"**를 이용해 그림 5.19.처럼 노란색 삼각형 모양의 스프라이트를 직접 그리고, 그 스프라이트의 이름을 "가로등"으로 해 주세요. 이 스프라이트는 밤에 서서히 켜지는 가로등 불빛 효과에 사용될 것입니다.

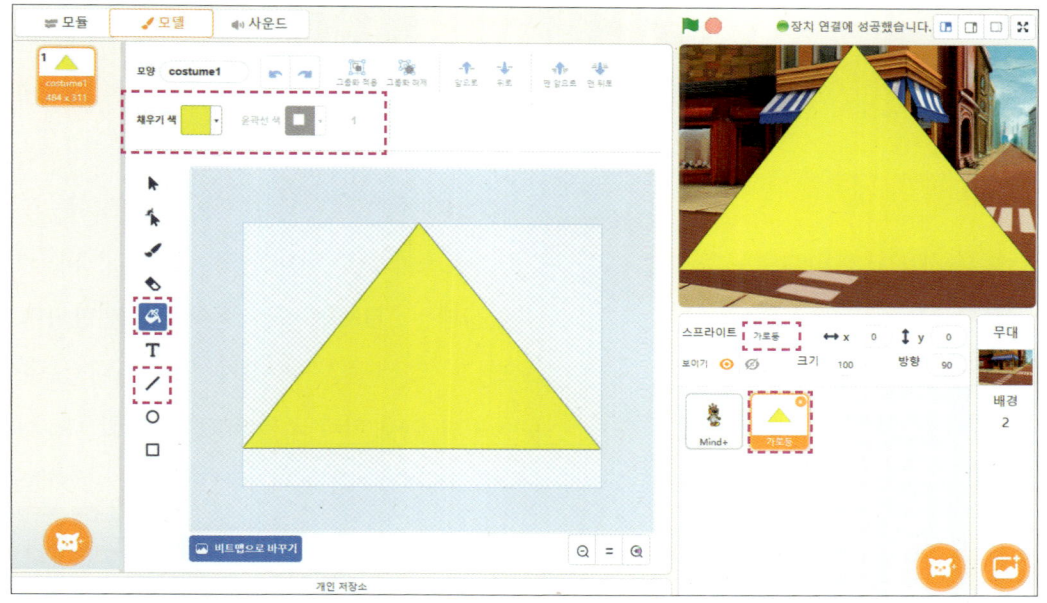

그림 5.19. 가로등 스프라이트 그리기

5장 센서로 발명품 만들기 프로젝트 ① 129

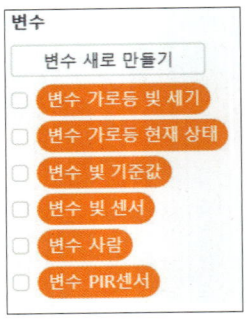

그림 5.20. 변수

배경과 스프라이트 준비가 모두 됐다면 작품에 사용될 변수를 만들어 보겠습니다. 그림 5.20.과 같이 총 6개(가로등 빛 세기, 가로등 현재 상태, 빛 기준값, 빛센서, 사람, PIR센서)의 변수를 만들어 줍니다.

이제 **"Mind+"** 스프라이트를 선택하여 코딩을 해 보겠습니다.

먼저 그림 5.21.과 같이 초록색 깃발을 클릭하면 시작하게 한 뒤 그 아래에 **"초기화 신호 보내고 기다리기"** 이벤트를 실행시켜 줍니다. 그리고 **"사람움직이기"**, **"가로등제어"** 신호 보내기 이벤트를 만들어 차례대로 실행되게 연결해 주세요. 그리고 변수 **"빛센서"**, **"PIR센서"**를 만들어 각 센서값을 해당 변수에 계속 저장되게 해 줍니다.

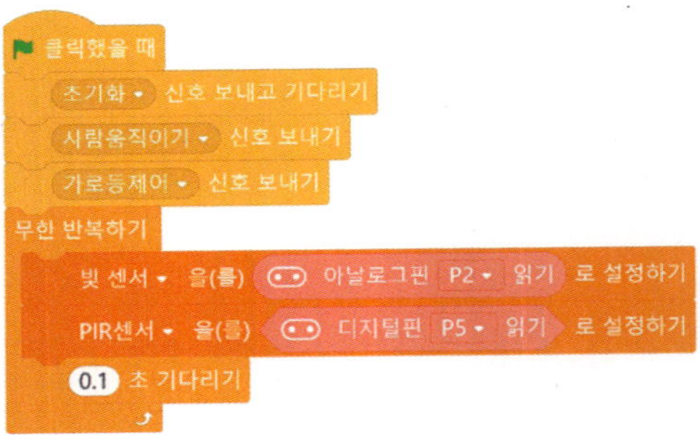

그림 5.21. 신호 보내기 및 센서값 읽기

Mind+ 스프라이트가 **"초기화를 받았을 때"**에는 변수 및 위치값을 그림 5.19.처럼 설정하고 **"숨기기"**를 합니다. 여기서 변수 **"가로등 현재 상태"**를 **"OFF"**라는 단어로 설정하는 것은 가로등이 꺼진 상태를 표현하는 것이고, 켜진 상태는 **"ON"**이라는 단어로 표현합니다. 그리고 **"빛 기준값"**은 각자 작품을 테스트하는 주변 빛에 따라 조금씩 다를 수 있으니 상황에 따라 기준값을 더 크거나 작게 설정하면 되겠습니다.

그림 5.22. Mind+ 스프라이트 초기화 받았을 때

"**사람움직이기를 받았을 때**"에는 Mind+ 캐릭터가 "**-100~100**" 사이에서 랜덤하게 선택된 x의 위치값에 따라 2초 동안 좌우로 움직이게 해 줍니다. 그리고 이때 마치 걷는 듯한 모양으로 보일 수 있도록 "**다음 모양으로 바꾸기**"를 함께 실행해 줍니다.

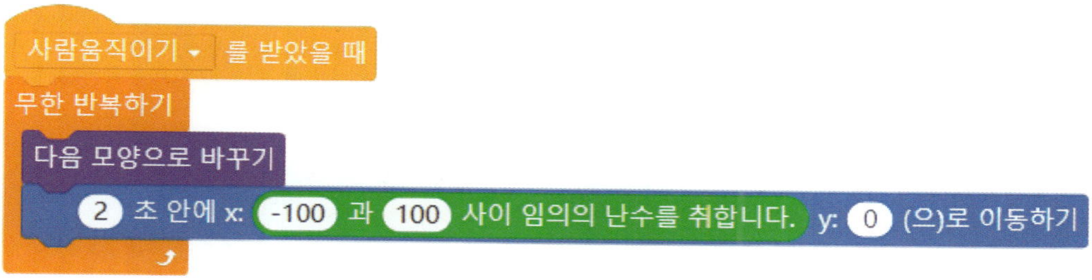

그림 5.23. 사람움직이기 코드

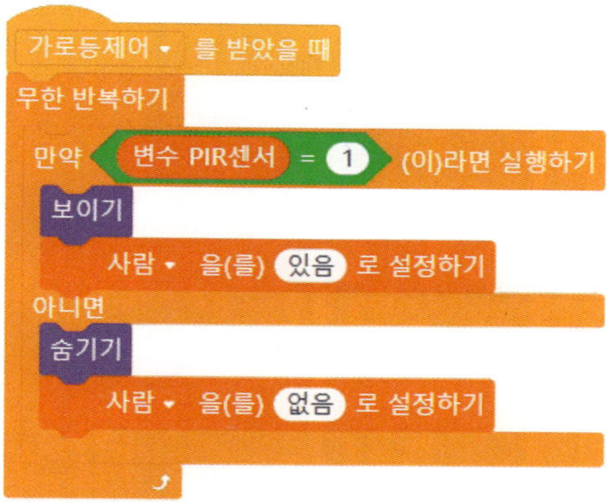

"**가로등제어를 받았을 때**"는 먼저 가로등에 사람이 감지되었는지 체크해야 합니다.

이를 위해 **[제어]** 카테고리에서 "**만약 ~ 아니면**" 명령 블록을 가져와서 그림 5.24.처럼 조건 코드를 만들어 줍니다. 만약 사람이 감지됐다면 즉, "**PIR센서=1**"이면 Mind+ 스프라이트를 보이게 하고 변수 "**사람**"은 "**있음**"으로 설정해 줍니다. 그리고 사람이 감지되지 않으면 즉, "**PIR센서=0**"이면 Mind+ 스프라이트를 숨기고 변수 "**사람**"은 "**없음**"으로 설정합니다.

그림 5.24. 사람 감지 코드

그리고 이어서 측정되는 변수 "빛센서" 값이 변수 "빛 기준값"보다 작은지 큰지를 체크해야 합니다. 만약 측정된 "빛센서" 값이 "빛 기준값"보다 작을 때, 만약 사람이 있고(사람=있음), 가로등이 꺼진 상태(가로등 현재 상태=OFF)라면 "**가로등 켜기 신호 보내고 기다리기**" 이벤트가 실행되도록 해 주고, 만약 사람이 없고(사람=없음), 가로등이 켜진 상태(가로등 현재 상태=ON)라면 전기를 아끼기 위해 가로등을 끄는 "**가로등 끄기 신호 보내고 기다리기**" 이벤트를 실행시켜 줍니다.

그리고 **"빛센서"** 값이 **"빛 기준값"**보다 크거나 같을 때는 **"낮"**이라는 의미이기 때문에 이때 만약 가로등이 켜진 상태(가로등 현재 상태=ON)라면 **"가로등 끄기 신호 보내고 기다리기"**를 하여 가로등을 반드시 꺼 줍니다.

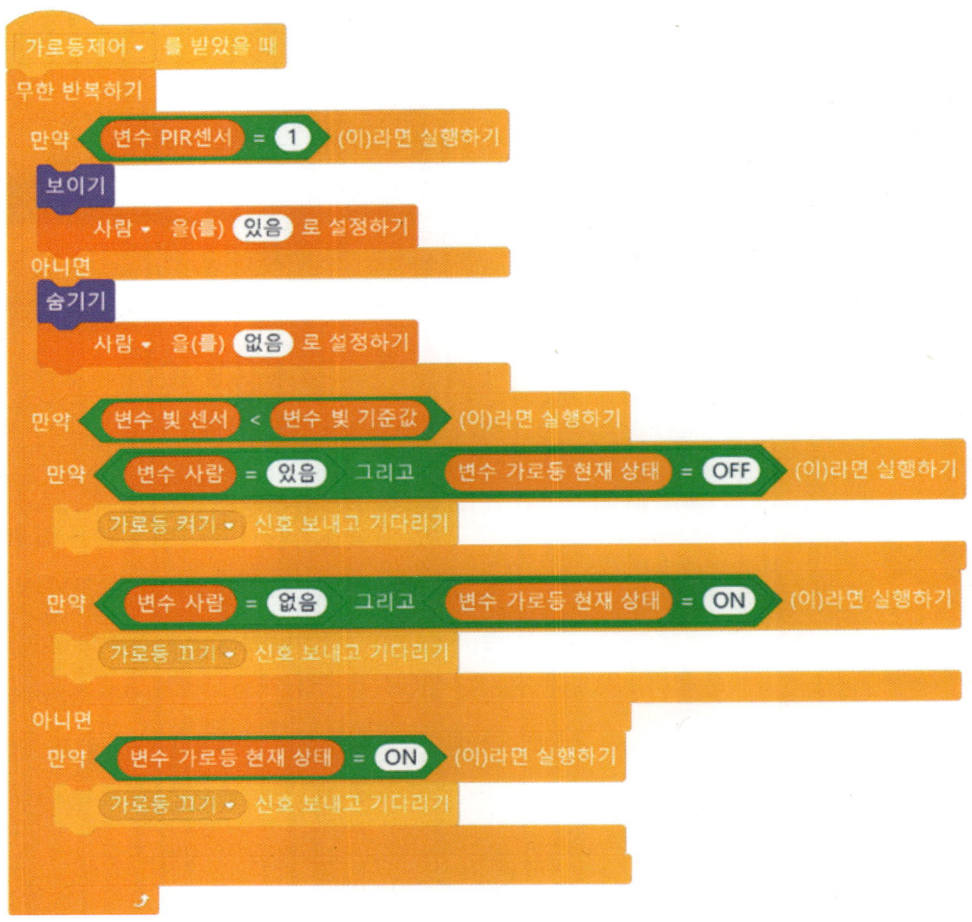

그림 5.25. 가로등 제어 코드

이번에는 **"가로등"** 스프라이트 선택하여 코딩해 보겠습니다.

그림 5.26. 초기화 코드

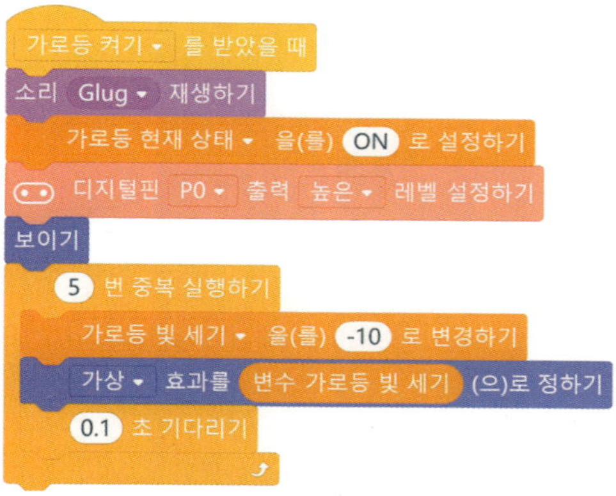

그림 5.27. 가로등 켜기 코드

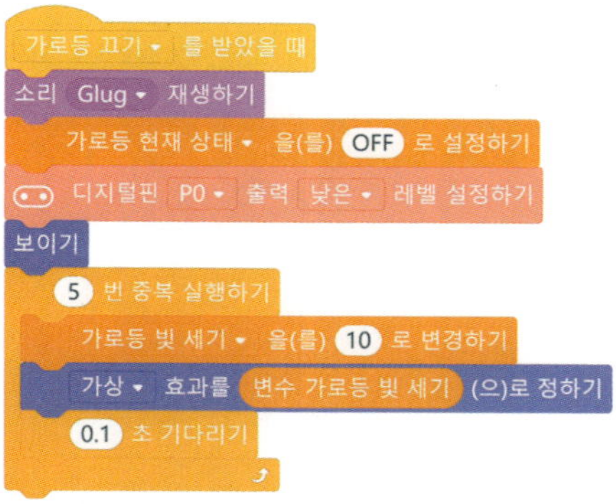

그림 5.28. 가로등 끄기 코드

가로등 스프라이트의 초기화 코드는 위치를 "x:0, y:0"으로 하여 무대 가운데로 설정한 뒤 처음에는 안 보이게 "숨기기"를 합니다. 그리고 작품에서 가로등 색깔이 서서히 변하는 부분에 사용될 변수인 "가로등 빛 세기"를 "100"으로 설정하고 "가상 효과를 변수 가로등 빛 세기로 정하기"를 합니다.

"가로등 켜기를 받았을 때" 가로등이 켜지는 효과음을 위해 "소리 Glug 재생하기"를 합니다. 그리고 변수 "가로등 현재 상태"는 "ON"으로 설정하고 3W LED가 연결된 P0의 출력을 "높은" 레벨로 설정해서 LED가 켜지게 하고 화면에 가로등이 보이도록 합니다. 이때 스크래치 화면에서도 가로등이 서서히 켜지는 효과를 나타내기 위해 "가상 효과를 ~로 정하기" 명령 블록을 사용하여 변수 "가로등 빛 세기" 값이 -10씩 총 5번 반복하도록 하면 가상 효과 값이 점점 줄어들어 가로등의 노란색 불빛이 서서히 켜지며 나타나게 하는 효과를 볼 수 있습니다.

"가로등 끄기를 받았을 때"는 그림 5.27.의 "가로등 켜기를 받았을 때"와는 반대로 값을 설정해서 그림 5.28.처럼 코딩하면 됩니다. 여기에서 주의할 점은 "가로등 빛 세기" 변수값을 음수인 -10이 아니라 양수 10이라는 값으로 변경하게 해야 한다는 점입니다.

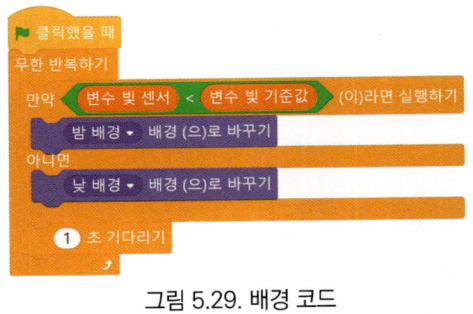

마지막으로 배경을 선택하여 코딩해 보겠습니다. 배경에서는 초록색 깃발을 클릭하면 변수 **"빛 기준값"**보다 변수 **"빛센서"**의 값이 작으면 어둡다는 의미이기 때문에 배경을 **"밤 배경"**으로 바꾸고, 그렇지 않으면 밝다는 의미이니 **"낮 배경"**으로 바꾸어 주는 것을 실행하도록 코드를 만들어 줍니다.

그림 5.29. 배경 코드

이 작품의 모든 코딩을 마쳤습니다. 전체 코드를 한 번에 확인하고 싶다면 그림 5.30., 5.31., 5.32.를 확인하거나 함께 제공되는 교육 자료 중 "소스코드" 폴더를 참고해 주세요.

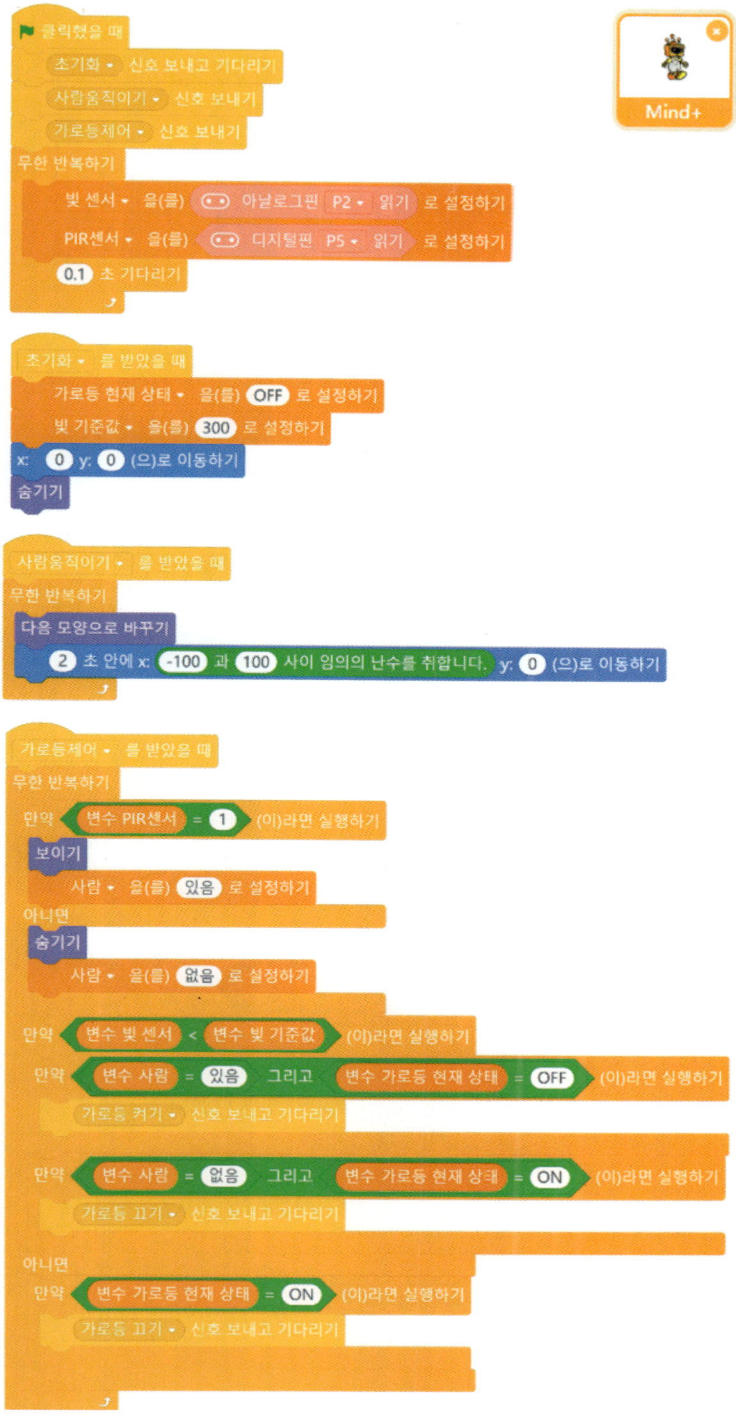

그림 5.30. Mind+ 전체 코드

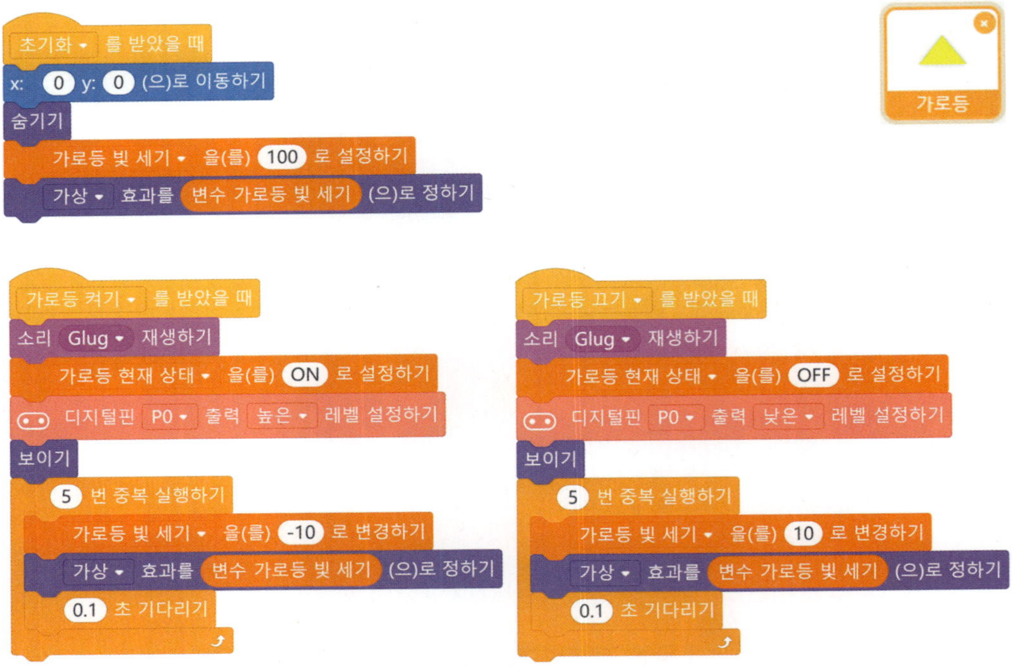

그림 5.31. 가로등 전체 코드

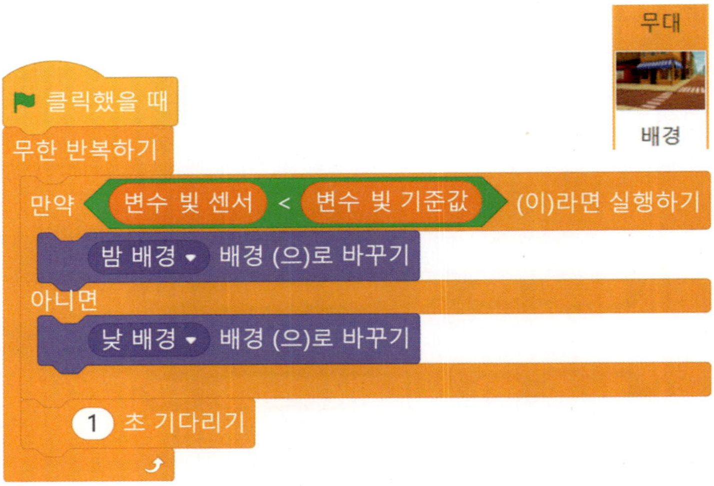

그림 5.32. 배경 전체 코드

5.2.5. 결과 확인

코딩을 모두 완료했다면 실시간 모드로 장치 연결하기가 되어 있는지 한 번 더 확인합니다. 모든 설정이 완료돼 있다면 초록색 깃발을 클릭해서 작품을 실행시켜 줍니다. 그리고 그림 5.33.처럼 빛센서를 손으로 가렸을 때 스크래치 무대 배경이 밤 배경으로 변하는지, PIR센서에 손을 갖다 대었을 때 "Mind+" 스프라이트가 나타나는지 확인해 보세요. 그리고 빛센서와 PIR센서 위에 손을 동시에 갖다 대었을 때 3W LED가 켜지면서 스크래치 화면의 가로등이 켜지는 효과도 잘 나타나는지 확인하세요. 빛센서에 손을 올려 가린다는 것은 밤이 되었다는 것이고, PIR센서에 손을 올린다는 것은 사람이 감지되었다는 의미이기 때문에 작품 코드 알고리즘상 가로등이 켜져야 하기 때문입니다. 참고로 PIR센서의 경우 첫 감지는 민감하게 잘 반응하도록 돼 있지만 이후 여러 번 감지하는 것에는 반응이 다소 느리게 설계되었습니다. 따라서 반응이 바로 나타나지 않더라도 조금 기다리며 실습을 진행하기 바랍니다.

그림 5.33. 실행해 보기

5.2.6. 더 해 보기

밤사이 가로등이 몇 번 켜졌는지에 대한 데이터를 알고 싶습니다. 가로등이 켜진 횟수를 저장하는 변수를 만들어 켜질 때마다 1씩 증가되게 코딩해 보세요.

센서로 발명품 만들기 프로젝트 ②

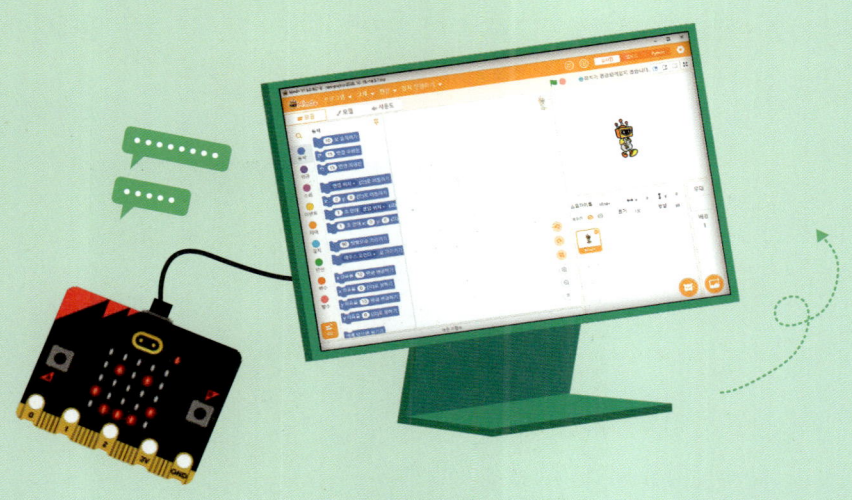

센서로 발명품 만들기 프로젝트 ②

학습 요약	
학습 목표	마이크로비트와 LED를 이용해 생활 속 LED 장치를 만들어 봅니다.
핵심 키워드	마이크로비트, Mind+, 스크래치, LED, 터치센서, 무드등, 신호등
준비물	마이크로비트 올인원 키트, 컴퓨터
학습 시간	2시간
학습 난이도	★☆☆☆☆

6.1. 컬러 LED 무드등

6.1.1. 작품 미리보기

무드등은 우리 생활 속 여러 공간에서 활용되고 있는데요, 무드등의 컬러풀한 색상은 공간 분위기를 아름답고 멋지게 연출해 주며 다양한 디자인의 무드등은 인테리어 소품으로 많은 인기를 얻기도 합니다.

그림 6.1. 컬러 LED 무드등

이번 장의 첫 번째 작품은 컬러 LED 무드등입니다. 터치센서 하나로 무드등을 켜서 총 5단계의 무드등 색깔로 바꾸고, 무드등을 끄는 동작을 계속 반복할 수가 있습니다. 동작 원리만 잘 이해한다면 실습 내용을 어렵지 않게 따라올 수 있을 겁니다.

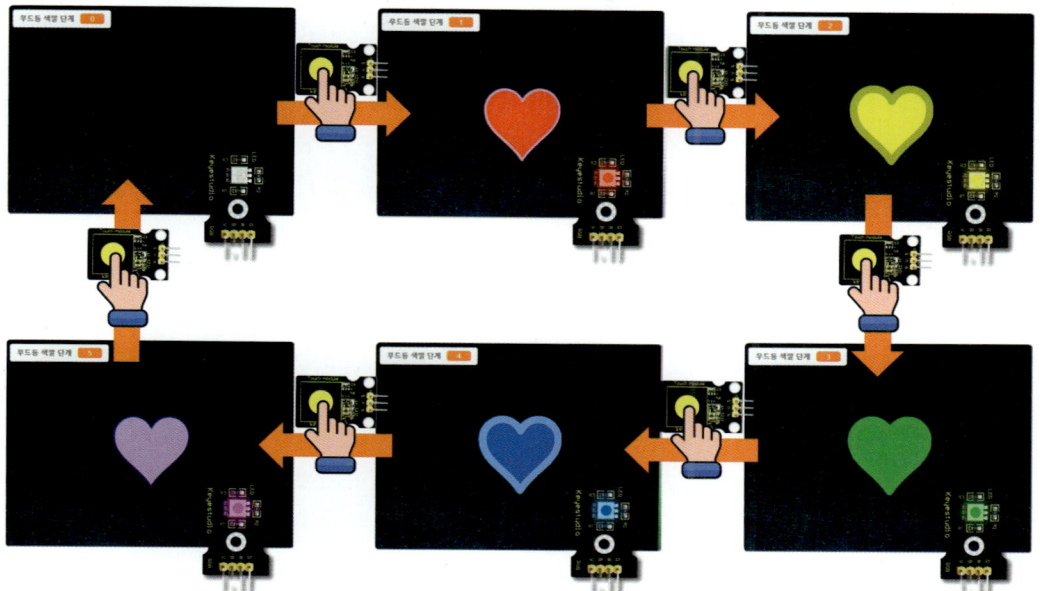

그림 6.2. 작품 미리보기

6.1.2. 준비하기

표를 참고하여 마이크로비트와 확장보드, 전선 그리고 RGB LED와 터치센서를 준비합니다.

이미지	부품명	개수
	마이크로비트	1
	확장보드	1
	micro 5핀 USB 케이블	1
	RGB LED	1
	터치센서	1
	3색 전선	1
	점퍼 케이블(F-F)	4

6.1.3. 회로도

그림 6.3.을 참고하여 터치센서는 3색 전선을 이용해서 확장보드의 0번에 연결하고, RGB LED는 점퍼 케이블(F-F)을 이용하여 Green(초록)을 의미하는 G는 S12번에 Red(빨강)를 의미하는 R은 S13번에 Blue(파랑)를 의미하는 B는 S15번에 연결합니다. 그리고 RGB LED의 V는 14번의 V2에 연결합니다.

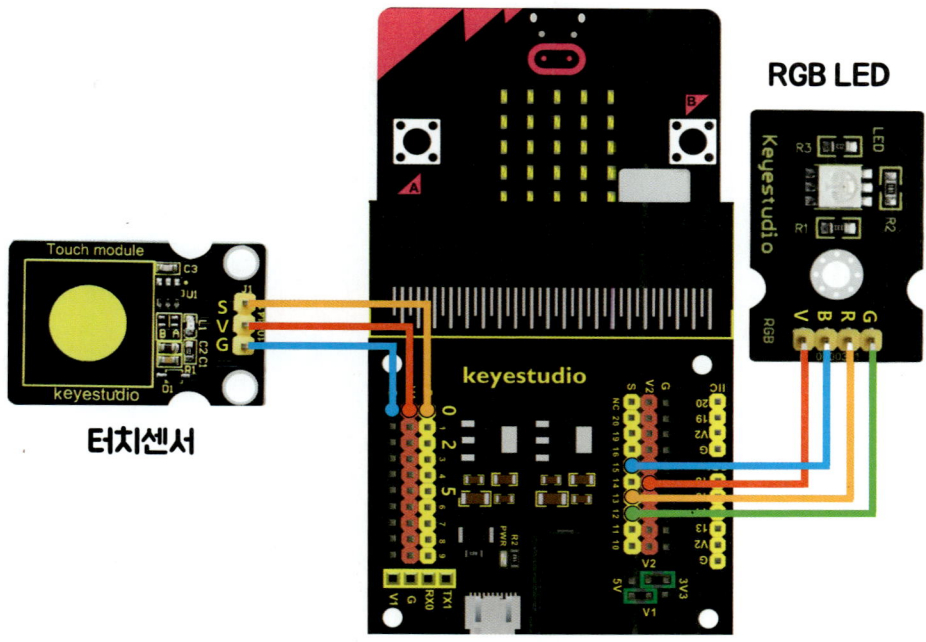

그림 6.3. 회로도

터치센서 핀	마이크로비트 핀
S	S (0번)
V	V1 (0번)
G	G (0번)

RGB LED 핀	마이크로비트 핀
G	S (12번)
R	S (13번)
B	S (15번)
V	V2 (14번)

✝ 회로도 연결 완료 후, 마이크로비트를 컴퓨터에 연결하고 마인드 플러스는 **[실시간 모드]**로 설정해 주세요.

6.1.4. 코딩하기

이 작품의 알고리즘을 순서도로 나타내면 다음과 같습니다.

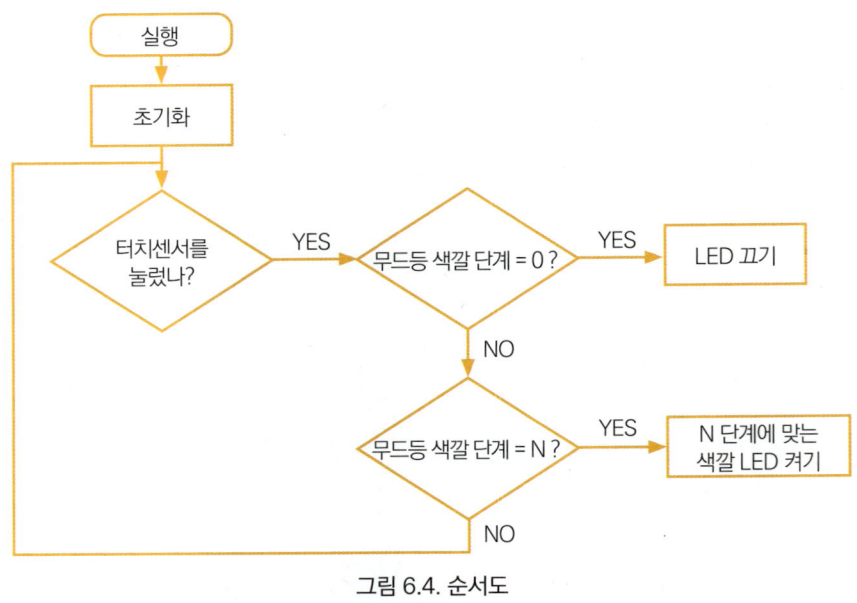

그림 6.4. 순서도

작품 실행 시 변수 및 기타 장치 상태값을 "초기화"시킵니다. 그리고 터치센서를 손으로 터치할 때마다 변수 "무드등 색깔 단계" 값을 1씩 증가시켜서 각 단계 값에 따라 무드등 LED의 색깔이 바뀌거나 꺼지도록 동작을 만들면 됩니다. 그리고 동시에 스크래치 화면에서 하트 스프라이트의 색깔도 LED 색깔에 맞춰서 바뀌도록 코딩을 해 줍니다.

이제 순서도에 맞춰서 코딩을 시작해 보겠습니다.

그림 6.5. 스프라이트와 무대 배경

먼저 게임에 필요한 스프라이트와 배경을 가져오도록 하겠습니다.

그림 6.5.와 같이 "Stars"라는 이름의 무대 배경을 설정해 주고, 스프라이트 2개 (Mind+, Heart)를 가져옵니다.

이 중 "Heart" 스프라이트는 모양 추가하기가 필요합니다.

그림 6.6.과 같이 기존에 있던 "Heart Red" 또는 "Heart Purple" 모양 위에서 마우스 우 클릭을 하여 "복사"를 하고 페인트 통 모양의 채우기 색 아이콘을 이용해 노란색으로 하트 색깔을 변경합니다. 그리고 하트 색깔에 맞게 모양 이름도 "Heart Yellow"로 변경해 줍니다. 나머지 "Heart Green", "Heart Blue", "Heart OFF" 모양도 이와 같이 "복사"하여 추가해 줍니다.

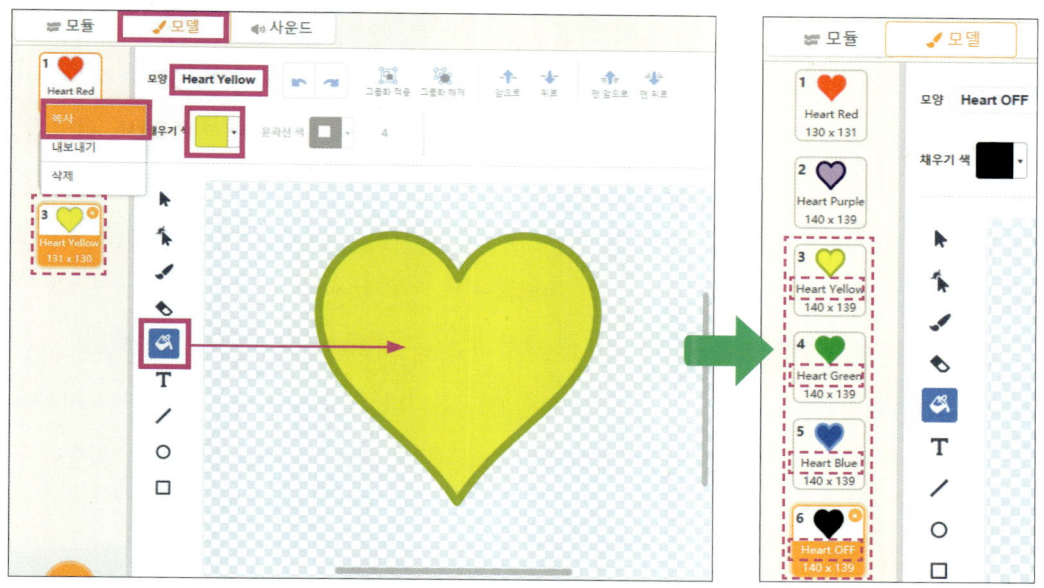

그림 6.6. Heart 스프라이트 모양 추가하기

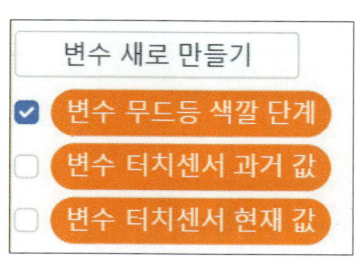

그림 6.7. 변수

스프라이트와 배경 준비가 모두 완료되었다면 작품에 필요한 변수를 그림 6.7.과 같이 3개(무드등 색깔 단계, 터치센서 과거 값, 터치센서 현재 값) 만들어 줍니다. 이 중 변수 **"무드등 색깔 단계"**는 작품 화면에 보일 수 있도록 체크 박스에 체크☑ 표시를 해 줍니다.

이제 Heart 스프라이트를 선택하여 코딩을 해 보겠습니다.

그림 6.8.과 같이 **"초록색 깃발 클릭했을 때" "초기화 신호 보내고 기다리기"** 이벤트를 만들어 줍니다.

그림 6.8. 초록색 깃발 클릭했을 때

그림 6.9. 터치센서값 읽기

무한 반복하기 명령 블록 안에 마이크로비트 "디지털 핀 P0"에 연결된 터치센서값을 변수 "터치센서 현재 값"에 저장하도록 그림 6.9.와 같이 설정해 줍니다. 터치센서는 터치를 했을 때 1의 값을 터치를 하지 않았을 때는 0의 값을 나타냅니다.

이제 터치센서를 누를 때마다 무드등 색깔이 바뀌도록 해 보겠습니다. 그런데 터치센서를 한 번만 터치했다 뗄 경우에만 무드등의 색깔이 바뀌어야 되고, 터치센서를 계속 터치하고 있을 때는 무드등의 색깔이 계속 바뀌지 않아야 합니다. 이런 부분에 대한 처리를 위해 변수 "터치센서 과거 값"에 바로 직전의 터치센서 상태값(0, 1)을 저장해 줍니다. "터치센서 현재 값=1"인 상태에서 "터치센서 과거 값=0"이면 지금 막 터치센서를 터치하고 있는 경우라고 판단할 수 있으며 이때 변수 "터치센서 과거 값"을 1로 저장합니다. 그리고 "터치센서 현재 값=0"인 상태에서 "터치센서 과거 값=1"이면 지금 막 터치센서에서 손을 뗀 경우라고 판단할 수 있기에 변수 "터치센서 과거 값"에 0을 저장합니다. 이렇게 조건을 만들면 터치센서를 한 번 터치하는 사이클을 체크하여 계속 터치했을 때 오동작하는 것을 방지할 수 있습니다.

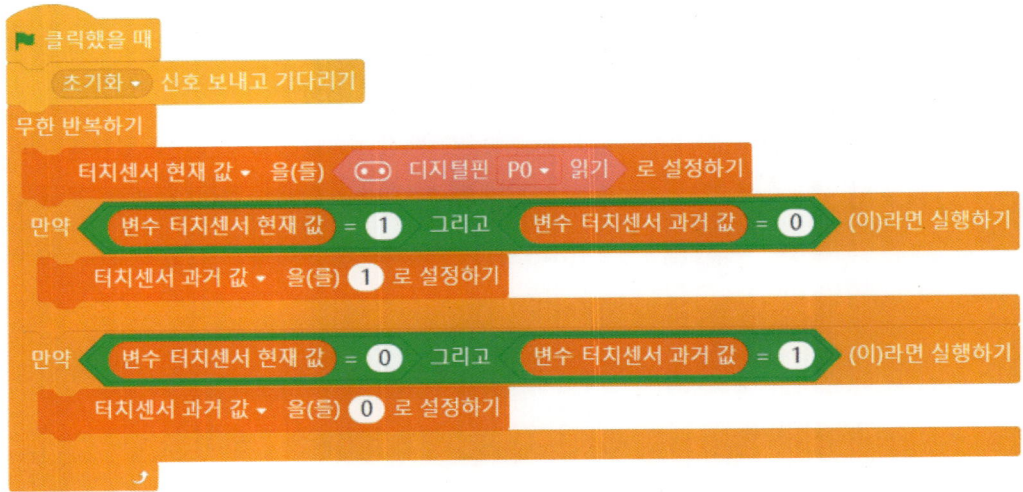

그림 6.10. 터치센서를 한 번 눌렀다 뗐을 때

이제 터치센서를 터치했을 때 무드등의 색깔 단계가 1씩 바뀌는 코드를 추가해 보겠습니다. 그림 6.11.과 같이 터치센서를 한 번 터치했을 때 변수 **"무드등 색깔 단계"**가 1씩 변경되도록 합니다. 그러다 변수 **"무드등 색깔 단계 〉 4"**인 경우에는 더 이상 값이 커지도록 하지 않고 다시 0으로 설정되도록 합니다. 그리고 **"LED 색깔 바꾸기 신호 보내고 기다리기"** 이벤트가 실행되도록 합니다.

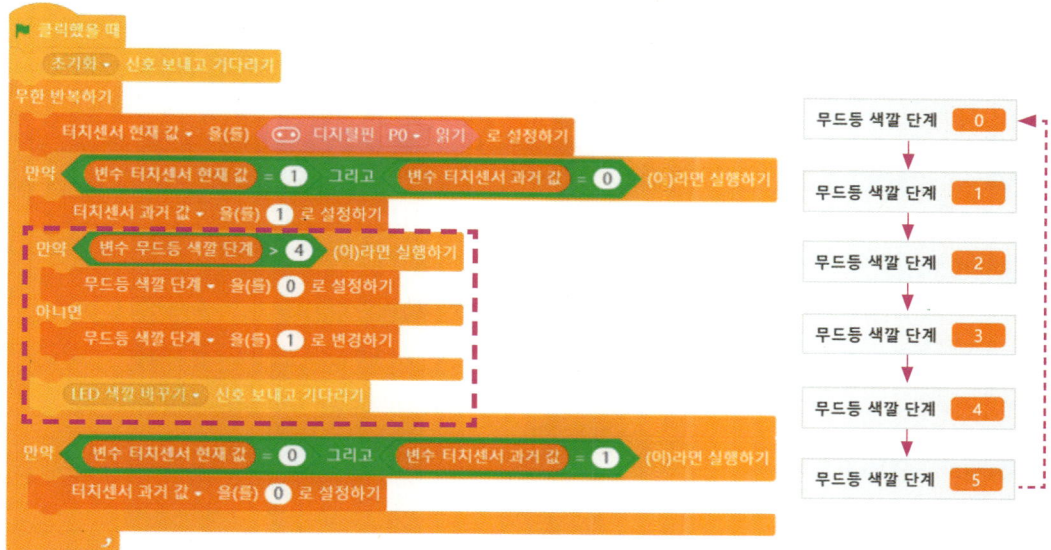

그림 6.11. 터치센서로 무드등 색깔 단계 바꾸기

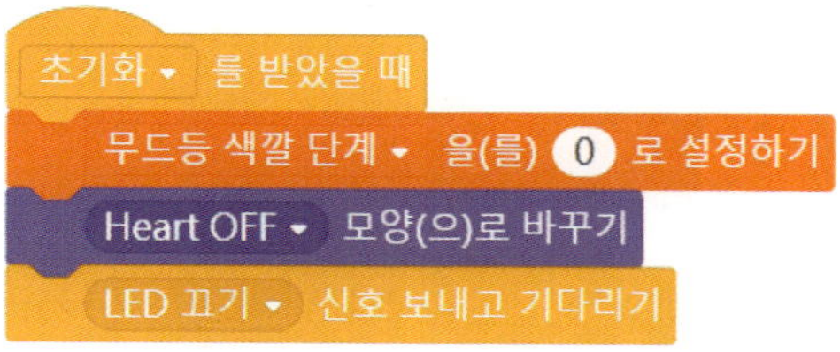

"초기화를 받았을 때"는 그림 6.12.처럼 변수 **"무드등 색깔 단계"** 값을 설정해 주고, 모양도 **"Heart OFF"**로 바꾸기를 합니다. 그리고 마이크로비트에 연결된 LED도 모두 꺼질 수 있도록 **"LED 끄기 신호 보내고 기다리기"**를 합니다.

그림 6.12. Heart 스프라이트 초기화 코드

"**LED 색깔 바꾸기를 받았을 때**" 변수 "**무드등 색깔 단계**"의 값에 따라 마이크로비트에 연결된 RGB LED의 색깔과 Heart 스프라이트의 색깔이 달라지도록 하는 조건 코드를 만들어 보겠습니다.

[제어] 카테고리에서 "**만약 ~(이)라면 실행하기**" 명령 블록을 가져와 총 6개의 조건을 만들 수 있도록 "**+**"를 클릭합니다.

그리고 변수 "**무드등 색깔 단계=0**"일 때는 "**LED 끄기 신호 보내고 기다리기**"를 하고 Heart 스프라이트는 "**Heart OFF**" 모양으로 바뀌도록 합니다.

변수 "**무드등 색깔 단계=1**"일 때는 "**빨간색 LED 신호 보내고 기다리기**"를 하고 Heart 스프라이트는 "**Heart Red**" 모양으로 바뀌도록 합니다.

변수 "**무드등 색깔 단계**" 값에 따라 LED와 Heart 스프라이트의 색깔이 바뀌도록 그림 6.13.과 같이 코드를 완성시켜 봅니다.

그림 6.13. LED 색깔 바꾸기

이제 Mind+ 스프라이트를 클릭합니다.

그림 6.14.와 같이 "**초록색 깃발 클릭했을 때**" 무대에 나타나지 않도록 "**숨기기**"를 합니다. 이번 작품에서 Mind+ 스프라이트는 마이크로비트에 연결된 RGB LED를 제어하는 코드를 작성하는 용도로만 활용됩니다.

그림 6.14. Mind+ 초록색 깃발 클릭했을 때

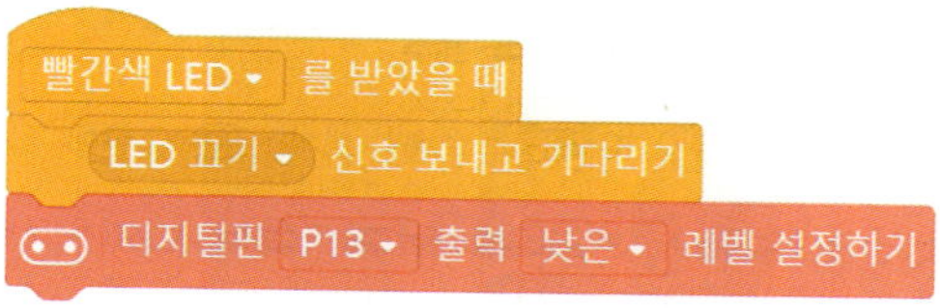

그림 6.15. 빨간색 LED를 받았을 때

그림 6.16. 노란색 LED를 받았을 때

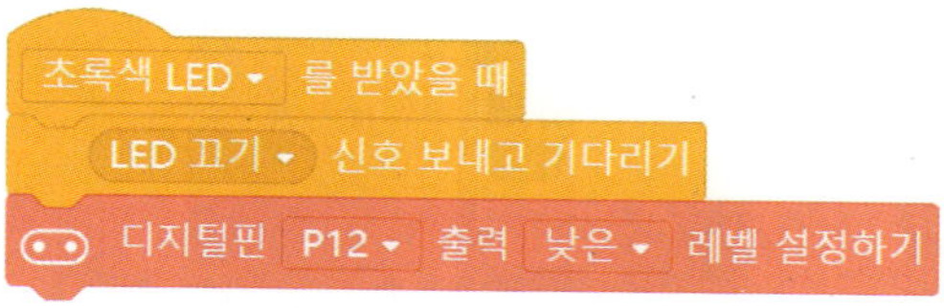

그림 6.17. 초록색 LED를 받았을 때

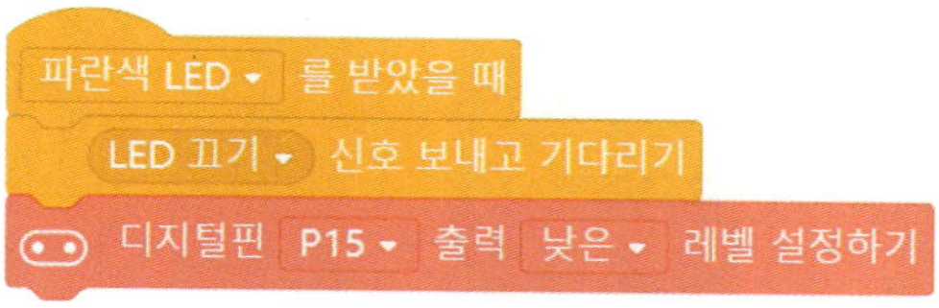

그림 6.18. 파란색 LED

"빨간색 LED를 받았을 때"에는 **"LED 끄기 신호 보내고 기다리기"** 이벤트를 실행해 기존에 켜져 있는 LED를 끄고, 마이크로비트의 디지털핀 **"P13"**에 연결된 R의 출력을 낮은 레벨로 설정하여 빨간색 LED가 켜지도록 합니다.

"노란색 LED를 받았을 때"에는 **"LED 끄기 신호 보내고 기다리기"**를 실행시킨 뒤 마이크로비트의 디지털핀 **"P13"**에 연결된 R과 **"P12"**에 연결된 G가 동시에 켜져서 노란색이 나타날 수 있도록 각각 출력을 낮은 레벨로 설정하여 노란색 LED가 켜지도록 합니다.

"초록색 LED를 받았을 때"에는 **"LED 끄기 신호 보내고 기다리기"**를 실행시킨 뒤 마이크로비트의 디지털핀 **"P12"**에 연결된 G의 출력을 낮은 레벨로 설정하여 초록색 LED가 켜지도록 합니다.

"파란색 LED를 받았을 때"에는 **"LED 끄기 신호 보내고 기다리기"**를 한 뒤 마이크로비트의 디지털핀 **"P15"**에 연결된 B의 출력을 낮은 레벨로 설정하여 파란색 LED가 켜지도록 합니다.

"보라색 LED를 받았을 때"에는 **"LED 끄기 신호 보내고 기다리기"**를 한 뒤 마이크로비트의 디지털핀 **"P13"**에 연결된 R과 **"P15"**에 연결된 B가 동시에 켜져서 보라색이 나타날 수 있도록 각각 출력을 낮은 레벨로 설정하여 보라색 LED가 켜지도록 합니다.

그림 6.19. 보라색 LED

"LED 끄기를 받았을 때"에는 디지털핀 P12., P13., P14.에 연결된 RGB LED의 출력을 높은 레벨로 설정하여 LED가 꺼지도록 해 줍니다.

그림 6.20. LED 끄기

이 작품의 모든 코딩을 마쳤습니다. 전체 코드를 한 번에 확인하고 싶다면 그림 6.21., 6.22.를 확인하거나 함께 제공되는 교육 자료 중 "소스코드" 폴더를 참고해 주세요.

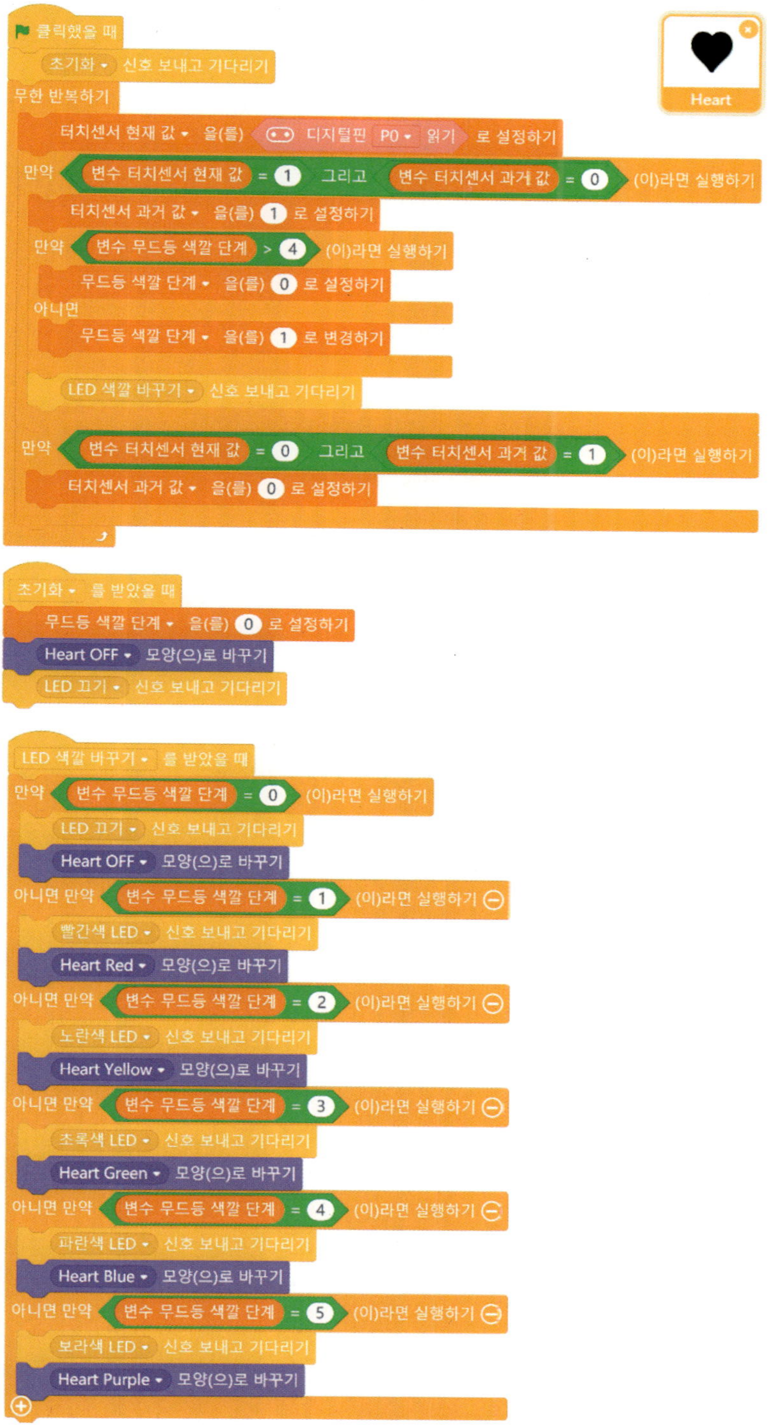

그림 6.21. Heart 스프라이트 전체 코드

그림 6.22. Mind+ 스프라이트 전체 코드

6.1.5. 결과 확인

코딩을 모두 완료했다면 실시간 모드로 장치 연결하기가 되어 있는지 한 번 더 확인합니다. 모든 설정이 완료돼 있다면 초록색 깃발을 클릭해서 실행해 줍니다.

터치센서를 한 번씩 터치하면서 Heart 스프라이트의 색깔이 단계별로 잘 바뀌는지 확인함과 동시에 스프라이트 색깔에 맞게 마이크로비트에 연결된 RGB LED의 색깔도 알맞게 변하는지 확인해 보세요.

그림 6.23. 실행해 보기

6.2. 교통 신호등

6.2.1. 작품 미리보기

신호등은 차량들과 도로 보행자들이 안전하고 원활하게 이동할 수 있게 도움을 주는 장치로 보행자 신호등, 차량 신호등으로 구분할 수 있습니다. 나라마다 신호등의 형태가 조금씩 다르기도 하지만 기본적으로 적색, 황색, 녹색의 3색 신호등으로 구성이 됩니다.

한국에서의 보행자 신호등은 그림 6.24.의 좌측에 있는 것과 같이 검정색 바탕에 적색 사람이 서 있는 모습과 검정색 바탕에 녹색 사람이 걷고 있는 모습이 위아래로 있는 형태이며, 차량 신호등은 그림 6.24.의 우측에 있는 것과 같이 적색, 황색, 화살표, 녹색으로 된 가로 형태입니다.

그림 6.24. 보행자 신호등과 차량 신호등

신호등은 단순히 불빛이 꺼지고 켜지고를 반복하는 것이 아니라 다양한 신호 종류를 이용해 도로에서 차량과 보행자의 위험을 방지하고 교통의 안전과 원활한 소통을 확보합니다. 아래 표를 보며 신호의 종류와 그 의미를 이해해 보기 바랍니다. 참고로 '점멸'은 신호등 불빛이 깜빡거린다는 뜻입니다.

신호 종류	의미
녹색	보행자는 횡단 가능 차량은 직진 및 우회전 가능
황색	차량은 정지 위치부터 앞으로 나아가면 안 됨 단, 안전하게 정지가 불가능할 경우 그대로 진행 가능 우회전이 가능하나 보행자의 횡단을 방해하면 안 됨
적색	보행자는 횡단 불가능 차량은 정지 위치를 넘어 나아가면 안 됨 단 보행자를 주의하며 우회전은 가능
황색 점멸	보행자와 차량은 다른 교통에 주의해서 나아갈 수 있음
적색 점멸	보행자는 다른 교통에 주의해서 나아갈 수 있음 차량은 정지 위치에서 일시정지 한 뒤 다른 교통에 주의해서 나아갈 수 있음
기본 등화상태	적색 ▶ 녹색 ▶ 황색 ▶ 적색 순서로 반복되게 바뀌는 상태

이번 장의 두 번째 작품은 우리의 교통안전에 도움을 주는 교통 신호등입니다. 숫자 1키를 누르면 빨간색 신호등이 깜빡이고, 숫자 2키를 누르면 노란색 신호등이 깜빡이며, 숫자 3키를 누르면 기본 신호등의 순서대로 빨간색, 초록색, 노란색 불이 켜집니다. 코드가 복잡하지 않기 때문에 쉽게 따라올 수 있을 것입니다.

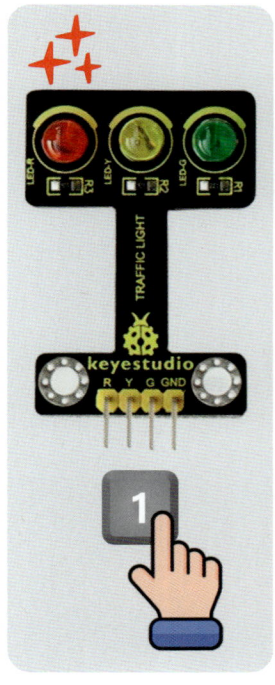 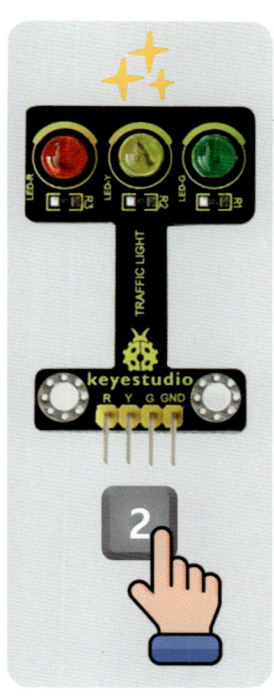 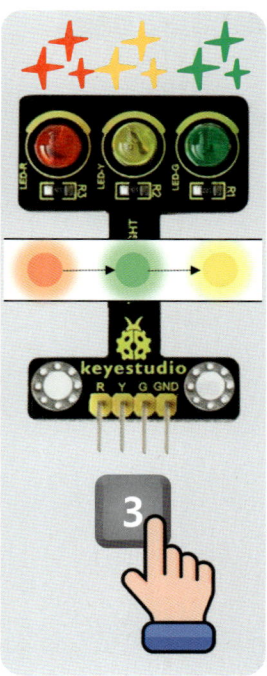

그림 6.25. 작품 미리보기

6.2.2. 준비하기

마이크로비트와 확장보드, 전선 그리고 신호등 LED 하나를 준비합니다.

이미지	부품명	개수
	마이크로비트	1
	확장보드	1
	micro 5핀 USB 케이블	1
	신호등 LED	1
	점퍼 케이블(F-F)	4

6.2.3. 회로도

점퍼 케이블(F-F) 4개를 이용해서 신호등 LED의 R을 확장보드의 S2번에 Y는 S1번에 G는 S0번에 연결하고, GND는 G0번에 연결합니다. 그림 6.26. 회로도를 참고하세요.

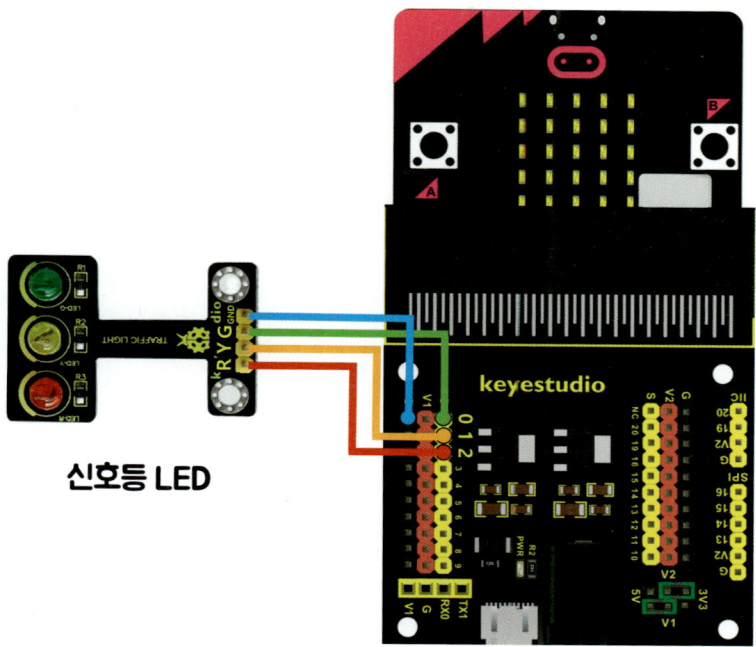

그림 6.26. 회로도

신호등 LED 핀	마이크로비트 핀
R	S (2번)
Y	S (1번)
G	S (0번)
GND	G (0번)

✚ 회로도 연결 완료 후, 마이크로비트를 컴퓨터에 연결하고 마인드 플러스는 **[실시간 모드]**로 설정해 주세요.

6.2.4. 코딩하기

이 작품의 알고리즘을 순서도로 나타내면 다음과 같습니다.

그림 6.27. 순서도

키 입력 이벤트 명령어를 이용하여 키보드에서 숫자 1키를 누르면 "적색점멸" 신호를 실행하고, 숫자 2키를 누르면 "황색점멸" 신호를, 숫자 3키를 누르면 "기본 등화상태"를 실행하게 만듭니다.

이 작품은 무대 배경을 따로 선택하지 않고 그림 6.28.과 같이 Mind+ 스프라이트를 선택하여 코딩을 바로 시작해 보겠습니다.

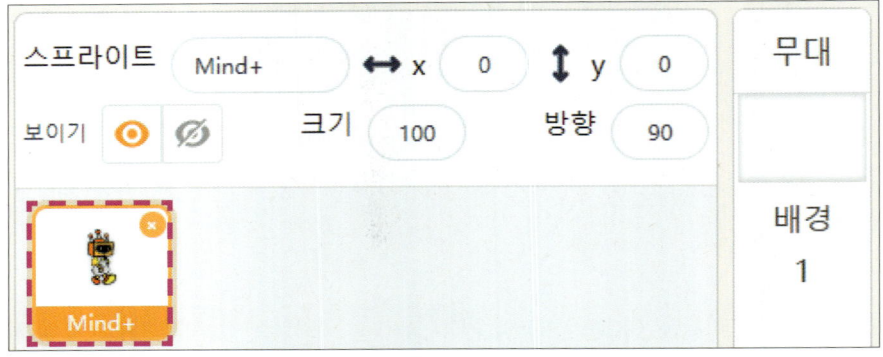

그림 6.28. Mind+ 스프라이트 선택

신호등 불빛을 색깔별로 켜고 끄는 코드를 만들어 봅시다.

이 코드들은 다양한 신호 종류를 표현할 때 반복하여 사용되는 코드로 함수 블록으로 만들어 활용하면 코드를 간결하게 작성할 수 있고, 코드의 흐름을 이해하기도 수월합니다.

먼저 빨간색 불을 켜는 코드를 함수 블록으로 만들어 보겠습니다. 함수 블록을 만드는 방법은 그림 6.29.와 같이 블록 팔레트의 **[함수]** 카테고리에서 **"블록 만들기"** 버튼을 누르고 **"블록 이름"** 칸에 원하는 함수 이름을 입력한 뒤 **"완성"** 버튼을 누르면 됩니다. 그러면 스크래치 화면에 **"빨간불 ON"**이라는 블록과 **"빨간불 ON 정의하기"** 블록이 나타납니다. 이 상태에서 **"정의하기"** 블록 아래에 원하는 동작을 위한 명령 블록들을 순서대로 연결하면 함수 블록 만들기가 완성됩니다.

만약 함수 블록을 삭제하고 싶다면 **"정의하기"** 블록 위에서 마우스를 우클릭하여 **"삭제하기"**를 하거나 **"정의하기"** 블록을 왼쪽 블록 팔레트로 드래그&드롭하여 버리면 됩니다.

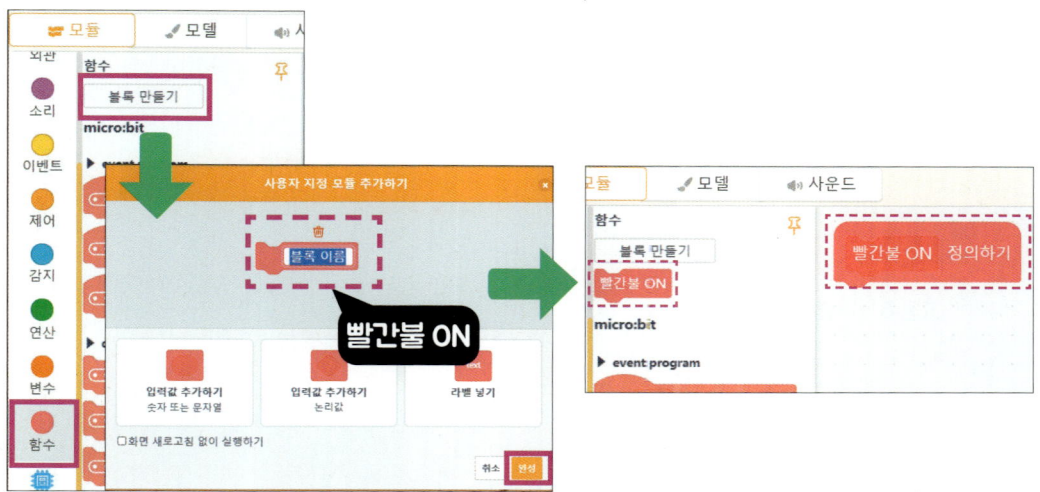

그림 6.29. 함수 블록 만들기

이제 그림 6.30.처럼 나머지 **"노란불 ON"**, **"노란불 OFF"**, **"초록불 ON"**, **"초록불 OFF"**, **"모두 OFF"** 함수 블록도 만들어 봅시다.

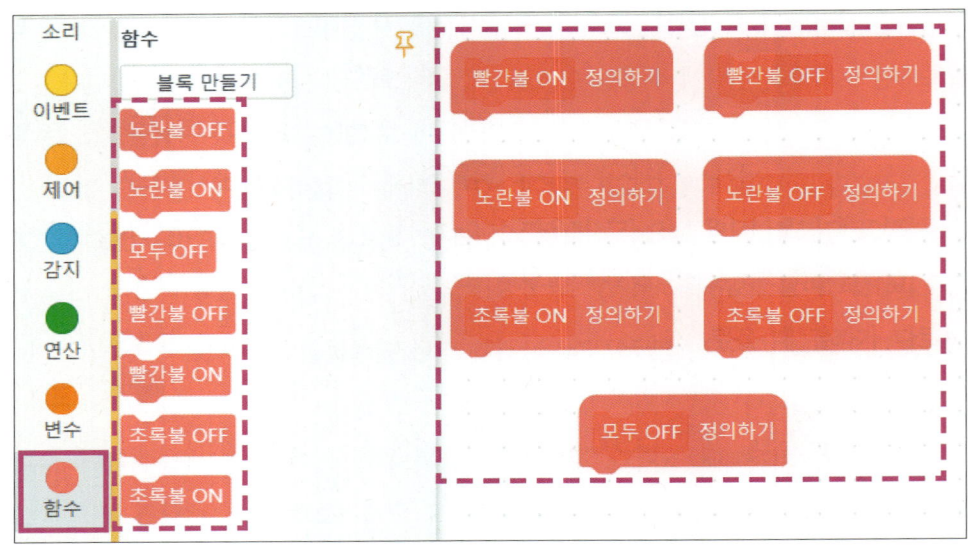

그림 6.30. 교통 신호등 작품에 필요한 함수 블록 만들기

이제 **"빨간불 ON 정의하기"** 블록 아래에 빨간불을 켤 수 있는 명령 블록을 연결하여 함수 코드를 완성시켜 보겠습니다.

"빨간불 ON 정의하기" 아래에 마이크로비트 디지털핀 P2에 연결된 신호등 LED의 R이 켜지도록 출력을 **"높은"** 레벨로 설정합니다.

그림 6.31. 빨간불 ON 정의하기

이번에는 그림 6.32.와 같이 신호등 LED의 빨간불이 꺼지도록 **"빨간불 OFF 정의하기"** 블록 아래에 **"디지털핀 P2 출력 낮은 레벨 설정하기"** 를 해 줍니다.

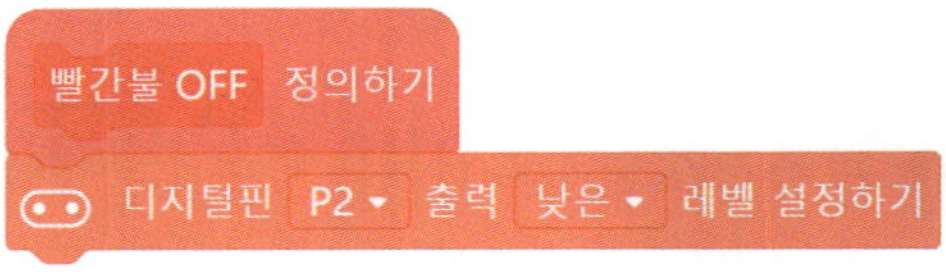

그림 6.32. 빨간불 OFF 정의하기

"노란불 ON 정의하기" 아래에는 **"디지털핀 P1 출력 높은 레벨 설정하기"** 명령 블록을 연결하여 신호등 LED가 노란색 불을 켤 수 있도록 합니다.

그림 6.33. 노란불 ON 정의하기

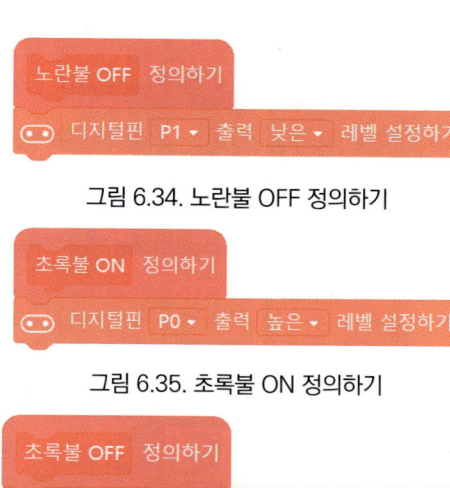

그림 6.34. 노란불 OFF 정의하기

그림 6.35. 초록불 ON 정의하기

"노란불 OFF 정의하기" 아래에는 "디지털핀 P1 출력 낮은 레벨 설정하기" 명령 블록을 연결하여 신호등 LED가 노란색 불을 끌 수 있도록 합니다.

"초록불 ON 정의하기" 아래에는 "디지털핀 P0 출력 높은 레벨 설정하기" 명령 블록을 연결하여 신호등 LED가 초록색 불을 켤 수 있도록 합니다.

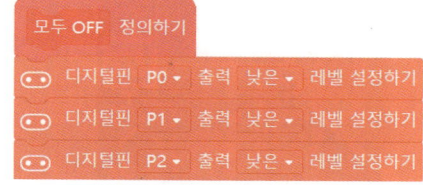

그림 6.36. 초록불 OFF 정의하기

"초록불 OFF 정의하기" 아래에는 "디지털핀 P0 출력 낮은 레벨 설정하기" 명령 블록을 연결하여 신호등 LED가 초록색 불을 끌 수 있도록 합니다.

그림 6.37. 모두 OFF

"모두 OFF 정의하기" 아래에는 신호등 LED가 모두 꺼지도록 디지털핀 P0, P1, P2의 출력을 모두 "낮은" 레벨로 설정합니다.

이제 7개의 함수를 이용해 다양한 신호 종류를 코드로 만들어 보겠습니다.

그림 6.38. 1키를 눌렀을 때

먼저 "1키를 눌렀을 때" 제어 카테고리에서 "~번 중복 실행하기" 명령 블록을 가져와서 연결하고 횟수는 "3"을 입력합니다. 중복 실행 블록 안에 "적색점멸 신호 보내고 기다리기" 이벤트를 넣어서 빨간색 불이 3번 깜박이도록 합니다.

그림 6.39. 적색점멸 받았을 때

그림 6.40. 2키를 눌렀을 때

그림 6.41. 황색점멸 받았을 때

그림 6.42. 3키를 눌렀을 때

"적색점멸을 받았을 때" "모두 OFF" 함수를 실행하여 이전에 켜졌던 LED를 모두 끕니다. 그리고 "빨간불 ON" 함수를 실행시킨 뒤 "1초 기다리기"를 실행시킵니다. 여기서 기다리는 초만큼 "빨간불 ON" 함수 블록이 실행이 됩니다. 그리고 다시 "빨간불 OFF" 함수 블록을 실행시키고 "1초 기다리기" 블록을 연결하여 빨간불이 1초 동안 꺼져 있도록 합니다.

"2키를 눌렀을 때" "~번 중복 실행하기" 명령 블록을 연결하고 횟수는 "3"을 입력합니다. 중복 실행 블록 안에 "황색점멸 신호 보내고 기다리기" 이벤트를 넣어서 노란색 불이 3번 깜박이도록 합니다.

"황색점멸을 받았을 때" "모두 OFF" 함수 블록을 연결하고 그 아래에 "노란불 ON" 함수 블록과 "1초 기다리기" 명령 블록을 순서대로 연결합니다. 그리고 그 아래에 "노란불 OFF" 함수 블록을 연결하고 마지막에 "1초 기다리기" 블록을 연결합니다.

"3키를 눌렀을 때" "~번 중복 실행하기" 명령 블록을 연결하고 횟수는 "3"을 입력합니다. 중복 실행 블록 안에 "기본 등화상태 신호 보내고 기다리기" 이벤트를 넣어서 신호등의 기본 등화 순서대로 불빛이 켜지도록 합니다.

그림 6.43. 기본 등화상태를 받았을 때

"기본 등화상태를 받았을 때" 이전에 켜져 있던 LED가 모두 꺼지도록 **"모두 OFF"** 함수 블록을 실행시킨 뒤 **"빨간불 ON"** 함수 블록을 실행시킵니다. 그리고 그 아래에 빨간불이 3초간 켜져 있을 수 있도록 **"3초 기다리기"** 명령 블록을 연결합니다.

이어서 **"빨간불 OFF"** 함수 블록을 실행시킨 뒤 **"초록불 ON"** 함수 블록을 실행시킵니다. 그리고 그 아래에는 초록불이 2초간 켜져 있을 수 있도록 **"2초 기다리기"** 명령 블록을 연결합니다.

그 뒤 **"초록불 OFF"** 함수 블록을 실행시키고 이어서 **"노란불 ON"** 함수 블록을 실행시킵니다. 그리고 그 아래에는 노란불이 2초간 켜져 있을 수 있도록 **"2초 기다리기"** 명령 블록을 실행시키고 마지막에는 노란불이 꺼지도록 **"노란불 OFF"** 함수 블록을 실행시킵니다.

이 작품의 모든 코딩을 마쳤습니다. 전체 코드를 한 번에 확인하고 싶다면 그림 6.44.를 확인하거나 함께 제공되는 교육 자료 중 "소스코드" 폴더를 참고해 주세요.

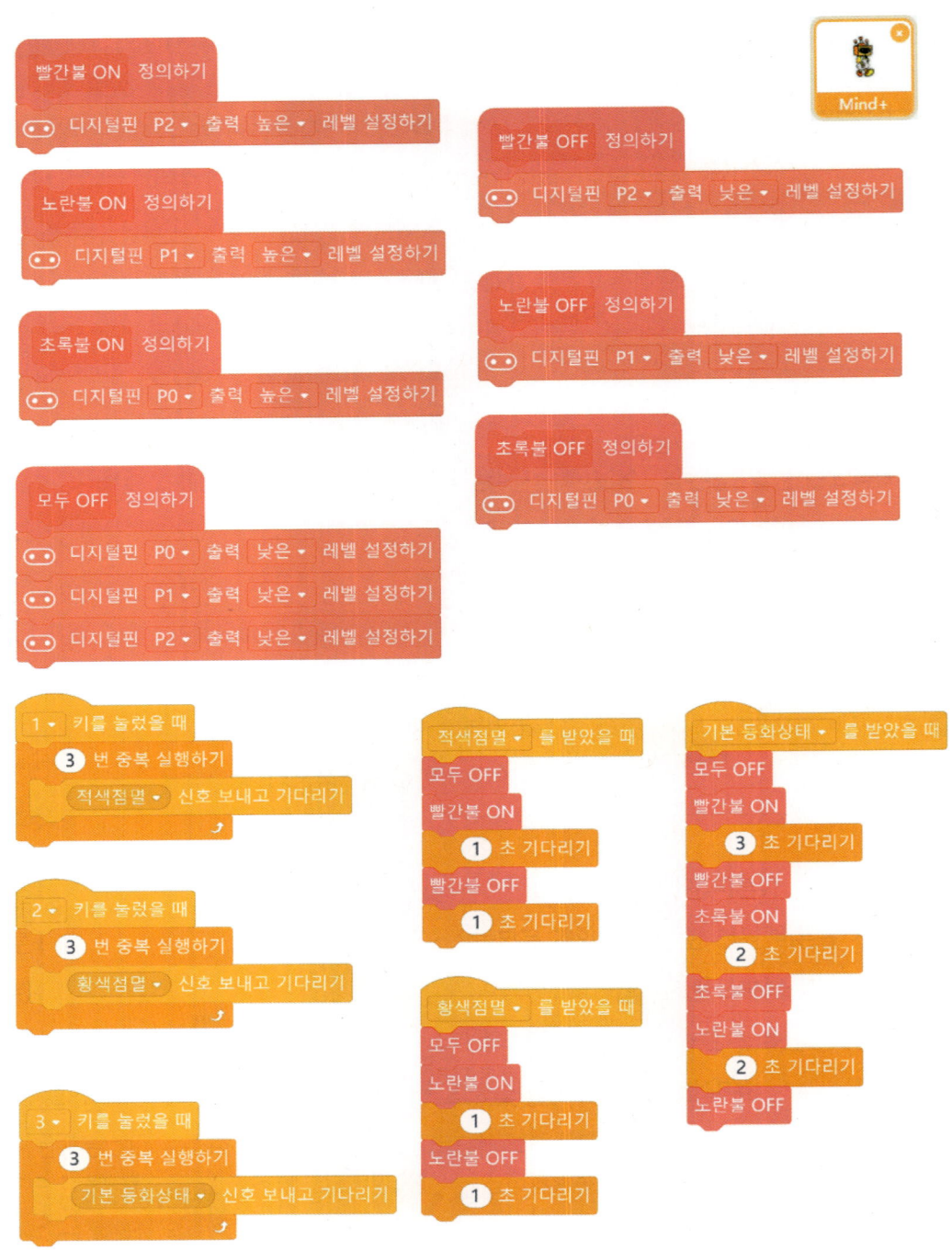

그림 6.44. Mind+ 스프라이트 전체 코드

6.2.5. 결과 확인

코딩을 모두 완료했다면 실시간 모드로 장치 연결하기가 되어 있는지 한 번 더 확인합니다. 모든 설정이 완료돼 있다면 숫자 1키, 2키, 3키를 눌러서 각각의 숫자 키 값에 따라 신호등 LED가 다르게 동작하는지 확인해 보세요.

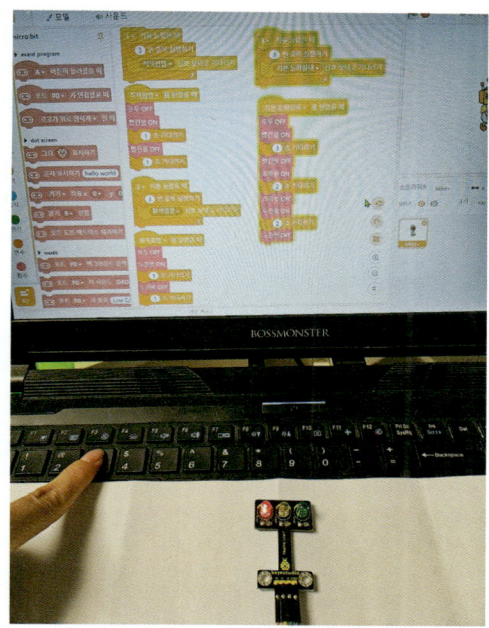

그림 6.45. 실행해 보기

6.2.6. 더 해 보기

그림 6.46.은 독일 베를린에서 볼 수 있는 암펠만(Ampelmann) 신호등입니다. 암펠만(Ampelmann)은 "신호등(Ampel)"과 "아저씨(Mann)"라는 독일어가 합쳐진 이름으로 독일의 가장 대표적인 명물인데요. 이 신호등 모양을 마이크로비트 앞면의 5×5 LED 디스플레이를 이용해서 만든 후 암펠만 모양의 LED 캐릭터가 1초 간격으로 계속 번갈아 나타나도록 코딩해 봅시다.

그림 6.46. 암펠만 신호등

센서로 발명품 만들기 프로젝트 ③

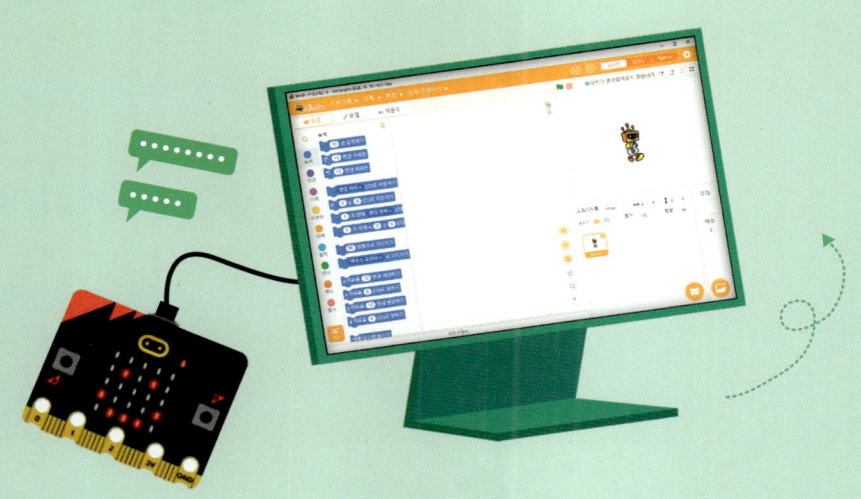

센서로 발명품 만들기 프로젝트 ③

학습 요약	
학습 목표	마이크로비트와 LED를 이용해 생활 속 LED 장치를 만들어 봅니다.
핵심 키워드	마이크로비트, Mind+, 스크래치, LED, 버튼, 경광봉, 전등
준비물	마이크로비트 올인원 키트, 컴퓨터
학습 시간	2시간
학습 난이도	★☆☆☆☆

7.1. 경광봉

7.1.1. 작품 미리보기

여러분들은 그림 7.1.과 같은 경광봉을 본 적이 있나요? 경광봉은 빛을 내는 막대 도구로 도로나 공사현장, 행사장 등에서 사람들에게 미리 주의를 줄 때 사용되는데요, 교통 경찰관이 경광봉을 흔들며 교통정리를 하는 모습이 대표적인 예시입니다.

그림 7.1. 경광봉

시중에 판매되는 경광봉은 다양한 기능을 가지고 있습니다. LED 점멸등, 고정등 그리고 어두운 곳을 밝힐 수 있는 후레쉬 및 호루라기 소리 발생 등이 대표적인 기능이며 이러한 기능들은 경광봉 손잡이에 있는 버튼을 눌러서 동작할 수 있게 되어 있습니다.

이번 장의 첫 번째 작품은 생활 속 안전 도우미로 활용되는 경광봉입니다. 그림 7.2.와 같이 버튼을 이용해서 LED에 경광봉과 같이 다양한 기능을 표현해 보도록 하겠습니다.

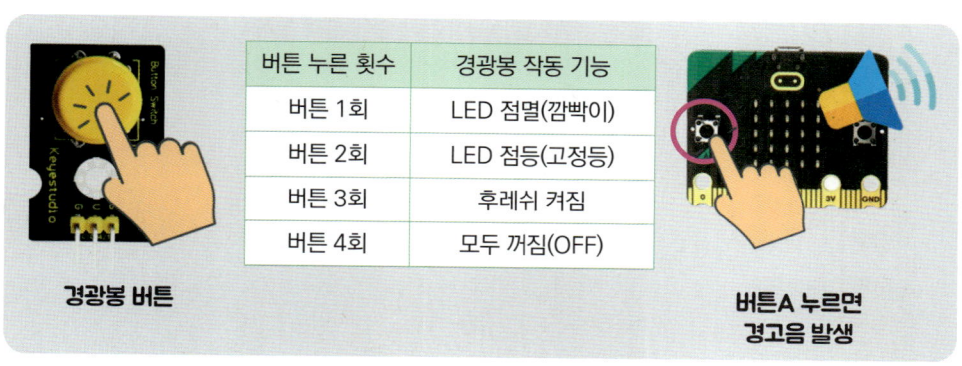

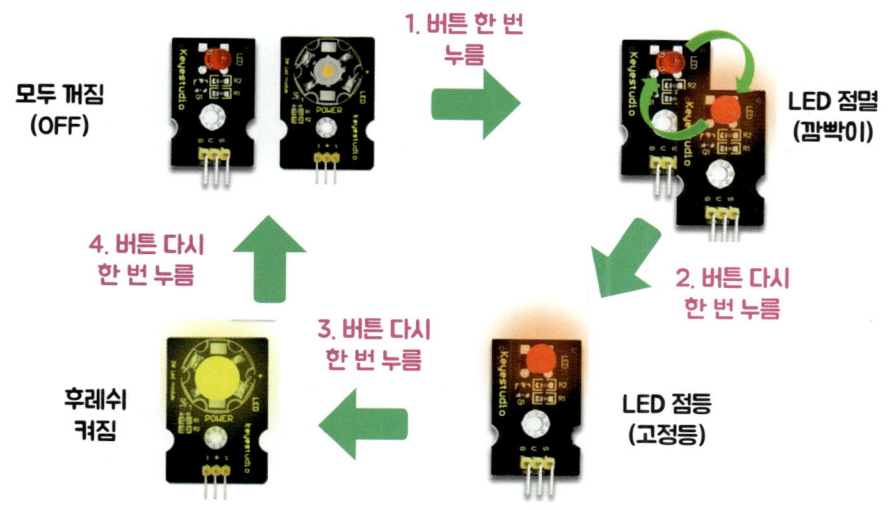

그림 7.2. 작품 미리보기

7.1.2. 준비하기

마이크로비트와 확장보드, 전선 그리고 버튼, LED, 3W LED를 하나씩 준비합니다.

이미지	부품명	개수
	마이크로비트	1
	확장보드	1
	micro 5핀 USB 케이블	1
	버튼	1
	LED	1
	3W LED	1
	3색 전선	3

7.1.3. 회로도

3색 전선을 이용해서 버튼은 확장보드의 0번, LED는 2번, 3W LED는 8번에 그림 7.3.처럼 연결합니다.

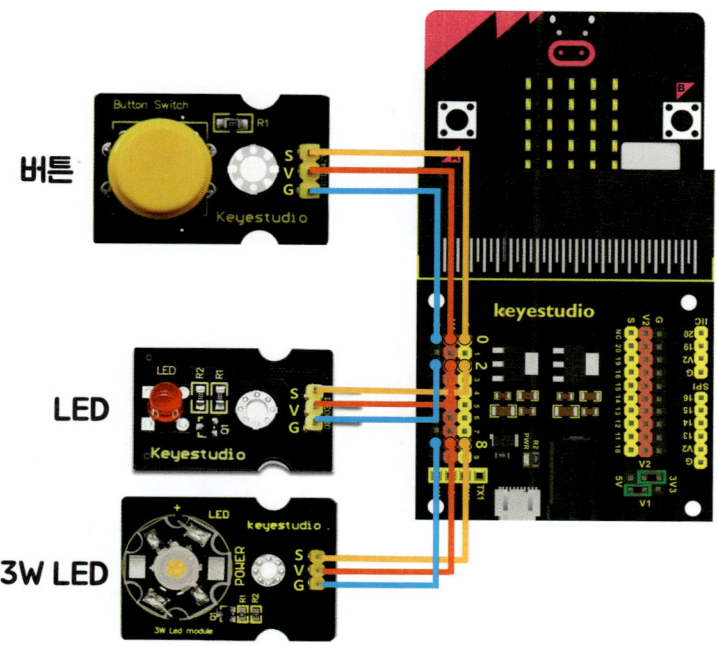

그림 7.3. 회로도

버튼 핀	마이크로비트 핀
S	S (0번)
V	V1 (0번)
G	G (0번)

LED 핀	마이크로비트 핀
S	S (2번)
V	V1 (2번)
G	G (2번)

3W LED 핀	마이크로비트 핀
S	S (8번)
V	V1 (8번)
G	G (8번)

> 회로도 연결 완료 후, 마이크로비트를 컴퓨터에 연결하고 마인드 플러스는 **[실시간 모드]**로 설정해 주세요.

7장 센서로 발명품 만들기 프로젝트 ③

7.1.4. 코딩하기

작품의 알고리즘을 순서도로 나타내면 다음과 같습니다.

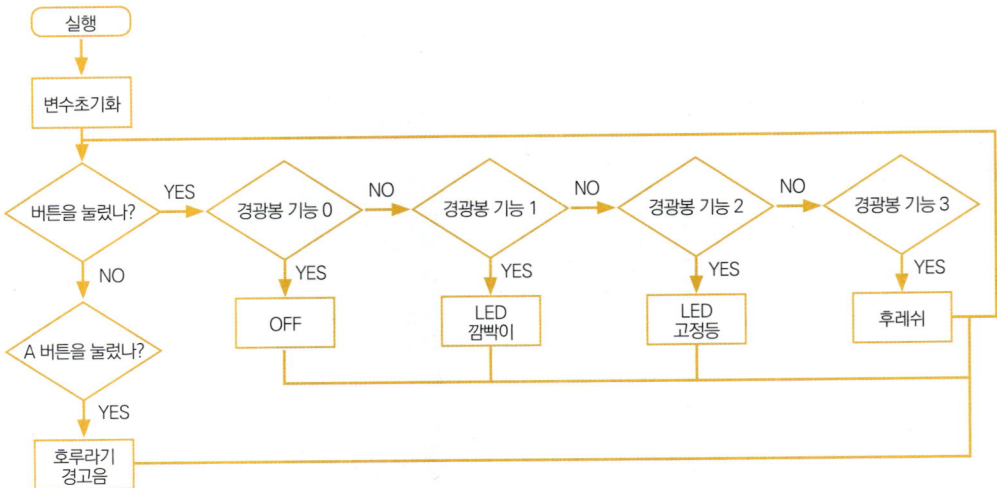

그림 7.4. 순서도

작품이 실행되면 변수 초기화를 한 뒤, 버튼을 누른 횟수에 맞게 경광봉이 동작할 기능을 실행시킵니다. 그리고 마이크로비트의 A 버튼을 누르면 경고음이 발생됩니다.

이제 순서도에 맞춰서 코딩을 시작해 보겠습니다.

이 작품은 실시간 모드에서 따로 배경을 준비하지 않고 그림 7.5.와 같이 Mind+ 스프라이트를 선택하여 코딩을 시작해 보겠습니다.

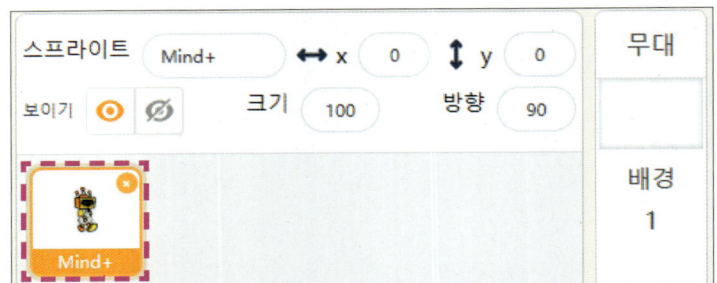

그림 7.5. Mind+ 스프라이트 선택

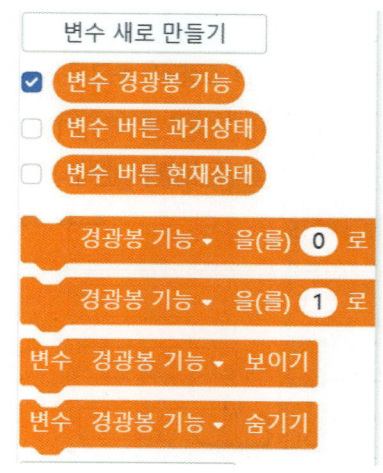

그리고 작품에 필요한 변수를 그림 7.6.과 같이 3개(경광봉 기능, 버튼 과거상태, 버튼 현재상태) 만들어 줍니다. 이 중 변수 **"경광봉 기능"**은 작품 화면에 보일 수 있도록 체크 박스에 체크☑ 표시를 해 줍니다.

그림 7.6. 변수

이제 경광봉의 기능을 동작시키는 코드를 함수로 만들어 보겠습니다.

먼저 블록 팔레트의 **[함수]** 카테고리에 있는 **"블록 만들기"** 버튼을 이용해 총 5개의 **"정의하기"** 블록을 그림 7.7.과 같이 만들어 줍니다(LED경광등ON, LED경광등OFF, LED후레쉬ON, LED후레쉬OFF, 호루라기ON).

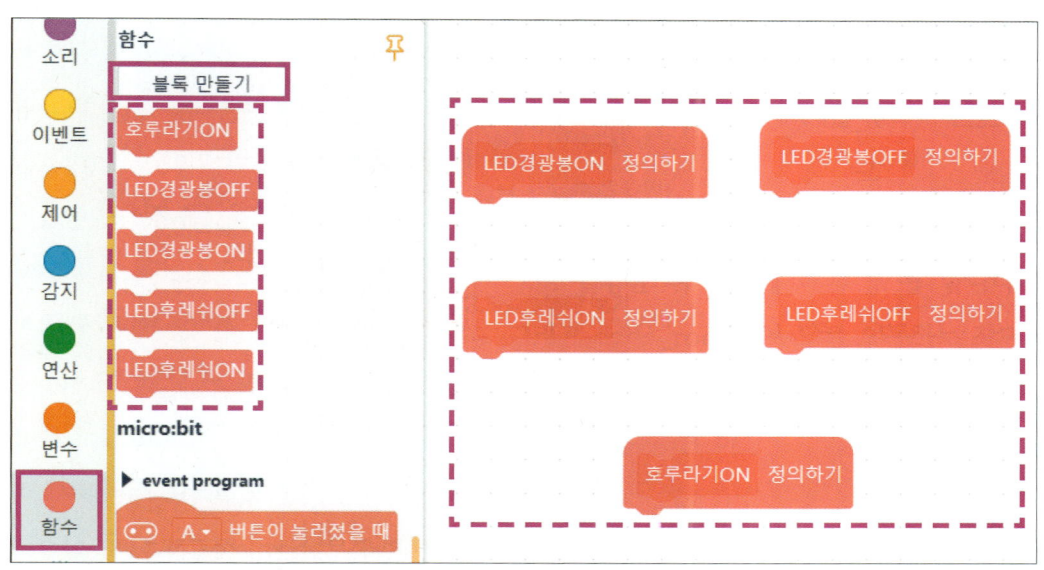

그림 7.7. 함수 만들기

이제 각각의 **"정의하기"** 블록을 완성시켜 보겠습니다.

7장 센서로 발명품 만들기 프로젝트 ③ 173

"**LED경광봉ON 정의하기**" 블록 아래에는 마이크로비트 2번에 연결된 LED가 켜질 수 있도록 "**디지털핀 P2 출력 높은 레벨 설정하기**" 명령 블록을 연결합니다.

그림 7.8. LED경광봉ON 정의하기

"**LED경광봉OFF 정의하기**" 블록 아래에는 "**디지털핀 P2 출력 낮은 레벨 설정하기**" 명령 블록을 연결하여 LED가 꺼지도록 합니다.

그림 7.9. LED경광봉OFF 정의하기

"**LED후레쉬ON 정의하기**" 블록 아래에는 마이크로비트 8번에 연결된 3W LED가 켜질 수 있도록 "**디지털핀 P8 출력 높은 레벨 설정하기**" 명령 블록을 연결합니다.

그림 7.10. LED후레쉬ON 정의하기

"**LED후레쉬OFF 정의하기**" 블록 아래에는 "**디지털핀 P8 출력 낮은 레벨 설정하기**" 명령 블록을 연결하여 3W LED가 꺼지도록 합니다.

그림 7.11. LED후레쉬OFF 정의하기

"**호루라기ON 정의하기**" 블록 아래에는 마이크로비트의 스피커에서 호루라기 소리처럼 경고음을 낼 수 있도록 그림 7.12.와 같이 "**음표(High B/B5) 재생하기**" 블록을 연결합니다. 단, 스피커 기능은 마이크로비트의 V2 이상에서만 활용 가능한 부분이기 때문에 버전이 낮을 경우에는 "**사운드**" 탭에서 "Referee Whistle" 사운드를 가져와서 **[소리]** 카테고리의 재생하기 블록을 연결하여 컴퓨터 스피커를 활용해 호루라기 소리가 나도록 설정해 봅시다.

그림 7.12. 호루라기ON 정의하기

이번에는 버튼이 눌렸는지 체크하는 코드를 만들어 보겠습니다.

먼저 **"초록색 깃발 클릭했을 때"** 이벤트 블록을 가져와서 그 아래에 변수 **"버튼 과거상태"**를 1로 설정하고, **"경광봉 기능"**은 0으로 설정합니다. 그리고 그림 7.13.과 같이 **"무한 반복하기"** 블록을 연결하여 그 안에 마이크로비트의 0번에 연결된 버튼 값을 읽어 올 수 있도록 변수 **"버튼 현재상태"**를 **"디지털핀 P0 읽기"**로 설정합니다. 참고로 버튼은 눌렸을 때 0, 누르지 않았을 때는 1의 값을 가집니다.

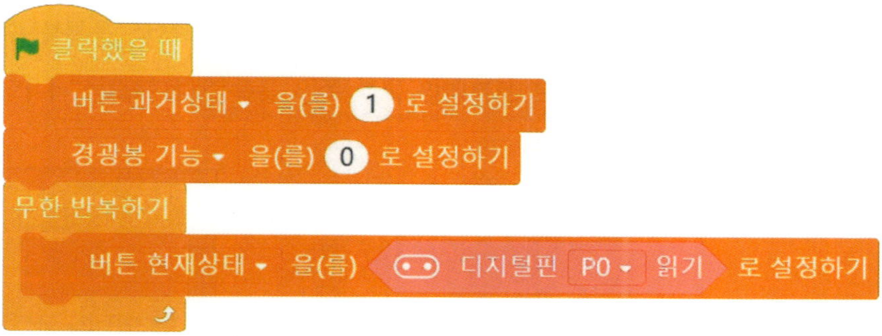

그림 7.13. 변수값 설정하기

이제 버튼이 눌렸으면 **"경광봉 기능"**을 1 증가시키는 코드를 만들어 보겠습니다. 그런데 이때 버튼을 계속 누르고 있다고 해서 경광봉 기능이 계속 바뀌면 안 되기 때문에 이런 부분에 대한 처리를 위해 변수 **"버튼 과거상태"**에 바로 직전의 버튼 상태값(0, 1)을 저장해 줍니다. 그리고 변수 **"버튼 현재상태=0"**인 상태에서 **"버튼 과거상태=1"**이면 이제 막 버튼을 누른 경우이니 변수 **"경광봉 기능"**을 1 증가하도록 합니다. 하지만 경광봉 기능은 총 3가지로 한정되어 있기에 **"만약 ~아니면"** 블록을 추가하여 **"경광봉 기능 > 2"**일 경우에는 **"경광봉 기능"** 값을 0으로 설정하고, 아닐 경우에만 1 증가하도록 합니다. 그리고 **"버튼 과거상태"**는 0으로 꼭 변경해 줍니다.

버튼에서 손을 떼어 누르지 않는 상태라면 **"버튼 현재상태=1"**인 상태에서 **"버튼 과거상태=0"**인 경우로 이때 **"버튼 과거상태"** 값을 1로 바꾸는 것도 꼭 해 주어야 합니다.

그림 7.14. 버튼 눌렸는지 체크

이제 변수 **"경광봉 기능"** 값에 따라 알맞은 기능 동작을 할 수 있도록 이벤트 신호를 보내는 코드를 만들어 보겠습니다.

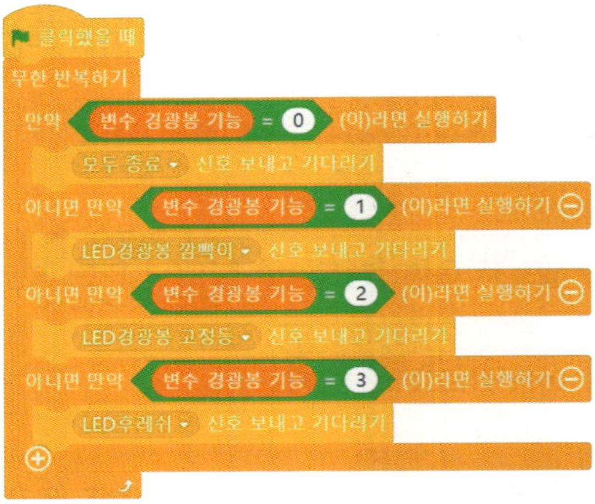

그림 7.15.와 같이 **"초록색 깃발 클릭했을 때"** 이벤트 블록 아래에 **"무한 반복하기"** 블록을 연결합니다.

그리고 그 안에 총 4개의 조건을 만들 수 있는 만약 블록을 만들어 줍니다.

만약 변수 **"경광봉 기능=0"**이라면 **"모두 종료 신호 보내고 기다리기"**를 실행시키고 만약 변수 **"경광봉 기능=1"**이라면 **"LED경광등 깜빡이 신호 보내고 기다리기"**를 실행시킵니다. 만약 변수 **"경광봉 기능=2"**라면 **"LED경광등 고정등 신호 보내고 기다리기"**를 실행시키고 만약 변수 **"경광봉 기능=3"**이라면 **"LED후레쉬 신호 보내고 기다리기"**를 실행시킵니다.

그림 7.15. 경광봉 기능 신호 보내기

그림 7.16. 모두 종료를 받았을 때

"모두 종료를 받았을 때" 아래에는 "LED경광봉 OFF" 함수 블록과 "LED후레쉬OFF" 함수 블록을 순서대로 연결하여 실행되도록 해 줍니다.

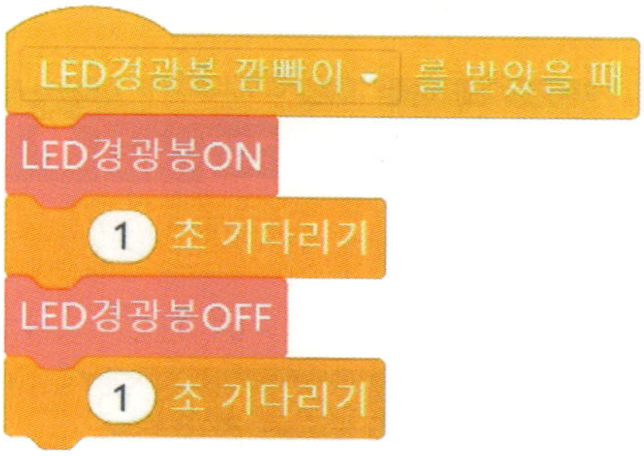

그림 7.17. LED경광봉 깜빡이를 받았을 때

"LED경광봉 깜빡이를 받았을 때" 아래에는 "LED경광봉ON" 함수 블록과 "1초 기다리기" 블록을 순서대로 연결하여 1초 동안 LED경광봉이 켜지도록 해 줍니다. 그 뒤 "LED경광봉OFF" 함수 블록과 "1초 기다리기" 블록을 순서대로 연결하여 1초 동안 LED경광봉이 켜지도록 해 줍니다.

그림 7.18. LED경광봉 고정등을 받았을 때

"LED경광봉 고정등을 받았을 때" 아래에는 "LED경광봉ON" 함수 블록을 연결해 줍니다.

그림 7.19. LED후레쉬를 받았을 때

"LED후레쉬를 받았을 때" 아래에는 "LED후레쉬ON" 함수 블록을 연결해 줍니다.

그림 7.20. A 버튼이 눌러졌을 때

마이크로비트의 "A 버튼이 눌러졌을 때" 아래에는 "호루라기ON" 함수 블록을 연결해 줍니다.

이 작품의 모든 코딩을 마쳤습니다. 전체 코드를 한 번에 확인하고 싶다면 그림 7.21.을 확인하거나 함께 제공되는 교육 자료 중 "소스코드" 폴더를 참고해 주세요.

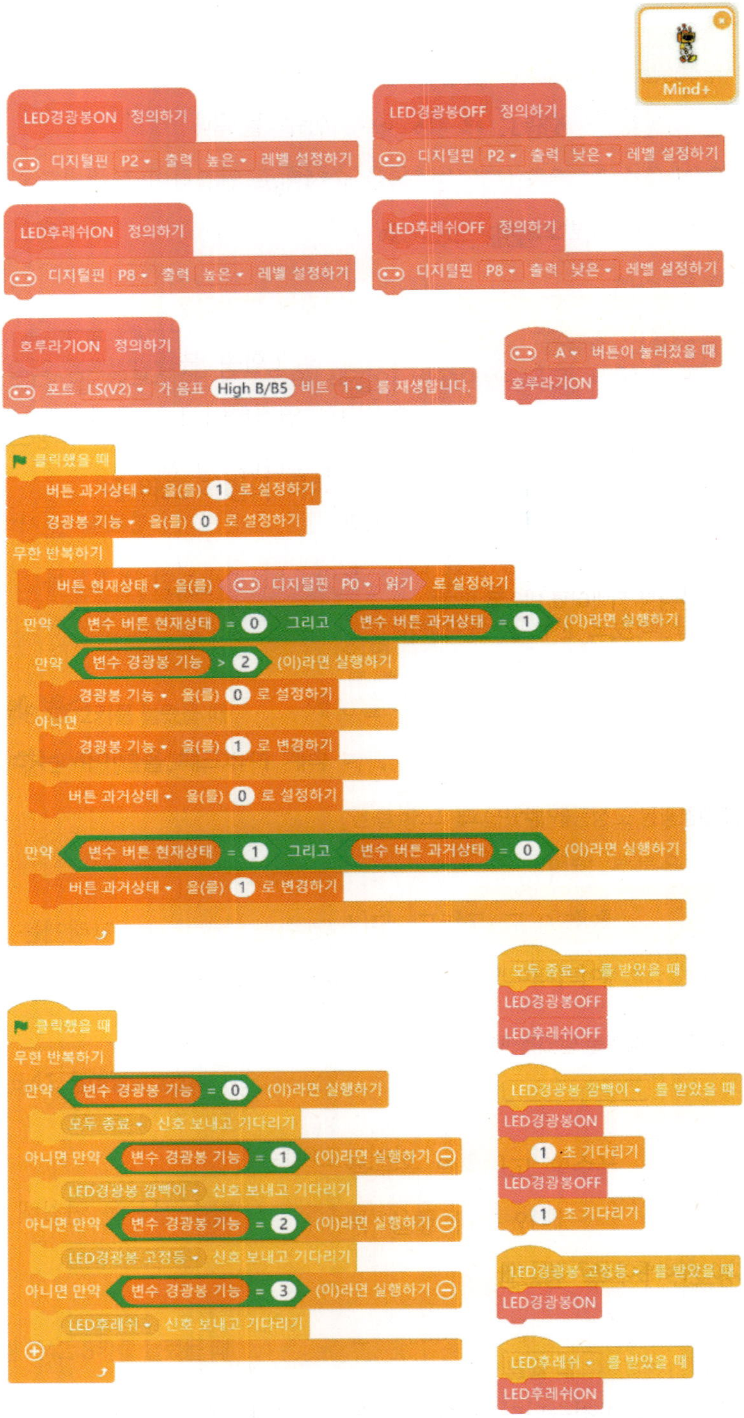

그림 7.21. Mind+ 스프라이트 전체 코드

7.1.5. 결과 확인

코딩을 모두 완료했다면 실시간 모드로 장치 연결하기가 되어 있는지 한 번 더 확인합니다. 모든 설정이 완료돼 있다면 초록색 깃발을 클릭해서 실행시켜 줍니다.

그림 7.2. 작품 미리보기의 버튼 횟수에 따른 경광봉 기능을 참고하여 버튼을 한 번씩 누를 때마다 변수 "경광봉 기능"의 숫자 값이 잘 바뀌는지 살펴봅니다. 그리고 해당 번호에 맞는 기능들이 LED와 3W LED에서 잘 동작되는지 확인해 봅니다. 또한 마이크로비트의 A 버튼을 누르면 소리가 재생되는지도 확인해 보세요.

 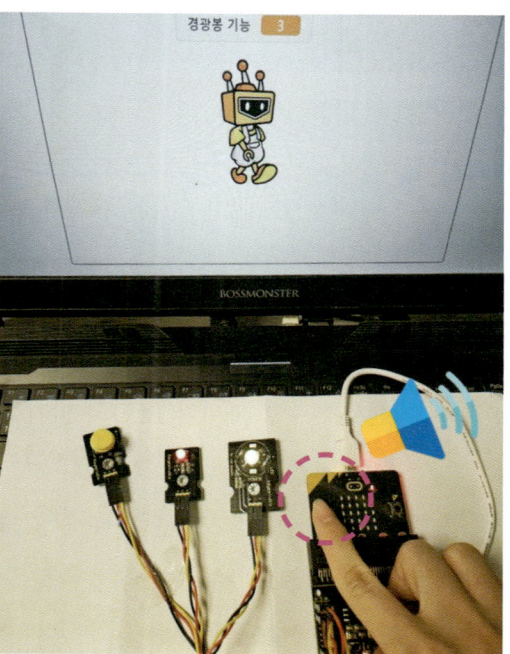

그림 7.22. 실행해 보기

7.1.6. 더 해 보기

다음의 기능을 코딩하여 버튼을 5번, 6번 누를 때 기능들이 동작되도록 해 봅시다.
1) 버튼 5번째: LED가 아주 빠르게 점멸한다.
2) 버튼 6번째: 후레쉬(3W LED)가 1초 간격으로 점멸한다.

7.2. 터치형 전등

7.2.1. 작품 미리보기

요즘의 전자기기들은 "똑딱" 하고 소리 나는 버튼 대신 가볍게 터치만 하면 되는 터치형 센서를 장착하는 경우가 많습니다. 터치형 센서는 버튼에 비해 누르는 소리가 나지 않고, 가볍게 눌러 전자기기를 제어할 수 있는 장점이 있습니다.

그림 7.23. 터치형 전등

이번 챕터의 두 번째 작품은 터치형 전등으로 마이크로비트에 터치센서와 3W LED를 연결하여 터치센서를 누를 때마다 LED의 밝기 조절이 되는 고급 기능을 구현해 보겠습니다.

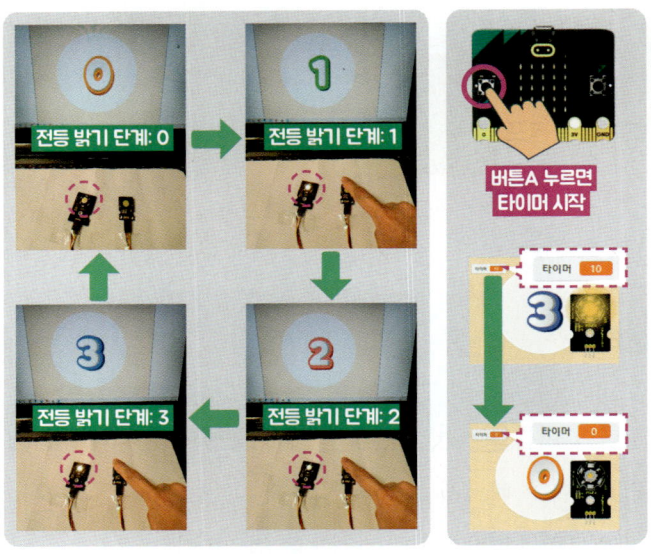

그림 7.24. 작품 미리보기

7.2.2. 준비하기

마이크로비트와 확장보드, 전선과 같은 기본적인 부품과 3W LED 그리고 터치센서를 준비합니다.

이미지	부품명	개수
	마이크로비트	1
	확장보드	1
	micro 5핀 USB 케이블	1
	터치센서	1
	3W LED	1
	3색 전선	2

7.2.3. 회로도

그림 7.23. 회로도를 참고하여 3색 전선을 이용해서 터치센서는 확장보드의 0번에 연결하고, 3W LED는 확장보드의 2번에 연결합니다.

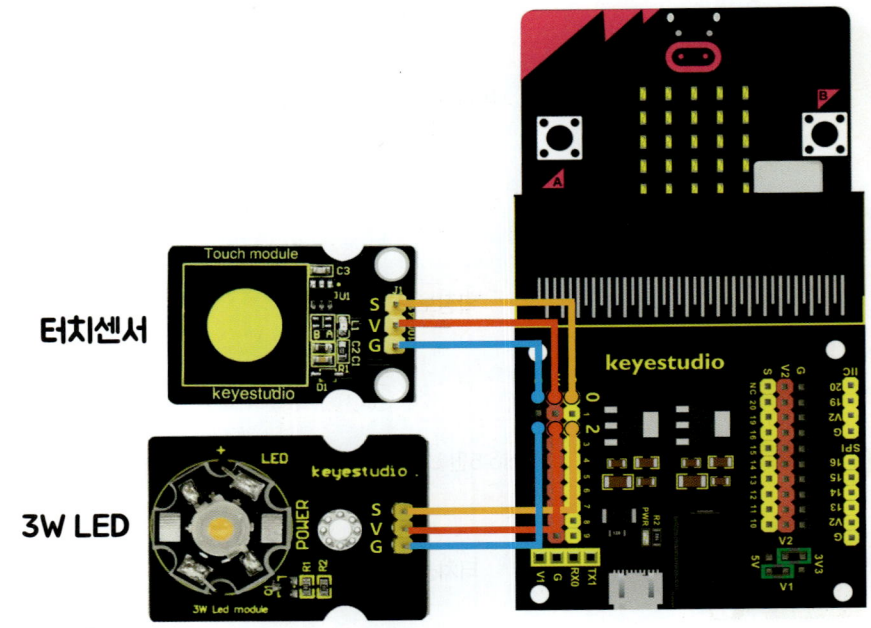

그림 7.25. 회로도

터치센서 핀	마이크로비트 핀
S	S (0번)
V	V1 (0번)
G	G (0번)

3W LED 핀	마이크로비트 핀
S	S (2번)
V	V1 (2번)
G	G (2번)

✝ 회로도 연결 완료 후, 마이크로비트를 컴퓨터에 연결하고 마인드 플러스는 **[실시간 모드]**로 설정해 주세요.

7.2.4. 코딩하기

이 작품의 알고리즘을 순서도로 나타내면 다음과 같습니다.

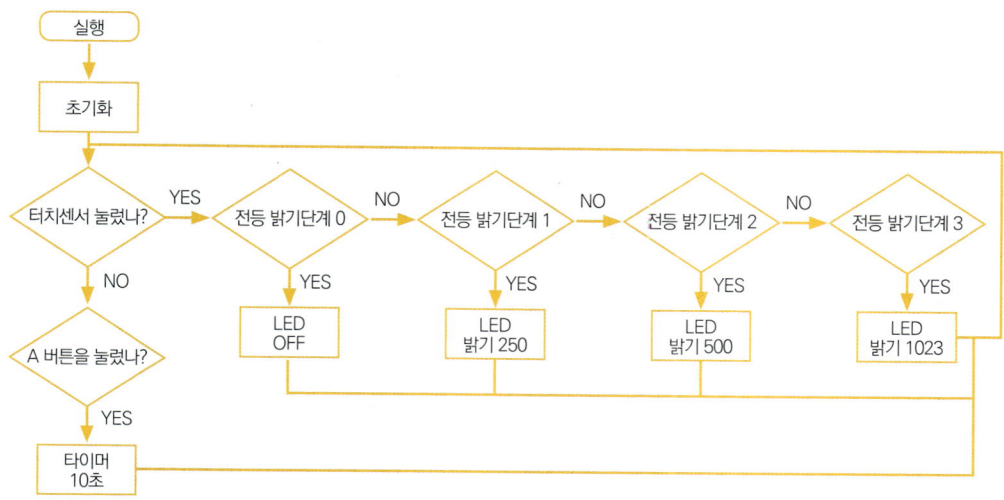

그림 7.26. 순서도

작품을 실행하면 변수와 스프라이트에 관한 초기화가 먼저 진행된 뒤, 터치센서를 눌렀는지 감지하여 누른 횟수를 0~3까지 체크합니다. 각 누른 횟수에 따라 변수 "전등 밝기단계" 값을 변화시켜 LED 전등의 밝기를 제어합니다. 그리고 마이크로비트 A 버튼을 누르면 타이머 기능이 실행되어 10초 후에 LED가 꺼지게 해 줍니다. 참고로 이번 작품에서는 빠른 테스트를 위해 타이머는 10초로 설정합니다.

이제 순서도에 맞춰서 코딩을 시작해 보겠습니다.

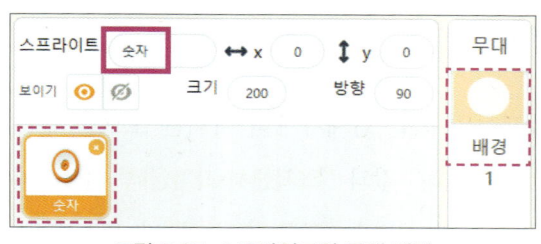

그림 7.27. 스프라이트와 무대 배경

작품에 필요한 무대 배경과 스프라이트를 준비해 보겠습니다. 우선 "Light"라는 이름의 배경을 불러오고, 스프라이트는 숫자 '0'을 선택하여 가져온 뒤 스프라이트 이름을 "숫자"로 변경합니다.

그림 7.28. 숫자 스프라이트 모양 추가하기

그리고 **"숫자"** 스프라이트의 **"모델"** 탭을 눌러 숫자 1, 2, 3을 추가 모양으로 그림 7.28.과 같이 불러옵니다.

그림 숫자 스프라이트의 **"모델"** 탭에는 0~3까지 총 4개의 모양이 나열되게 됩니다.

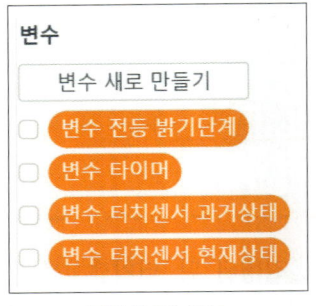

그림 7.29. 변수

작품에 필요한 변수 4개(전등 밝기단계, 타이머, 터치센서 과거상태, 터치센서 현재상태)를 그림 7.29.처럼 만들어 줍니다.

그림 7.30. 초록색 깃발 클릭했을 때

이제 숫자 스프라이트를 선택하여 코딩을 시작합니다. **"초록색 깃발 클릭했을 때"** **"초기화 신호 보내고 기다리기"**를 제일 먼저 실행시켜 줍니다.

그림 7.31. 터치센서값 읽기

무한 반복하기 명령 블록 안에 마이크로비트 **"디지털핀 P0"**에 연결된 터치센서값을 변수 **"터치센서 현재상태"**에 저장하도록 그림 7.31.과 같이 설정해 줍니다.

이제 터치센서를 한 번씩 터치할 때마다 무드등의 색깔 단계가 1씩 바뀌는 코드를 추가해 보겠습니다. 그림 7.32.처럼 변수 **"터치센서 현재상태"** 값과 **"터치센서 과거상태"** 값을 이용해서 터치센서를 눌렀다 뗐는지를 확실히 구별해 가며 변수 **"전등 밝기단계"**가 1씩 변할 수 있게 해 줍니다.

전등 밝기단계는 3이 되면(변수 전등 밝기단계 > 2이라면) 다시 0으로 되돌려 단계가 0~3에만 머물 수 있게 만들어 주는 게 중요합니다. 그리고 터치센서를 누를 때마다 **"숫자 바꾸기 신호 보내기"**를 실행해 숫자 스프라이트의 모양과 LED 밝기에 변화가 나타나도록 해 줍니다.

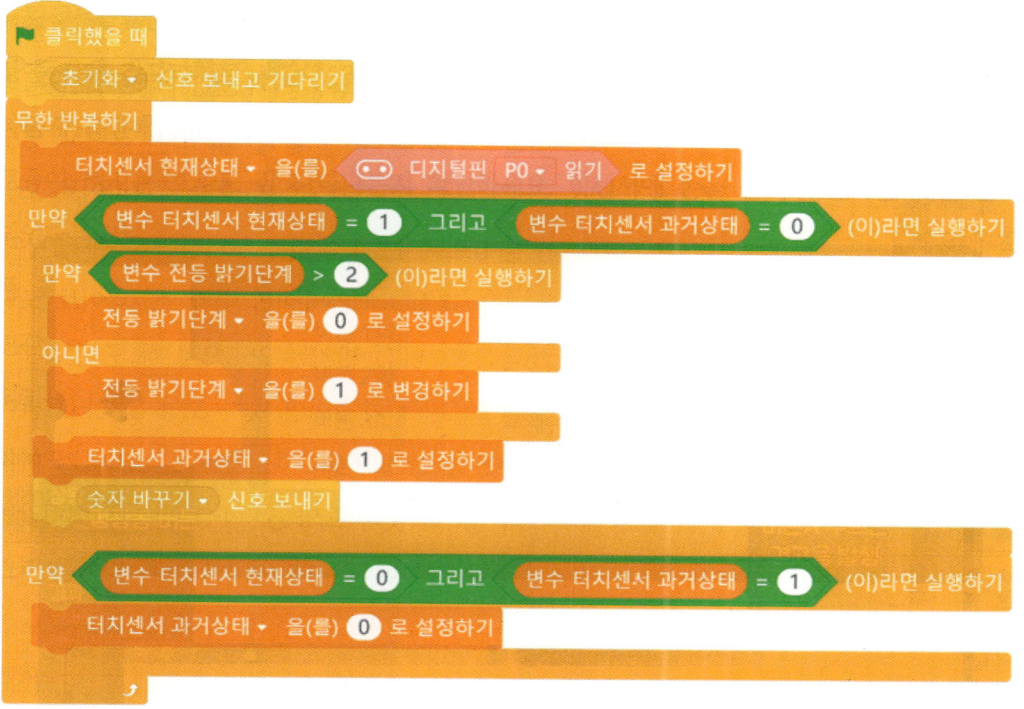

그림 7.32. 터치센서로 전등 밝기 단계 바꾸기

"초기화를 받았을 때"는 그림 7.33.처럼 숫자 스프라이트의 위치는 **"x:0, y:0"**로 설정하여 무대 가운데로 이동하게 해 줍니다. 그리고 모양은 **"0"**으로 바꿔 주고, 크기를 **"200%"** 설정하여 원래 크기보다 2배로 크게 해 줍니다. 그리고 변수 **"터치센서 과거상태"**와 **"전등 밝기단계"**는 각각 **"0"**으로 설정하고, **"타이머"** 변수가 보이지 않도록 **"숨기기"**를 합니다. 3W LED는 꺼진 상태로 시작할 수 있게 아날로그 핀 **"P2"**의 출력값을 **"0"**으로 설정해 줍니다.

그림 7.33. 숫자 스프라이트 초기화

이번에는 터치센서를 누를 때마다 값이 변하는 변수인 **"전등 밝기단계"**의 값을 비교해서 여러 가지 실행을 해 주는 **"숫자 바꾸기를 받았을 때"**를 코딩하겠습니다.

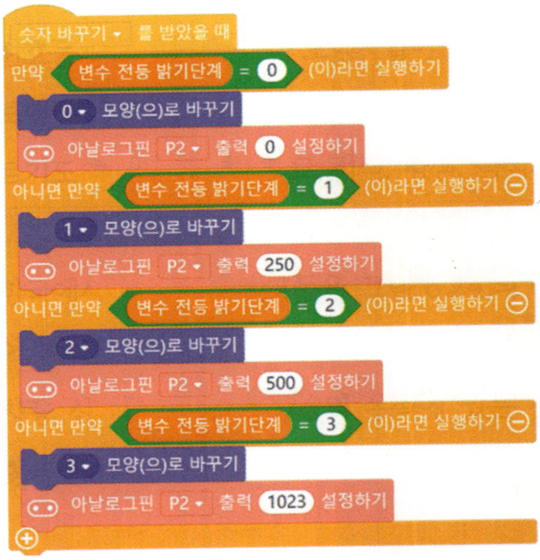

[제어] 카테고리에서 **"만약 ~(이)라면 실행하기"** 명령 블록을 가져와 총 4개의 조건을 만들 수 있도록 **"+"**를 클릭합니다. 그리고 변수 **"전등 밝기단계"**가 0이면 숫자 스프라이트 모양을 0으로, LED 밝기는 0(꺼짐)으로 해 줍니다. **"전등 밝기단계"**가 1이면 숫자 스프라이트 모양을 1로, LED 밝기는 250으로 해 줍니다. **"전등 밝기단계"**가 2이면 숫자 모양 2, LED 밝기는 500으로 해 줍니다. **"전등 밝기단계"**가 마지막 3이면 숫자 모양 3, LED 밝기는 최댓값인 1023으로 해 줍니다. 참고로 LED 밝기는 최소 0~최대 1023으로 설정할 수 있습니다.

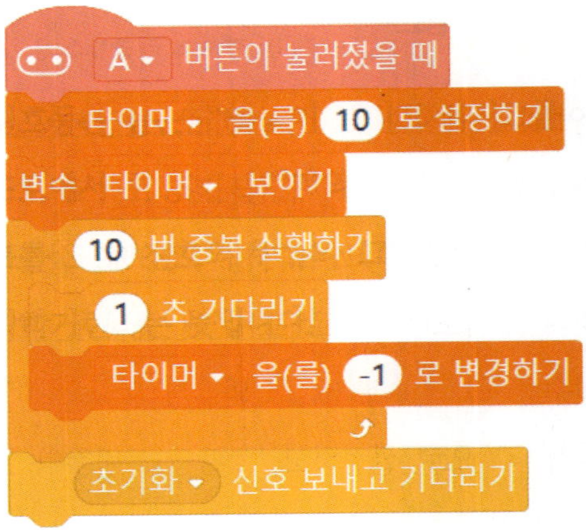

그림 7.34. 숫자 바꾸기를 받았을 때

마이크로비트에 연결되어 있는 A 버튼을 누르면 전등이 10초 후에 꺼지는 타이머 기능이 실행되도록 코딩하겠습니다. **[micro:bit]** 카테고리에서 **"A 버튼이 눌러졌을 때"** 명령 블록을 가져온 뒤 그 아래에 변수 **"타이머를 10으로 설정하기"** 명령 블록을 연결합니다. 그리고 타이머가 무대에 표시되도록 **"변수 타이머 보이기"**를 합니다. 그리고 1초마다 타이머 변수값이 1씩 줄어들게 10번 중복 실행하기를 해 주고, 마지막에 **"초기화 신호 보내고 기다리기"**를 실행시키면 숫자 스프라이트가 0이 되고 LED가 꺼지게 됩니다.

그림 7.35. 타이머 실행 코드

이 작품의 모든 코딩을 마쳤습니다. 전체 코드를 한 번에 확인하고 싶다면 그림 7.36.을 확인하거나 함께 제공되는 교육 자료 중 "소스코드" 폴더를 참고해 주세요.

그림 7.36. 숫자 스프라이트 전체 코드

7.2.5. 결과 확인

코딩을 모두 완료했다면 실시간 모드로 장치 연결하기가 되어 있는지 한 번 더 확인합니다. 모든 설정이 완료돼 있다면 초록색 깃발을 클릭해서 실행해 줍니다. 터치센서를 한 번씩 터치할 때마다 그림 7.37.처럼 숫자 스프라이트가 1씩 커지고 3W LED의 밝기가 점점 밝아지는지 확인해 보세요. 그리고 숫자 3에서 0으로 다시 전환되는 것도 꼭 확인하세요. 마지막으로 3W LED가 켜진 상태에서 마이크로비트에 연결된 A 버튼을 누르면 변수 "타이머"가 무대에 표시되고 10에서 시작해서 0이 될 때까지 1씩 줄어드는지 그리고 타이머가 0이 되었을 때 3W LED가 꺼지는지 확인해 봅니다.

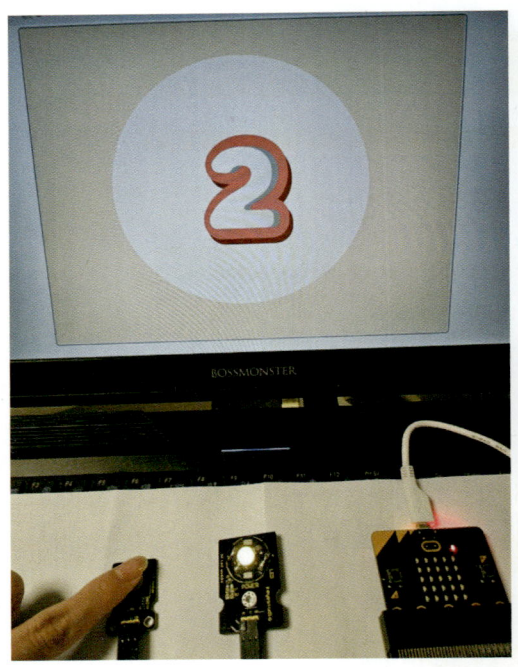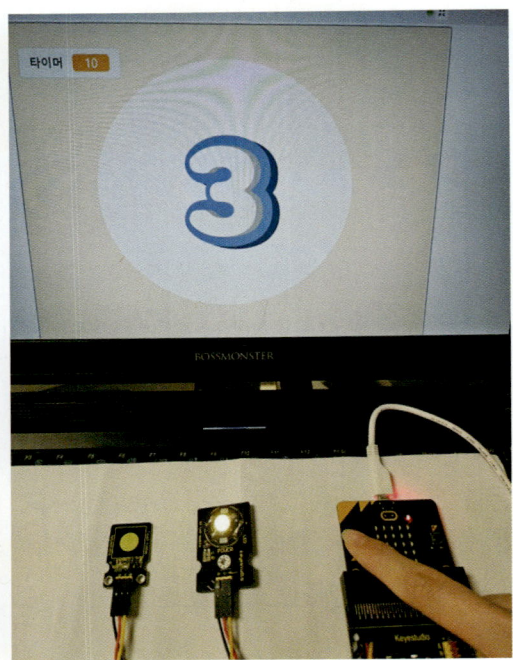

그림 7.37. 실행해 보기

7.2.6. 더 해 보기

마이크로비트의 B 버튼을 누르면 20초의 타이머 기능이 시작되어, 20초 후에 LED가 꺼지게 코딩해 보세요.

memo

센서로 발명품 만들기 프로젝트 ④

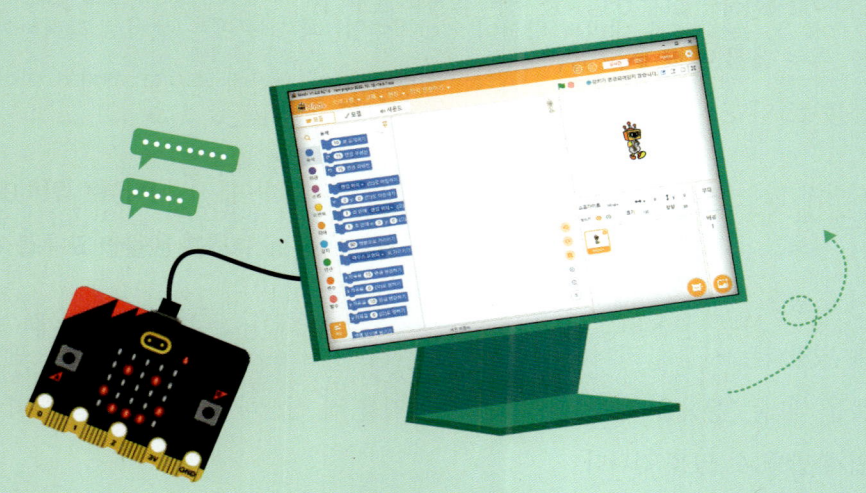

센서로 발명품 만들기 프로젝트 ④

학습 요약	
학습 목표	마이크로비트와 센서를 이용해 생활 속 장치를 만들어 봅니다.
핵심 키워드	마이크로비트, Mind+, 스크래치, 초음파센서, 압력센서, 물높이센서, LCD
준비물	마이크로비트 올인원 키트, 컴퓨터
학습 시간	2시간
학습 난이도	★★★★☆

8.1. 스마트변기

8.1.1. 작품 미리보기

이번 장의 첫 번째 작품은 "스마트변기"입니다. 화장실에 있는 변기는 볼일을 본 후에 손으로 버튼을 눌러 물을 내리는 방식이 일반적이었는데 최근에는 센서로 감지하여 자동으로 물을 내리는 기능이 사용되고 있습니다. 이렇게 하면 사람이 손으로 만지지 않아도 되어 더욱 위생적인 변기가 될 수 있다는 장점이 있습니다.

사람이 앉는 변기 겉 부분에 압력센서가 있다고 가정하여, 사람이 앉은 압력에 의해 압력센서 상태값이 변하는지 체크를 하고, 변기 옆 벽부분에 초음파센서가 있다고 가정하여 사람이 앉았을 시 초음파센서에 감지되는지를 체크합니다. 이 2가지 센서에 의해 사람이 변기에 앉았다는 사실을 감지하여 일정 시간 이후에 다시 사람이 일어난 것을 판단하여 변기의 물을 내리는 동작을 하면 됩니다. 이런 동작을 잘 상상하면서 코딩 실습을 따라오면 재밌고 쉽게 만들 수 있을 겁니다.

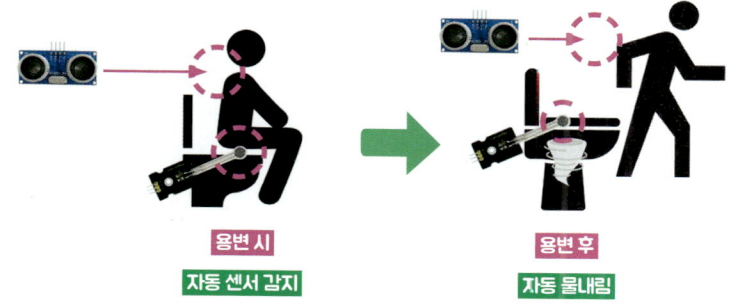

그림 8.1. 작품 미리보기

8.1.2. 준비하기

마이크로비트와 확장보드, 전선 같은 기본적인 부품 외에 압력센서, 초음파센서를 준비합니다.

이미지	부품명	개수
	마이크로비트	1
	확장보드	1
	micro 5핀 USB 케이블	1
	압력센서	1
	초음파센서	1
	3색 전선	1

8.1.3. 회로도

3색 전선을 이용해서 압력센서를 확장보드의 0번에 연결하고, 점퍼 케이블(F-F)을 이용해서 초음파센서의 VCC는 확장보드의 14번 V2에 연결하고 Trig는 S13번 Echo는 S14번, GND는 14번의 G에 연결합니다.

> ▶ **Tip**
> 만약 초음파센서가 잘 작동되지 않는다면 1장의 실시간 모드 외부 전원 연결법(그림1.31. 또는 1.32.)처럼 건전지나 USB 케이블을 이용해서 외부 전원을 추가로 연결해 주세요.

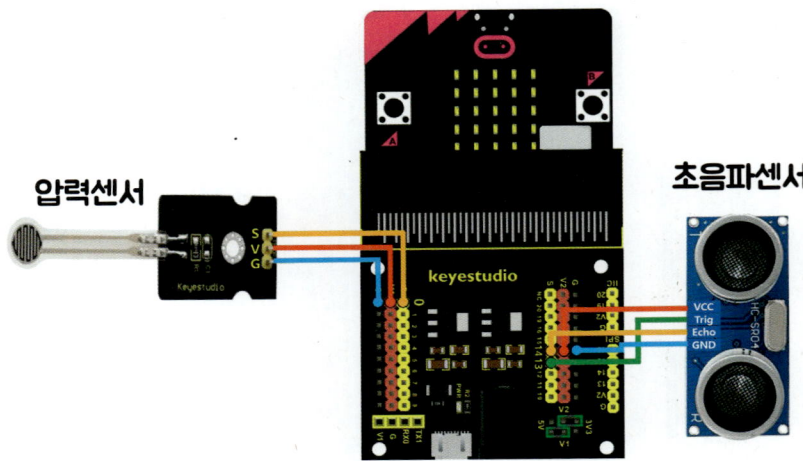

그림 8.2. 회로도

압력센서 핀	마이크로비트 핀
S	S (0번)
V	V1 (0번)
G	G (0번)

초음파센서 핀	마이크로비트 핀
VCC	V2 (14번)
Trig	S (13번)
Echo	S (14번)
GND	G (14번)

✚ 회로도 연결 완료 후, 마이크로비트를 컴퓨터에 연결하고 마인드 플러스는 **[실시간 모드]**로 설정해 주세요.

8.1.4. 코딩하기

이 작품의 알고리즘을 순서도로 나타내면 다음과 같습니다.

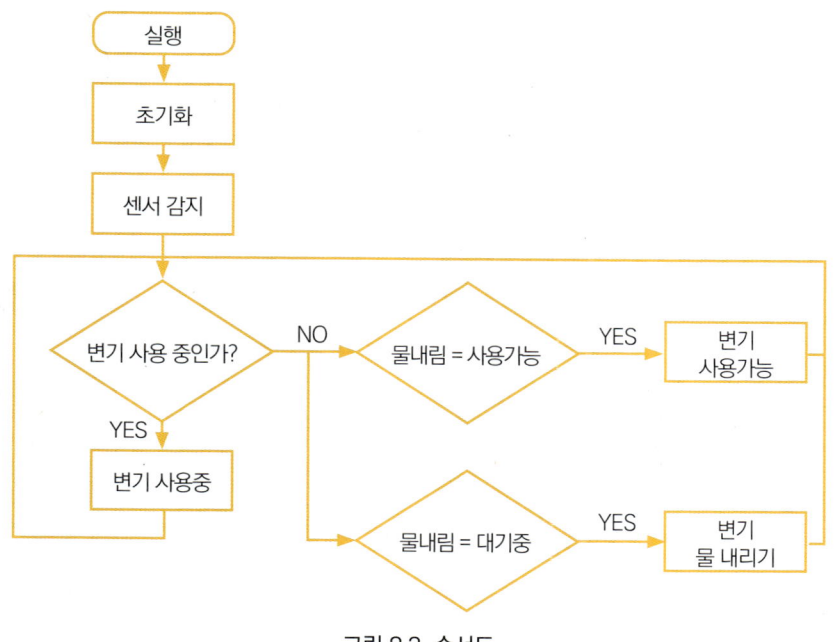

그림 8.3. 순서도

작품이 실행되면 변수값 및 스프라이트 모양 상태를 시작 상태로 설정하는 "초기화"를 한 뒤, 압력센서와 초음파센서를 이용하여 사람이 변기를 사용 중인지 판단합니다.

만약 변기를 사용 중이라면 변기 사용 중인 것을 스프라이트로 표현하고, 변수 "물내림"을 "대기중"으로 설정합니다. 만약 변기를 사용 중이 아니라면 변수 "물내림" 값을 관찰하여 변기를 사용가능으로 표현할지, 변기의 물을 자동으로 내릴지 판단하여 실행합니다.

이제 순서도에 맞춰서 코딩을 시작해 보겠습니다.

먼저 작품에 필요한 배경과 스프라이트를 준비해 보겠습니다.
배경은 "Purple"을 가져옵니다. 스프라이트는 함께 제공되는 교육 자료의 "소스코드" 폴더의 code_8.1에 있는 스마트변기와 관련된 그림 3개를 그림 8.4.와 같이 가져옵니다.

먼저 "사용가능" 이미지를 가져와서 스프라이트 이름을 "스마트변기"로 바꾼 뒤 스마트변기의 **"모델"** 탭으로 들어가서 추가로 "사용중"과 "물내림" 이미지를 가져옵니다.

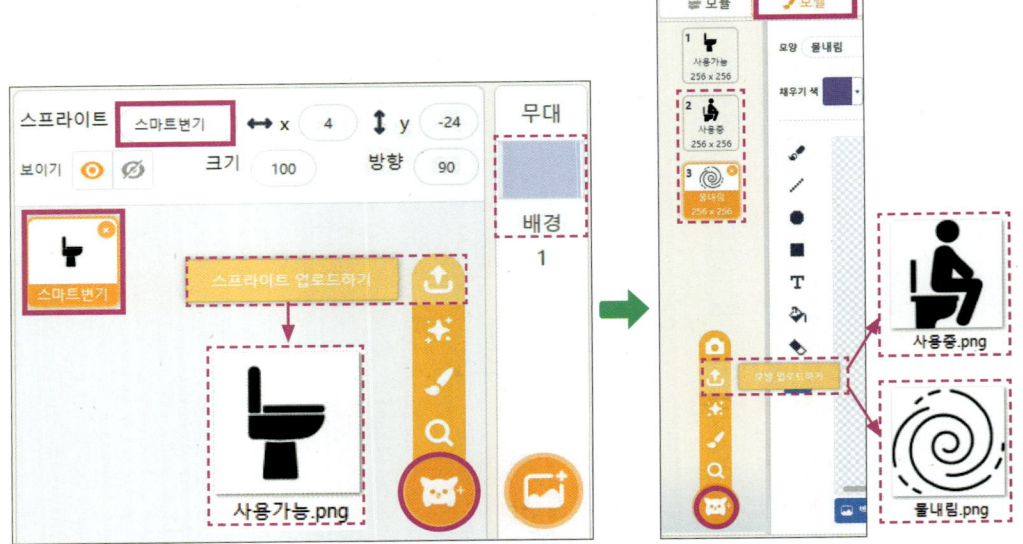

그림 8.4. 스프라이트와 무대 배경 선택

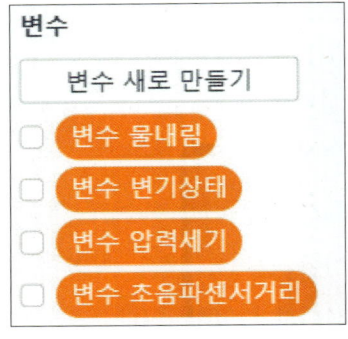

그림 8.5. 변수

이번에는 작품에 필요한 변수를 그림 8.5.와 같이 4개 만들어 줍니다. 변수 **"물내림"**과 **"변기상태"**는 물내림을 사용 가능한지와 스마트변기를 사용 가능한지 등의 상태값을 저장하는 데 사용되고, 변수 **"압력세기"**, **"초음파센서거리"**는 각 센서값을 저장하는 데 사용할 변수입니다.

이제 스마트변기 스프라이트를 선택해서 코딩을 해 봅시다.

그림 8.6. 초록색 깃발 클릭했을 때

우선 **"초록색 깃발 클릭했을 때"** **"초기화 신호 보내고 기다리기"** 이벤트를 실행합니다.

그림 8.7. 초기화

그리고 **"초기화를 받았을 때"** 변수 **"변기상태"**와 **"물내림"**을 각각 **"사용가능"**으로 설정하고, 스마트변기 스프라이트의 모양도 **"사용가능"**으로 바꿔줍니다.

초음파센서를 사용하기 위해서 **"확장"** 버튼을 클릭해 [센서] 카테고리에서 **"초음파 거리 탐지 센서"** 명령 블록을 가져와 줍니다.

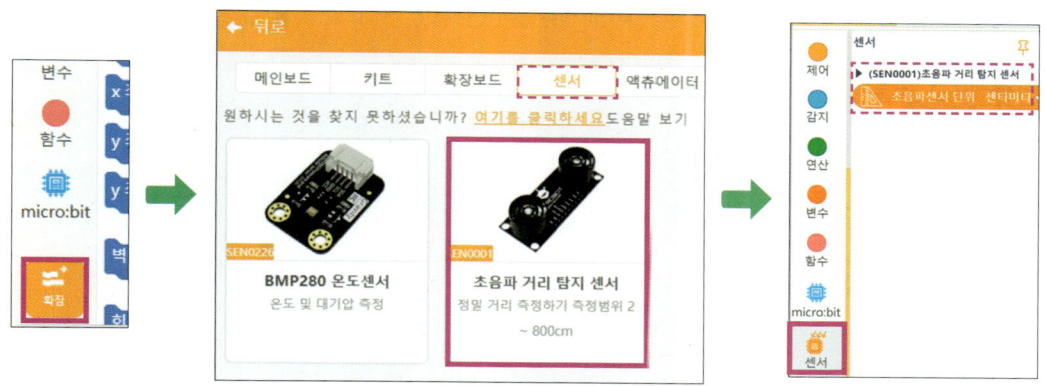

그림 8.8. 초음파센서 확장 명령 가져오기

이제 초기화 신호 보내기 아래에 스마트변기의 각 센서값을 측정하는 코드를 이어서 만들어 보겠습니다. 그림 8.9.와 같이 무한 반복 명령 블록 안에 변수 "압력세기"를 아날로그핀 P0 값으로 설정하여 압력센서에서 측정되는 값이 저장되도록 해 줍니다. 그리고 변수 "초음파센서거리"를 초음파센서 단위 "센티미터", "trig(P13)", "echo(P14)" 읽기로 설정합니다. 이 때 초음파센서값은 소수점이 있는 실수형태로 나타나기 때문에 "반올림" 명령 블록을 이용해 정수로 만든 후 변수값이 저장되도록 합니다.

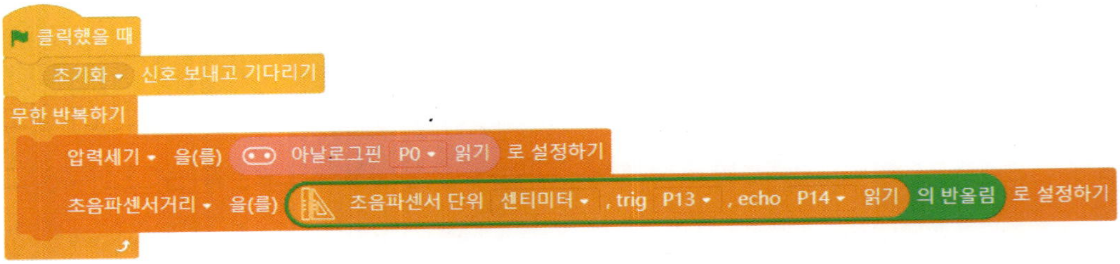

그림 8.9. 각 센서값 측정하기

먼저 스마트변기에 사람이 감지되지 않는 상태를 코드로 만들어 보겠습니다.

그림 8.10.과 같이 측정된 2개의 센서값을 이용해, 만약 변수 **"압력세기"** 값이 기준값인 **"100"**보다 작고 변수 **"초음파센서거리"** 값이 기준값 "50"보다 크다면 사람이 없는 것으로 가정합니다.

이렇게 2개의 센서값이 조건을 만족하면 변기에 사람이 없는 경우로 생각합니다.

변기에 사람이 없는 경우는 2가지 상황으로 나눠 볼 수 있는데, 첫 번째는 변기에 사람이 오랫동안 없어서 물내림도 필요 없는 상태와 두 번째는 변기에서 사람이 방금 일어나서 멀어진 상태로 물내림이 자동으로 필요한 상태입니다.

이 2가지 경우는 변수 **"물내림"**의 값이 무엇인지에 따라 서로 다른 명령을 실행해 주어야 합니다.

만약 변수 **"물내림"** 값이 **"사용가능"**과 같다면 바로 변기를 사용할 수 있는 상태이기 때문에 변수 **"변기상태"** 값을 **"사용가능"**으로 설정해 주고 스프라이트 모양도 **"사용가능"**으로 바꾸어 줍니다.

만약 변수 **"물내림"** 값이 **"대기중"**과 같다면 변기를 사용하던 사람이 방금 일어난 것이므로 스프라이트를 **"물내림"** 모양으로 바꾸면서 물 내리는 소리인 **"Ocean Wave"**가 끝까지 재생되도록 해 줍니다. 그런 다음 물을 자동으로 내렸으니 다시 변기를 사용할 수 있는 상태로 되돌리기 위해 **"초기화 신호 보내기"** 이벤트를 마지막에 실행시켜 줍니다.

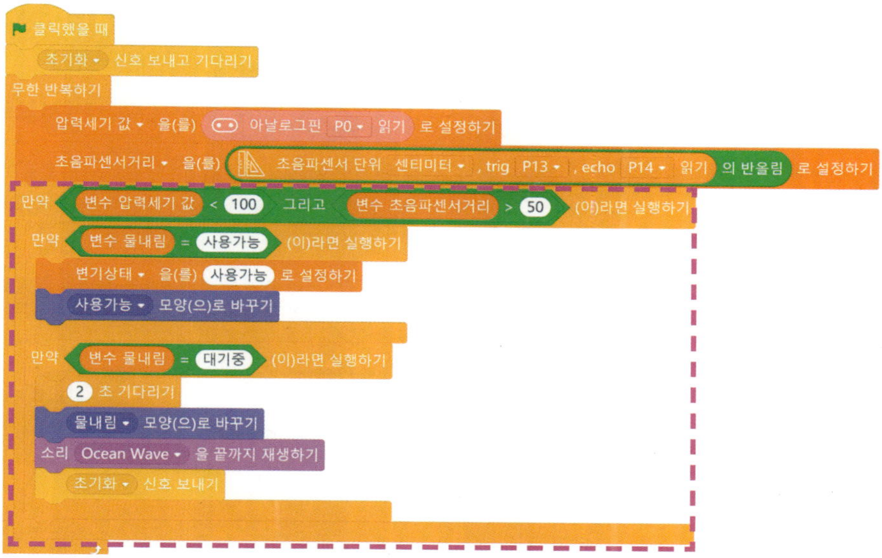

그림 8.10. 스마트변기에 사람이 감지되지 않을 때

이번에는 변기에 사람이 앉아서 센서에 감지되는 상태를 코드로 만들어 보겠습니다.

변기에 사람이 앉아 있는 경우는 그림 8.11.과 같이 변수 **"압력세기"** 값이 기준값 **"100"** 보다 크고 변수 **"초음파센서거리"** 값이 기준값 **"50"** 보다 작아질 때입니다. 이때 변수 **"변기상태"** 는 **"사용중"** 으로 변수 **"물내림"** 은 **"대기중"** 으로 설정해 줍니다. 그리고 스프라이트 모양도 **"사용중"** 으로 바꾸고 소리 **"Glug"** 을 끝까지 재생시켜 사람이 변기에 앉았다는 것을 표현해 줍니다.

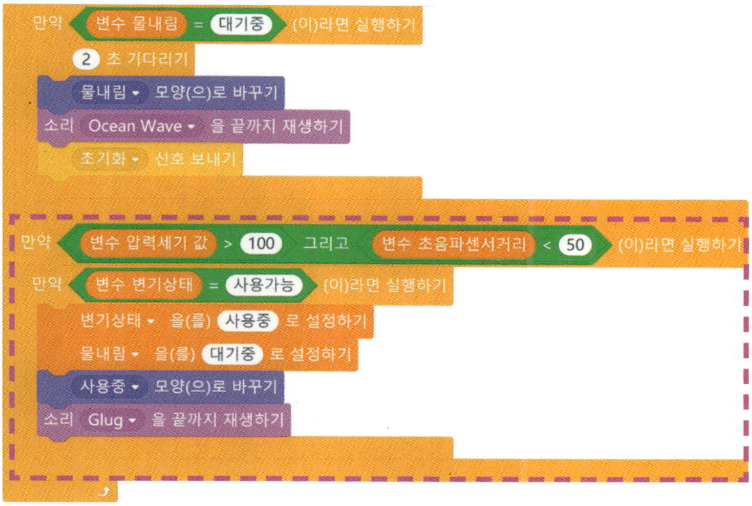

그림 8.11. 스마트변기에 사람이 감지될 때

이 작품의 모든 코딩을 마쳤습니다. 전체 코드를 한 번에 확인하고 싶다면 그림 8.12.를 확인하거나 함께 제공되는 교육 자료 중 "소스코드" 폴더를 참고해 주세요.

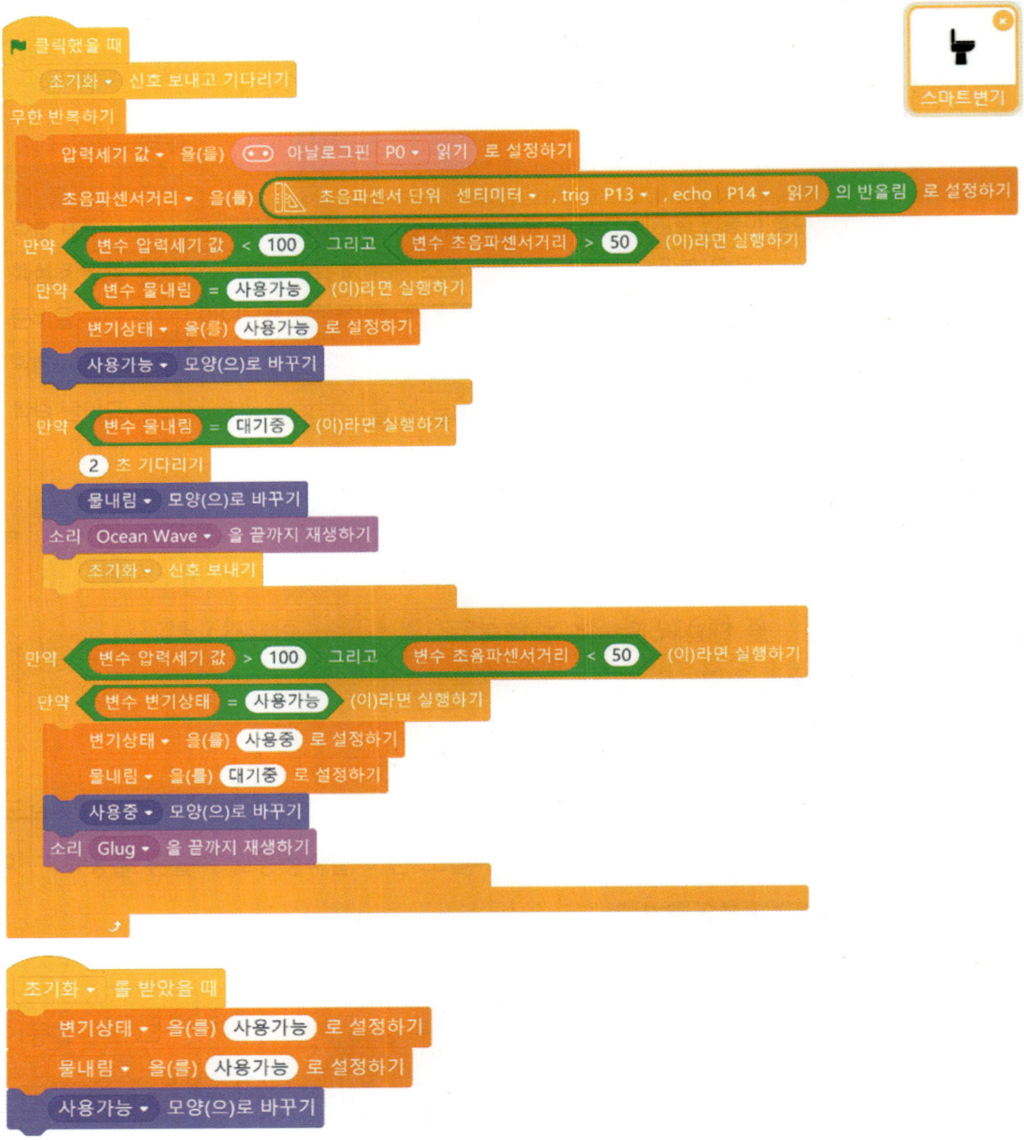

그림 8.12. 스마트변기 스프라이트 전체 코드

8.1.5. 결과 확인

코딩을 모두 완료했다면 실시간 모드로 장치 연결하기가 되어 있는지 한 번 더 확인합니다. 모든 설정이 완료돼 있다면 초록색 깃발을 클릭해서 실행시켜 줍니다. 그리고 그림 8.13.과 같이 사람이 변기에 앉는 상황을 두 손으로 재현해 봅니다. 한 손으로 압력센서를 세게 누르고 다른 한 손으로는 초음파센서를 가려서 비교 기준값의 조건을 만족하게 해 줍니다. 이 때 스크래치 화면에서 사람이 변기에 앉는 모습으로 바뀌는지 확인해 보세요. 그리고 다시 두 손을 떼어 사람이 변기로부터 일어나는 모습을 재현했을 때 스크래치 화면에서 물내림 표현이 나타나는지 확인해 봅니다.

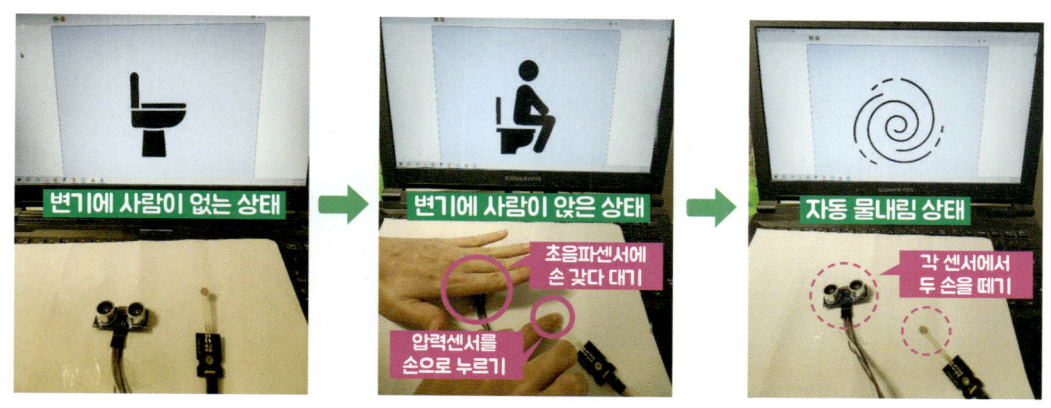

그림 8.13. 실행해 보기

8.1.6. 더 해 보기

백화점이나 휴게소와 같은 공공 화장실에는 변기가 있는 칸마다 천장에 LED 전등이 달려 있는 경우가 있습니다. 이 LED 전등에는 PIR센서가 있어서 사람이 감지되면 LED 전등이 켜지고 이를 통해 사람들은 해당 칸을 사용 가능한지 아닌지를 판단할 수 있습니다. 이번 작품에 PIR센서를 연결하여 사람이 가까이 오면 LED 전등을 켜고, 사람이 볼일을 다 보고 화장실 칸에서 나와 멀어지면 LED 전등이 꺼지게 하는 프로그램을 추가해 보세요.

8.2. 물높이 알람장치

8.2.1. 작품 미리보기

공장이나 농장에서는 물이 필요할 때마다 바로 사용하기 위해 저장탱크에 물을 가득 담아두는 경우가 있습니다. 이때 물의 양을 측정하기 위해 여러 가지 센서가 사용되는데 그중에 하나가 바로 물높이센서입니다. 물높이센서는 실시간으로 물의 여부, 높이를 측정하여 물의 소비량을 확인할 수 있는 장치입니다.

그림 8.14. 작품 미리보기

이번 장의 두 번째 작품은 "물높이 알람장치"입니다. 물높이센서를 마이크로비트에 연결하여 물의 높이를 실시간으로 LCD에 출력해 줄 수 있도록 만들어 보겠습니다.

8.2.2. 준비하기

마이크로비트와 확장보드, 전선 같은 기본적인 부품 외에 물높이센서, LCD를 준비합니다.

이미지	부품명	개수
	마이크로비트	1
	확장보드	1
	micro 5핀 USB 케이블	1
	물높이센서	1
	LCD(I2C)	1
	3색 전선	1
	점퍼 케이블(F-F)	4줄

8.2.3. 회로도

3색 전선을 이용해 물높이센서를 확장보드의 0번에 연결합니다. 그리고 점퍼 케이블(F-F) 4개를 이용해서 LCD의 "SCL"은 S19번에 "SDA"는 S20번에 연결하고, LCD의 "VCC"는 V1 8번에 연결하고, "GND"는 G9번에 연결합니다.

> 🚩 **중요!**
> LCD는 5V에서 제대로 작동되기 때문에 1장의 업로드 모드 외부 전원 연결법(그림 1.29. 또는 1.30.)처럼 건전지나 USB 케이블을 이용해서 외부 전원을 추가로 연결해 주세요.

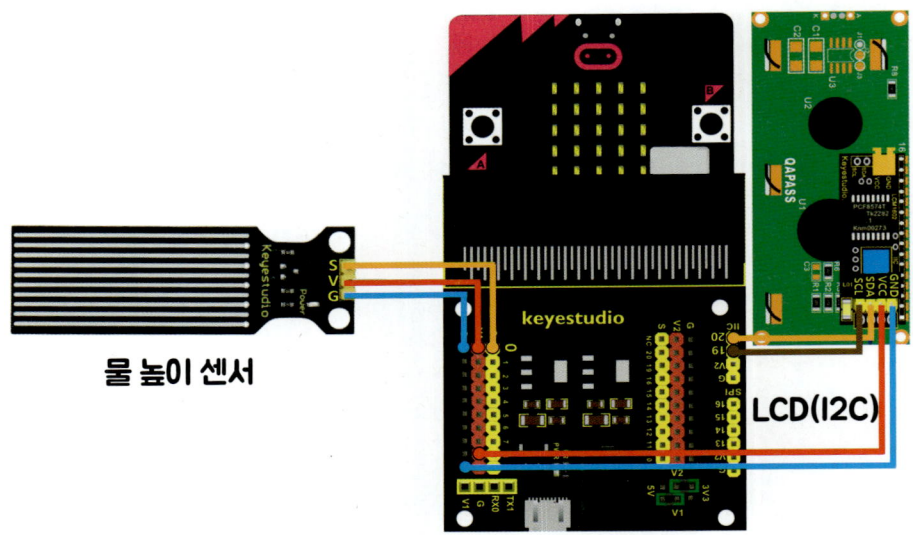

그림 8.15. 회로도

물높이센서 핀	마이크로비트 핀
S	S (0번)
V	V1 (0번)
G	G (0번)

LCD 핀	마이크로비트 핀
GND	G (9번)
VCC	V1 (8번)
SDA	S (20번)
SCL	S (19번)

➕ 회로도 연결 완료 후, 마이크로비트를 컴퓨터에 연결하고 마인드 플러스는 **[업로드 모드]**로 설정해 주세요.

8.2.4. 코딩하기

이 작품의 알고리즘을 순서도로 나타내면 다음과 같습니다.

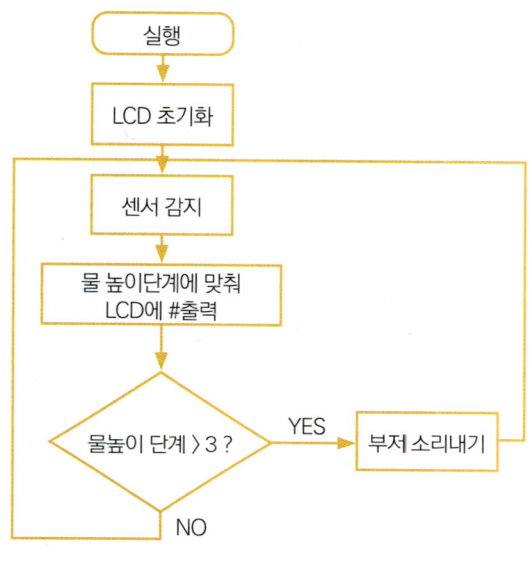

그림 8.16. 순서도

작품이 실행되면 LCD를 사용하기 위해 초기화를 하고 물높이센서로 물의 높이를 감지합니다. 이렇게 감지된 값에 맞춰 LCD에 "#" 모양을 그래프처럼 출력해 줍니다. 만약 물높이단계가 3을 넘어 4, 5가 되면 부저 소리를 발생시켜 경고를 줍니다.

이제 순서도에 맞춰서 코딩을 시작해 보겠습니다.
이번 작품은 "업로드" 모드에서 코딩을 하기 때문에 배경 및 스프라이트 선택은 필요 없으며 "업로드" 모드가 선택돼 있는지 확인 후 코딩을 시작하면 됩니다.

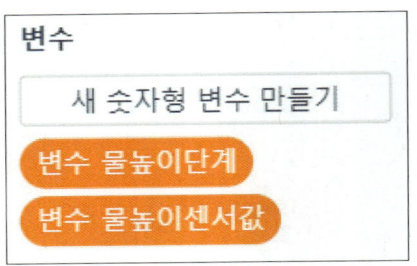

그림 8.17. 변수

먼저 작품에 필요한 변수를 그림 8.17.과 같이 **"물높이단계"**, **"물높이센서값"**이란 이름으로 2개 만들어 줍니다.

"마이크로비트 메인 프로그램 시작" 명령 블록 아래에 LCD 주소를 초기화시키고, LCD 화면에 나타난 이전의 내용을 지우고, LCD 화면의 1번째 행에 **"Water Level"** 글자를 표시하는 LCD 초기화 코드를 그림 8.18.과 같이 만들어 봅시다. 이때 주소 초기화 블록에서 **"0×27"**은 LCD의 I2C 통신용 주소 값입니다.

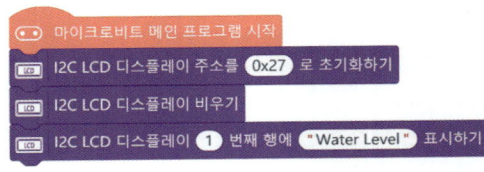

그림 8.18. LCD 초기화

이번에는 무한 반복하기 명령 블록 안에 물높이센서로 물의 높이를 측정하는 코드를 만들어 봅시다. 변수 **"물높이센서값"**을 **"아날로그핀 P0 읽기"**로 설정하여 마이크로비트의 0번 핀에 연결된 물높이센서의 값을 측정하여 저장할 수 있도록 합니다. 이때 변수 **"물높이센서값"**의 범위는 0~1023인데 **"매핑"** 명령 블록을 이용해 0~5의 범위 값으로 변환해서 변수 **"물높이단계"**에 저장해 줍니다. 이렇게 하면 물높이센서로 측정된 값을 0~5단계로 쉽게 표현할 수 있습니다.

그림 8.19. 물높이센서값 측정하기

마지막으로 변수 **"물높이단계"** 값에 따라서 LCD에 '**#**'을 여러 개 출력해 보려고 합니다. 이렇게 하면 마치 물높이 그래프가 나타나는 효과를 줄 수 있습니다.

"물높이단계" 값이 1이면 '**#**'을 하나만 출력합니다. **"물높이단계"** 값이 2, 3, 4, 5까지 한 단계씩 올라갈수록 '**#**'을 한 개씩 늘려서 출력되게 해 줍니다. 그리고 **"물높이단계"** 값이 3을 넘어서면 즉, 4, 5단계이면 물이 너무 많다는 경고를 주기 위해 부저 소리를 재생하도록 합니다.

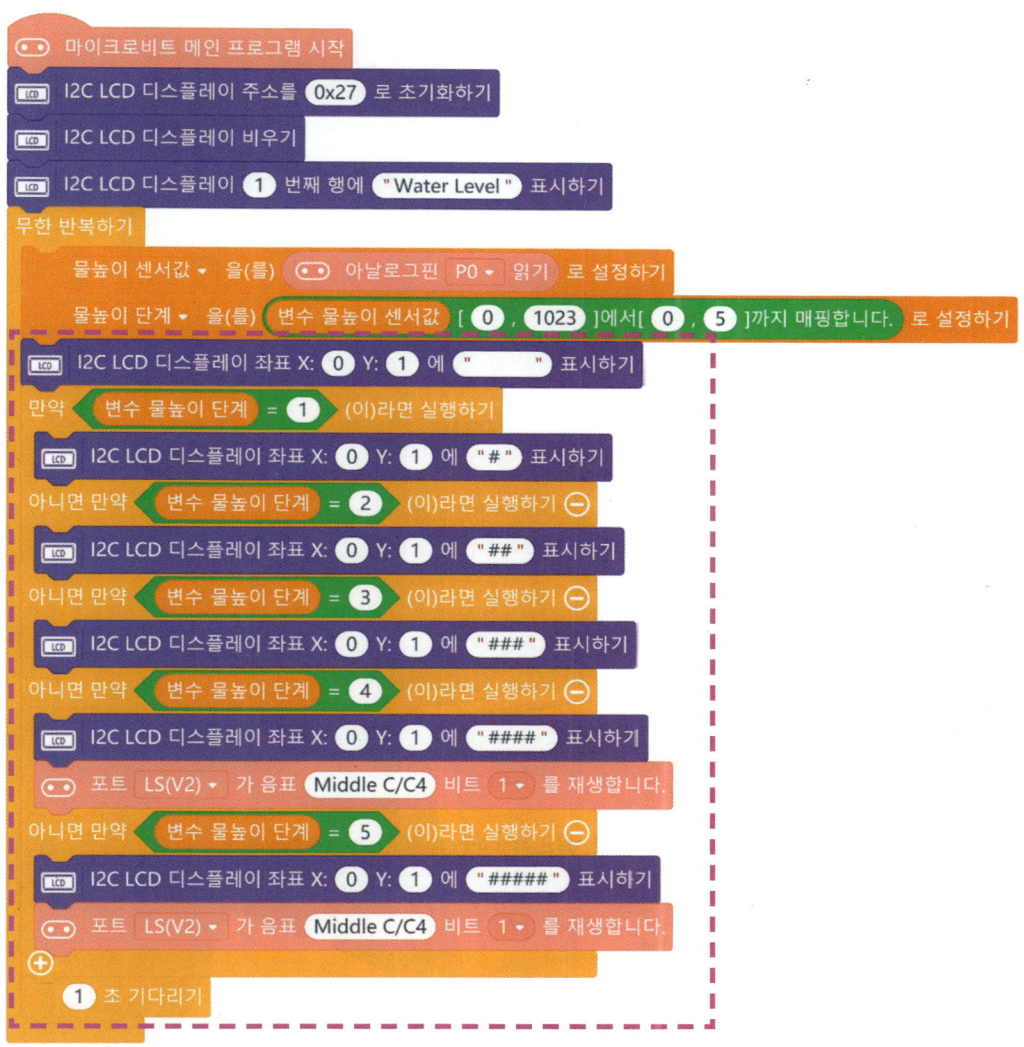

그림 8.20. 물높이에 따른 LCD 출력

이 작품의 모든 코딩을 마쳤습니다. 전체 코드를 한 번에 확인하고 싶다면 그림 8.21.을 확인하거나 함께 제공되는 교육 자료 중 "소스코드" 폴더를 참고해 주세요.

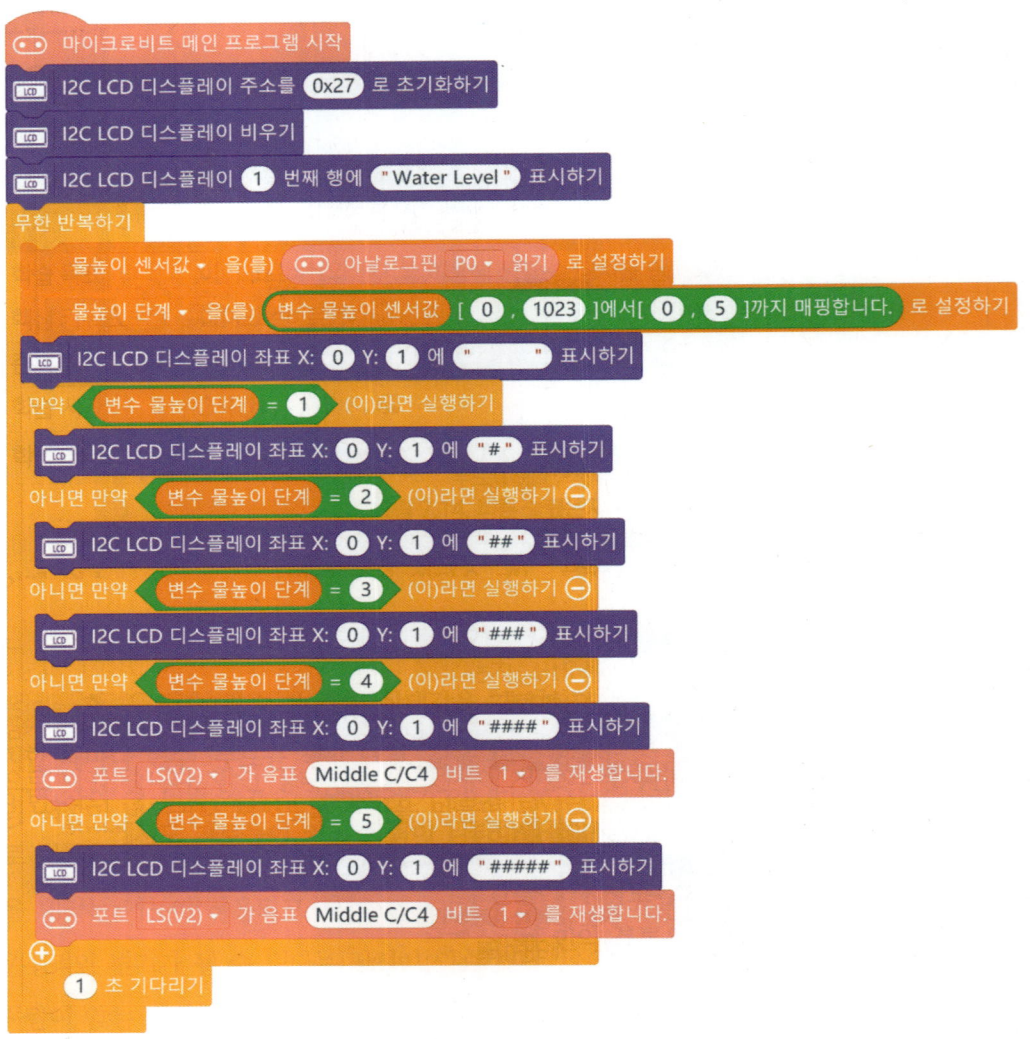

그림 8.21. 물높이 알람장치 전체 코드

8.2.5. 결과 확인

코딩을 모두 완료했다면 업로드 모드로 장치 연결하기가 되어 있는지 한 번 더 확인합니다. 그리고 "장치에 업로드하기"를 눌러 완성된 코드를 마이크로비트에 업로드합니다. 그리고 앞에서 언급했다시피 LCD는 5V에서 제대로 동작하기 때문에 1장의 업로드 모드 외부 전원 연결법(그림 1.29. 또는 1.30.)처럼 건전지나 USB 케이블을 이용해서 외부 전원을 추가로 연결해 줍니다.

이제 그림 8.22.처럼 물높이센서를 물이 담긴 컵에 조금씩 넣어 보면서 LCD에 물높이 값이 '#' 개수로 잘 출력되는지 확인해 봅니다. 그리고 물높이단계가 3을 넘었을 때 마이크로비트의 부저에서 알람소리가 발생되는지도 확인해 보세요.

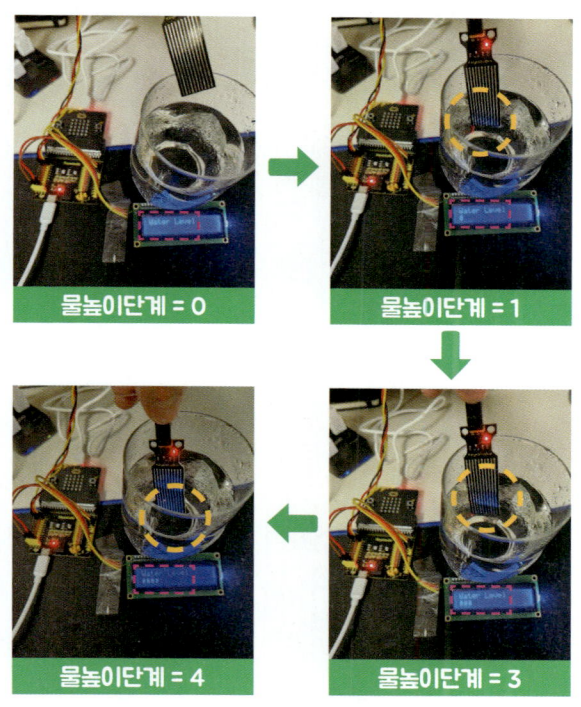

그림 8.22. 실행해 보기

8.2.6. 더 해 보기

이번 작품에서 LED를 하나 더 연결하여, 물높이단계 값이 3을 넘었을 때는 LED가 켜지고 3 이하이면 LED가 꺼지는 코드를 추가해 보세요.

센서로 발명품 만들기
프로젝트 ⑤

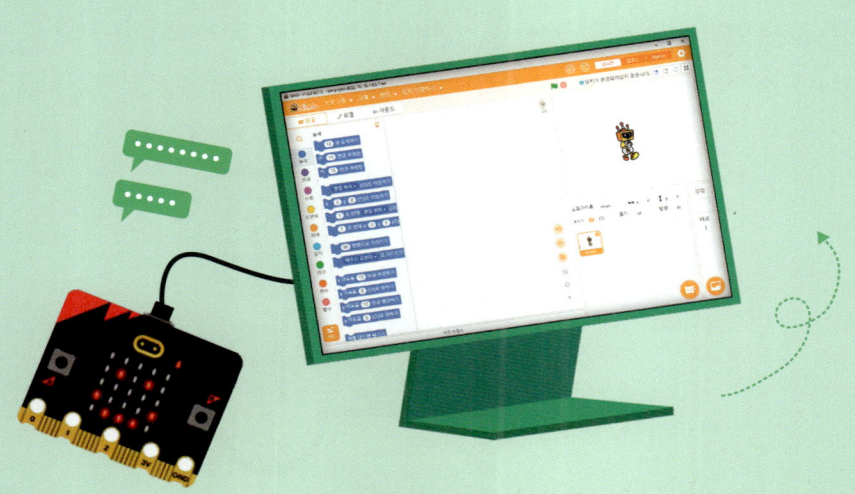

센서로 발명품 만들기 프로젝트 ⑤

학습 요약	
학습 목표	마이크로비트와 센서를 이용해 생활 속 장치를 만들어 봅니다.
핵심 키워드	마이크로비트, Mind+, 스크래치, 서보모터, LED
준비물	마이크로비트 올인원 키트, 컴퓨터
학습 시간	2시간
학습 난이도	★☆☆☆☆

9.1. 전자장치 제어 패널

9.1.1. 작품 미리보기

여러 가지 전자 장치를 손으로 쉽게 제어하기 위해서는 버튼 같은 것들이 필요합니다. 이런 버튼들을 모아 놓은 것을 "제어 패널"이라고 부릅니다. 제어 패널은 그림 9.1.처럼 버튼뿐만 아니라 슬라이더, 터치 모니터 등등 여러 형태의 입력/출력 장치로 구성되어 있습니다.

그림 9.1. 제어 패널

이번 장의 첫 번째 작품은 "전자장치 제어 패널"입니다. 스크래치 화면에 만든 버튼과 슬라이더로 마이크로비트에 연결된 신호등 LED와 서보모터를 제어할 수 있는데요, 스크래치 화면의 색깔 동그라미들을 마우스를 이용해 클릭하면 신호등 LED의 3가지 불빛을 각각 껐다 켤 수 있습니다. 신호등 LED의 불빛에 따라 스크래치 화면의 색깔 동그라미들이 동일한 색상으로 바뀌고, 신호등 LED가 꺼지면 색깔 동그라미도 검정색으로 바뀝니다.

그리고 스크래치 화면의 슬라이더를 좌우로 움직이면 서보모터의 각도 값을 제어할 수 있으며 슬라이더가 가운데 있을 때는 서보모터는 90도의 각도 값을 가지게 됩니다.

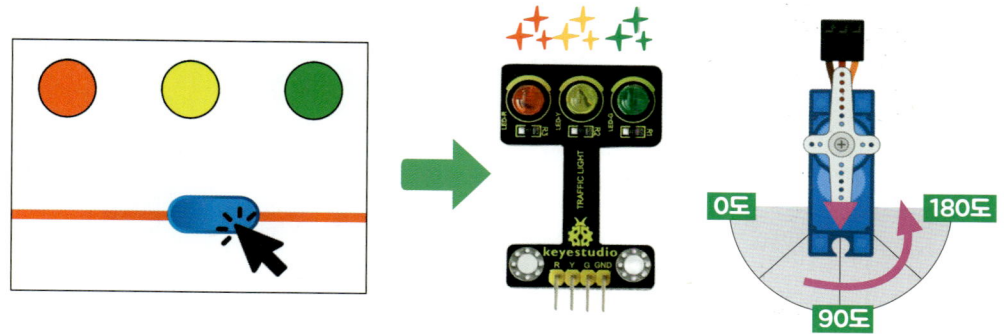

그림 9.2. 작품 미리보기

9.1.2. 준비하기

표를 참고하여 마이크로비트와 확장보드, 전선, 신호등 LED, 서보모터를 준비합니다.

이미지	부품명	개수
	마이크로비트	1
	확장보드	1
	micro 5핀 USB 케이블	1
	신호등 LED	1
	서보모터	1
	점퍼 케이블(F-F)	4

9.1.3. 회로도

점퍼 케이블(F-F) 4개를 이용해서 신호등 LED의 R을 확장보드의 S2번에 Y는 S1번에 G는 S0번에 연결하고, GND는 G0번에 연결합니다. 그리그 서보모터는 확장보드의 8번에 전선 색깔을 잘 맞춰 그림 9.3.처럼 연결합니다.

> ⚑ **중요!**
> 서보모터를 제대로 작동시키기 위해 1장의 실시간 모드 외부 전원 연결법(그림 1.31. 또는 1.32.)처럼 건전지나 USB 케이블을 이용해서 외부 전원을 추가로 연결해 주세요

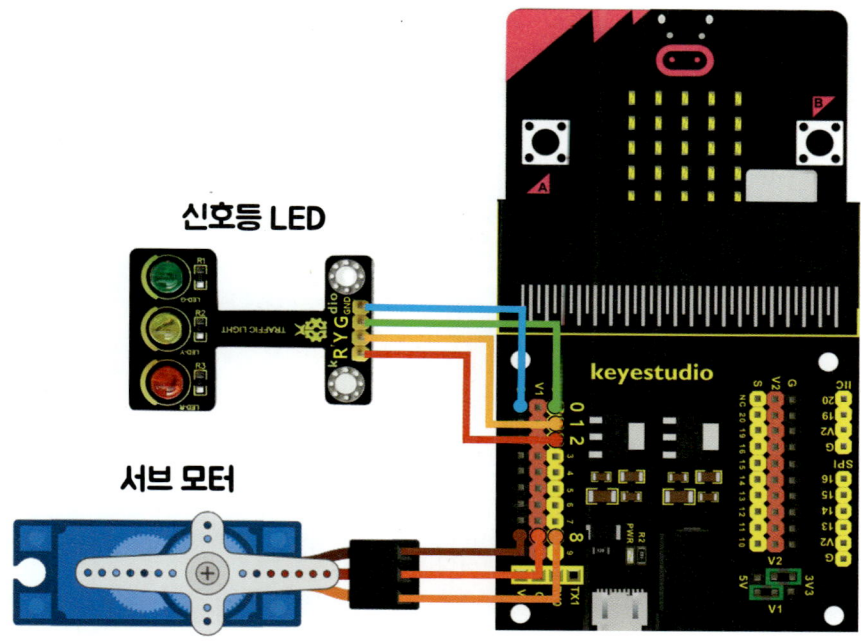

그림 9.3. 회로도

신호등 LED 핀	마이크로비트 핀
R	S (2번)
Y	S (1번)
G	S (0번)
GND	G (0번)

서보모터 핀	마이크로비트 핀
갈색	G (8번)
빨강	V1 (8번)
주황	S (8번)

✜ 회로도 연결 완료 후, 마이크로비트를 컴퓨터에 연결하고 마인드 플러스는 **[실시간 모드]**로 설정해 주세요.

9.1.4. 코딩하기

이 작품의 알고리즘을 순서도로 나타내면 다음과 같습니다.

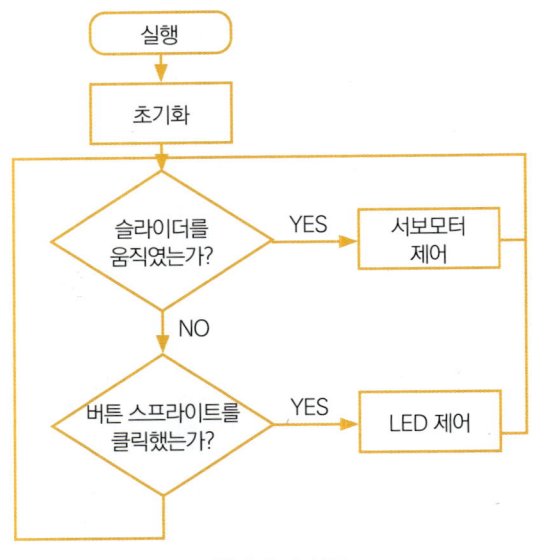

그림 9.4. 순서도

작품이 실행되면 작품 구성 요소들의 모양과 위치 상태값이 초기화 됩니다. 그리고 스크래치 화면에 배치된 각각의 동그란 버튼 스프라이트를 클릭하면 신호등 LED의 불이 켜지거나 꺼지게 됩니다. 그리고 슬라이더를 마우스로 클릭해 좌우로 움직이면 서보모터의 각도 변수값이 변하여 서보모터가 움직이게 됩니다.

이제 순서도에 맞춰서 코딩을 시작해 보겠습니다.

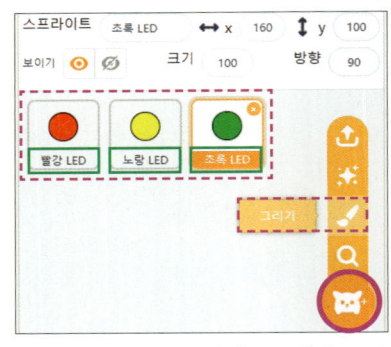

그림 9.5. 스프라이트 그리기

먼저 신호등 LED 3개를 제어할 버튼 스프라이트 3개를 그려야 합니다. 그림 9.5.와 같이 스프라이트 그리기 아이콘을 선택해서 그림판으로 이동해 빨강, 노랑, 초록 동그라미 모양의 스프라이트를 만들어 줍니다. 이때 각 스프라이트의 이름은 **"빨강 LED"**, **"노랑 LED"**, **"초록 LED"**로 변경해 줍니다.

스프라이트 3개를 모두 만들었다면 각 스프라이트의 **"모델"** 탭을 누른 후, 그림 9.6.처럼 똑같은 모양을 하나 복사한 뒤 "검정색"으로 동그라미 색깔을 바꿔 줍니다. 그리고 각 모양의 이름을 색깔 동그라미들은 **"ON"**으로 검정색 동그라미들은 **"OFF"**로 변경해 줍니다.

그림 9.6. 각 스프라이트 모양 추가·하기

이번에는 슬라이더가 좌우로 움직이는 기준이 되는 "Line" 스프라이트를 만들어 보겠습니다. 스프라이트 그리기 아이콘을 선택해서 그림판으로 이동해 무대 가로 길이와 똑같은 빨간색의 긴 직사각형을 그림 9.7.처럼 그립니다. 그리고 이 스프라이트의 이름은 **"Line"**으로 변경해 줍니다.

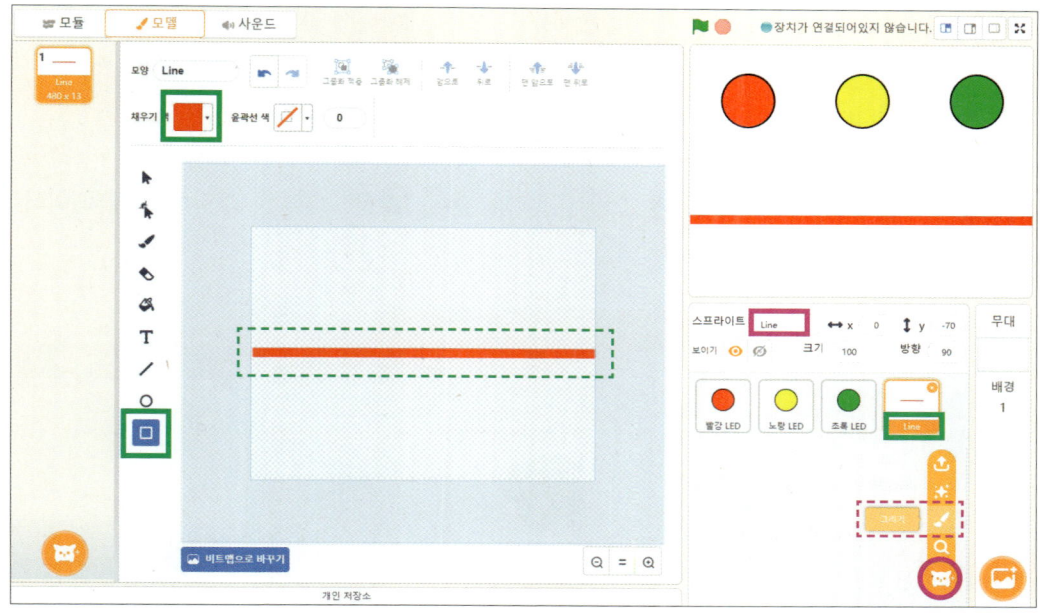

그림 9.7. Line 스프라이트 그리기

9장 센서로 발명품 만들기 프로젝트 ⑤ **217**

마지막으로 서보모터를 동작시키는 슬라이더 역할을 할 스프라이트를 불러와 봅시다. 그림 9.8.과 같이 스프라이트 라이브러리 아이콘을 클릭하여 "Button2" 스프라이트를 선택한 뒤, 스프라이트 이름을 "슬라이더"로 변경합니다.

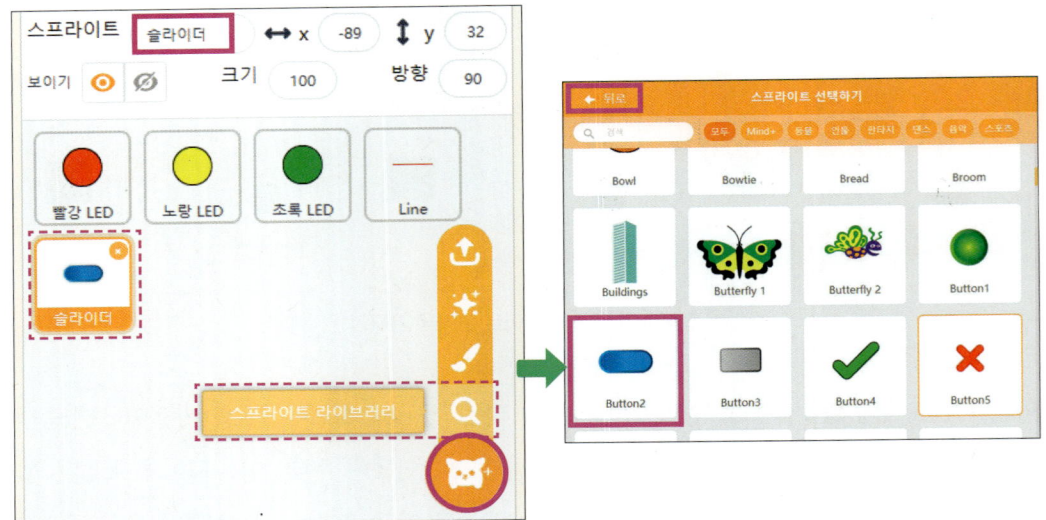

그림 9.8. 슬라이더 스프라이트 선택하기

그림 9.9. 초록색 깃발 클릭했을 때

이제 슬라이더 스프라이트를 선택하여 코딩을 시작해 봅시다. **"초록색 깃발 클릭했을 때" "초기화 신호 보내고 기다리기"**를 제일 먼저 실행시켜 줍니다.

그리고 서보모터를 사용하기 위해 그림 9.10.과 같이 **"확장"** 버튼을 클릭해 **[액츄에이터]** 카테고리에서 **"마이크로 서보"** 명령 블록을 가져옵니다.

그림 9.10. 서보모터 확장 명령 가져오기

이제 슬라이더를 마우스로 클릭하여 좌우로 움직이면서 서보모터를 제어할 수 있도록 **"마우스 포인터에 닿았는지"** 그리고 **"마우스를 클릭했는지"**를 감지할 수 있도록 **"무한 반복하기"** 안에서 실행시켜 줍니다.

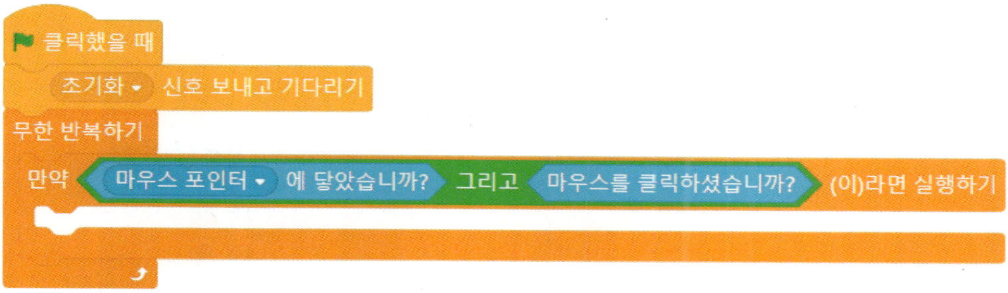

그림 9.11. 마우스로 슬라이더 스프라이트를 클릭했을 때

만약 마우스 포인터에 닿으면서 마우스도 클릭한 상태라면 슬라이더 스프라이트의 x좌표를 **"마우스의 x좌표"**와 동일하게 설정해 주고 마이크로비트의 8번 핀에 연결된 서보모터의 각도 값도 그에 맞게 동작되도록 그림 9.12.와 같이 매핑 블록을 이용해 서보모터의 각도 값을 설정해 줍니다.

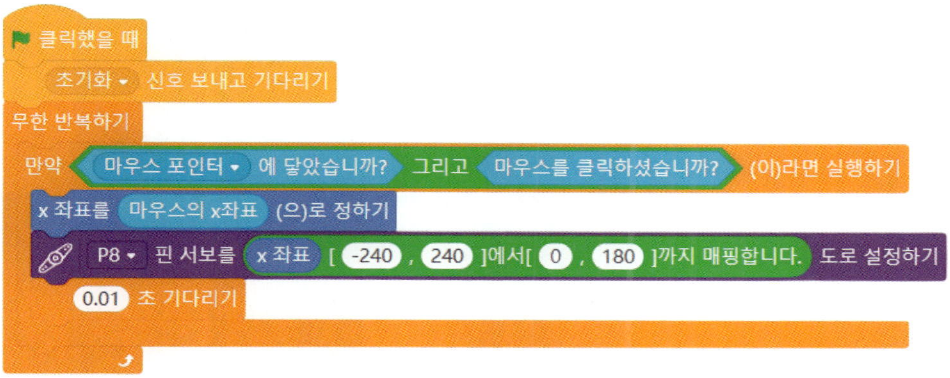

그림 9.12. 슬라이더 스프라이트로 서보코터 제어하기

스크래치 화면에서 x좌표는 무대의 좌우좌표를 의미하며 가장 왼쪽은 x:-240, 가장 오른쪽은 x:240의 좌푯값을 가집니다. 이를 바탕으로 슬라이더 스프라이트의 x좌푯값의 범위는 -240~240이며, 좌우로 움직였을 때 해당 값의 범위 내에서 위치값이 표현됩니다. 그런데

서보모터의 동작 범위 각도 값은 0~180으로 슬라이더 스프라이트의 x좌표와는 서로 다른 범위 값을 가집니다.

하지만 그림 9.13.과 같이 **"매핑"** 명령 블록을 사용하면 -240~240의 범위 값을 가지는 **"x좌표"** 명령 블록을 0~180의 범위 값으로 알아서 변경해 줍니다. 이렇게 하면 슬라이더 스프라이트를 마우스로 움직일 때마다 서보모터가 연동되어 알맞게 돌아가게 됩니다.

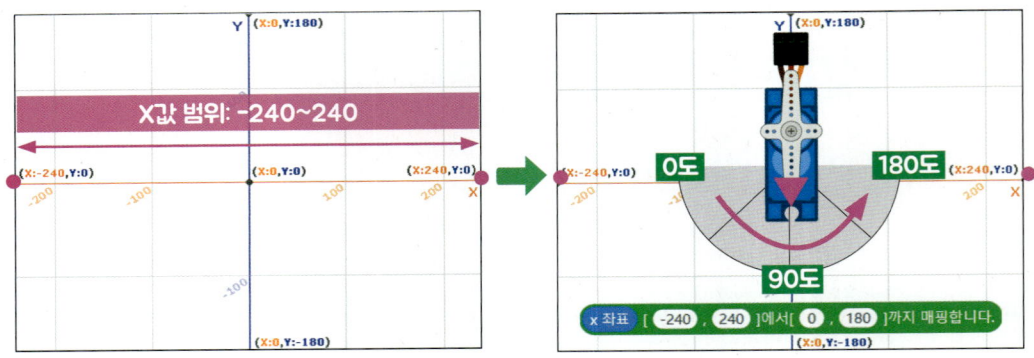

그림 9.13. 서보모터 각도 값 매핑 원리

슬라이더 스프라이트에서 **"초기화를 받았을 때"** 는 스프라이트 위치(x:0, y:-70)와 서보모터 각도를 초기화해 줍니다. 이때 서보모터의 각도 값은 슬라이더 스프라이트의 위치값과 연동되기 때문에 그림 9.14.와 같이 **"매핑"** 명령 블록을 사용해서 초기화 설정을 해 줍니다.

그림 9.14. 슬라이더 스프라이트 초기화

그림 9.15. Line 스프라이트 초기화

Line 스프라이트를 선택해 코딩해 봅시다.

Line 스프라이트는 슬라이더 스프라이트가 좌우로 움직일 때 기준을 삼는 선이기 때문에 **"초기화를 받았을 때"** 슬라이더 스프라이트와 같은 **"x:0, y:-70"** 의 위치값으로 초기화 설정을 해 줍니다.

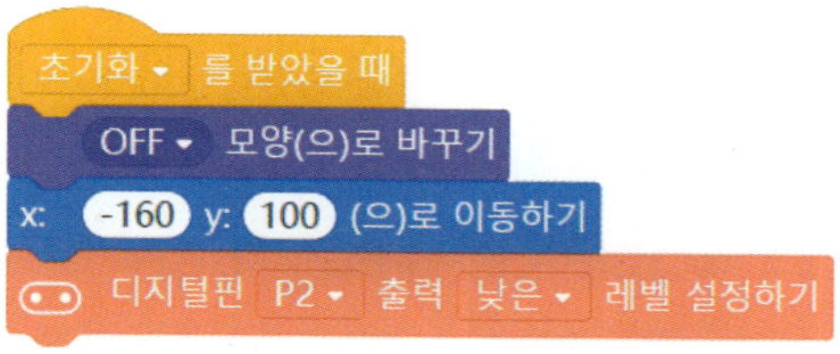

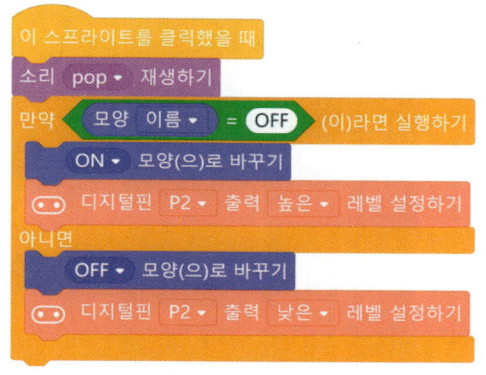

그림 9.16. 빨강 LED 스프라이트 초기화

그림 9.17. 빨강 LED 스프라이트 클릭했을 때

이제 빨강 LED 스프라이트를 선택해 코딩을 해 보겠습니다. **"초기화를 받았을 때"** 동그란 스프라이트 모양이 꺼진 모습으로 나타나도록 **"OFF"**로 바꾸기를 하고, 무대 왼쪽에 위치하도록 **"x:-160, y:100"**으로 설정합니다. 그리고 빨간색 신호등 LED가 꺼져 있을 수 있도록 디지털핀 **"P2"**의 출력을 **"낮은"** 레벨로 설정합니다.

빨강 LED 스프라이트를 클릭했을 때는 버튼을 눌렀다는 효과를 소리로 나타내기 위해 **"pop"** 소리를 재생시킵니다. 그리고 만약 빨강 LED 스프라이트의 **"모양 이름"**이 **"OFF"**이면 다음 모양을 **"ON"**으로 바꾸어 주면서 디지털핀 **"P2"**를 **"높은"** 레벨로 설정하여 빨간색 LED를 켜 줍니다. 만약 **"모양 이름"**이 OFF가 아니라 **"ON"**이라면 모양을 **"OFF"**로 바꾸어 주고 디지털핀 **"P2"**를 **"낮은"** 레벨로 설정하여 빨간색 LED를 꺼 줍니다.

노랑 LED와 초록 LED 스프라이트의 코드는 빨강 LED와 거의 똑같고 초기화할 때 x, y 위치값과 LED 디지털핀 번호(P1, P0)가 다르다는 것에 주의하며 코딩을 하면 됩니다.

이번에는 노랑 LED 스프라이트를 선택해 코딩을 해 보겠습니다. **"초기화를 받았을 때"** 동그란 스프라이트 모양이 꺼진 모습으로 나타나도록 **"OFF"**로 바꾸기를 하고, 무대 가운데에 위치하도록 **"x:0, y:100"**으로 설정합니다. 그리고 노란색 신호등 LED가 꺼져 있을 수 있도록 디지털핀 **"P1"**의 출력을 **"낮은"** 레벨로 설정합니다.

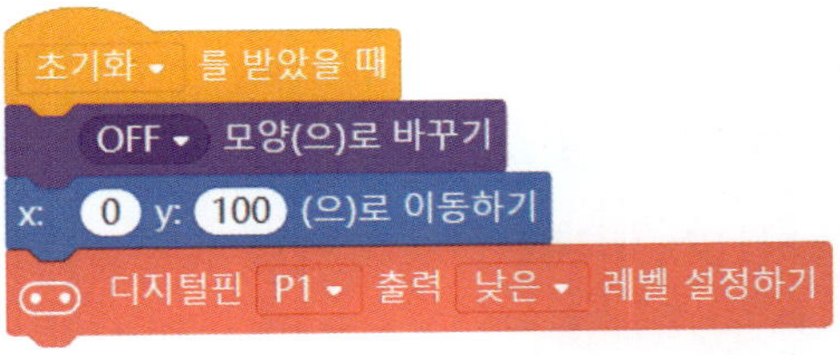

그림 9.18. 노랑 LED 스프라이트 초기화

노랑 LED 스프라이트를 클릭했을 때는 버튼을 눌렀다는 효과를 소리로 나타내기 위해 **"pop"** 소리를 재생시킵니다. 그리고 만약 노랑 LED 스프라이트의 **"모양 이름"**이 **"OFF"**이면 다음 모양을 **"ON"**으로 바꾸어 주면서 디지털핀 **"P1"**을 **"높은"** 레벨로 설정하여 노란색 LED를 켜 줍니다. 만약 **"모양 이름"**이 OFF가 아니라 **"ON"**이라면 모양을 **"OFF"**로 바꾸어 주고 디지털핀 **"P1"**을 **"낮은"** 레벨로 설정하여 노란색 LED를 꺼 줍니다.

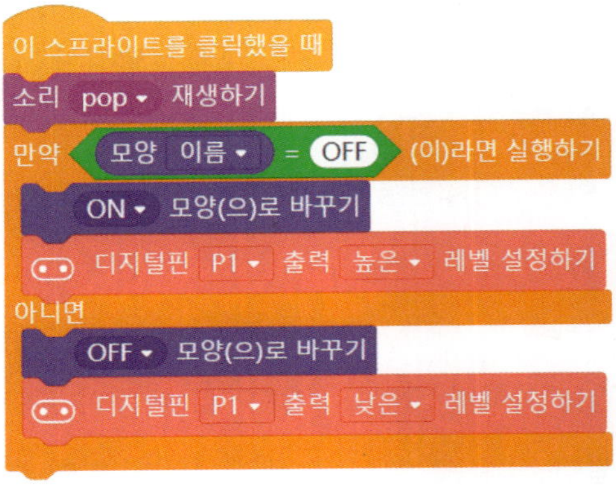

그림 9.19. 노랑 LED 스프라이트 클릭했을 때

마지막으로 초록 LED 스프라이트를 선택해 코딩을 해 보겠습니다. **"초기화를 받았을 때"** 동그란 스프라이트 모양이 꺼진 모습으로 나타나도록 **"OFF"**로 바꾸기를 하고, 무대 오른쪽에 위치하도록 **"x:160, y:100"**으로 설정합니다. 그리고 초록색 신호등 LED가 꺼져 있을 수 있도록 디지털핀 **"P0"**의 출력을 **"낮은"** 레벨로 설정합니다.

그림 9.20. 초록 LED 스프라이트 초기화

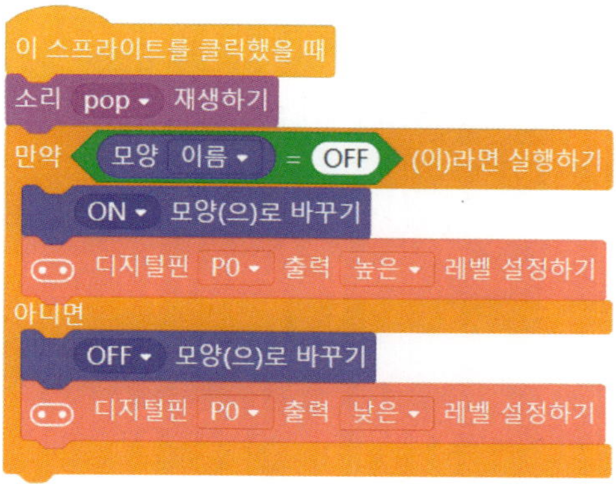

초록 LED 스프라이트를 클릭했을 때는 버튼을 눌렀다는 효과를 소리로 나타내기 위해 **"pop"** 소리를 재생시킵니다. 그리고 만약 초록 LED 스프라이트의 **"모양 이름"**이 **"OFF"**이면 다음 모양을 **"ON"**으로 바꾸어 주면서 디지털핀 **"P0"**를 **"높은"** 레벨로 설정하여 초록색 LED를 켜 줍니다. 만약 **"모양 이름"**이 OFF가 아니라 **"ON"**이라면 모양을 **"OFF"**로 바꾸어 주고 디지털핀 **"P0"**을 **"낮은"** 레벨로 설정하여 초록색 LED를 꺼 줍니다.

그림 9.21. 초록 LED 스프라이트 클릭했을 때

이 작품의 모든 코딩을 마쳤습니다. 전체 코드를 한 번에 확인하고 싶다면 그림 9.22., 9.23., 9.24., 9.25., 9.26.을 확인하거나 함께 제공되는 교육 자료 중 "소스코드" 폴더를 참고해 주세요.

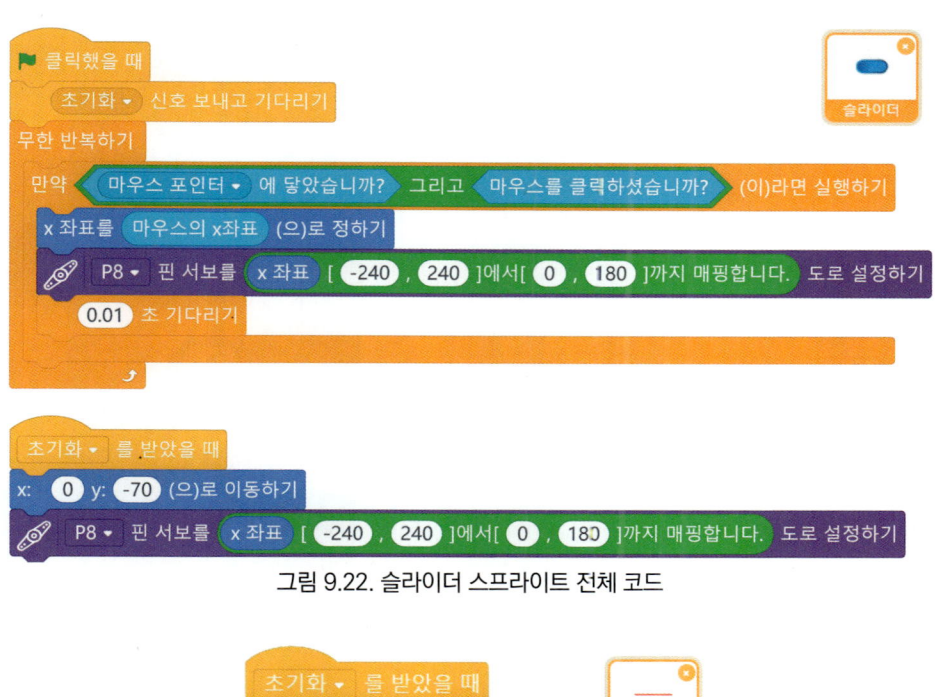

그림 9.22. 슬라이더 스프라이트 전체 코드

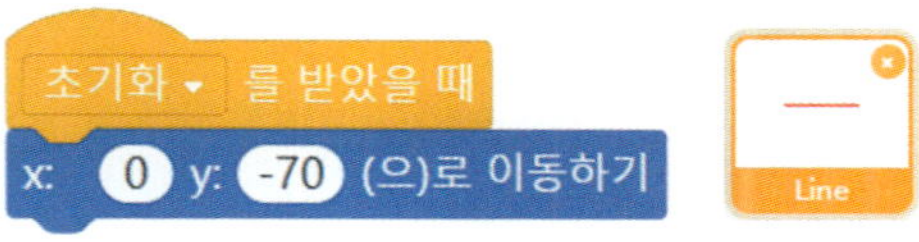

그림 9.23. Line 스프라이트 전체 코드

그림 9.24. 빨강 LED 스프라이트 전체 코드

그림 9.25. 노랑 LED 스프라이트 전체 코드

그림 9.26. 초록 LED 스프라이트 전체 코드

9.1.5. 결과 확인

코딩을 모두 완료했다면 실시간 모드로 장치 연결하기가 되어 있는지 한 번 더 확인합니다. 모든 설정이 완료돼 있다면 초록색 깃발을 클릭해서 실행해 줍니다. 그리고 스크래치 화면 사이즈를 "전체화면"으로 선택합니다.

이제 빨강 LED 스프라이트, 노랑 LED 스프라이트, 초록 LED 스프라이트를 하나씩 마우스로 클릭했을 때 마이크로비트에 연결된 신호등 LED가 켜지는지 확인하고, 다시 한번 클릭하면 신호등 LED가 꺼지는지 확인해 봅니다. 이때 각 스프라이트 모양도 신호등 LED 상태에 맞게 변하는지 확인하세요. 그리고 슬라이더 스프라이트를 마우스를 이용해 좌우로 움직였을 때 서보모터의 각도가 변화되는지도 확인해 보세요.

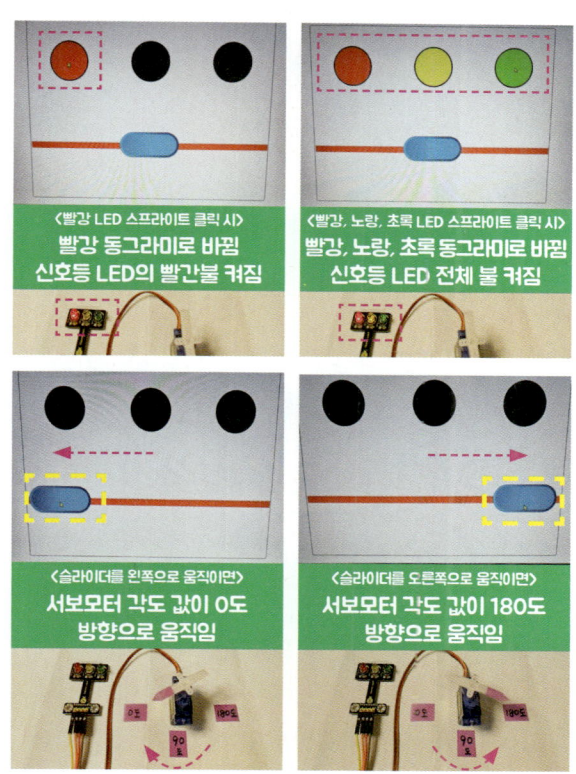

그림 9.27. 실행해 보기

9.1.6. 더 해 보기

RGB LED를 마이크로비트에 연결하고 스크래치에 LED 제어 버튼을 만들어 보세요. 그리고 LED 제어 버튼을 클릭하면 RGB LED의 빛 색깔이 변경되는 프로그램을 만들어 보세요.

9.2. 센서 시각화 장치

9.2.1. 작품 미리보기

센서값은 숫자로 표시되기 때문에 데이터의 한 종류라고 할 수 있습니다. 이런 데이터는 단순하게 숫자만으로 표현하는 것보다 그래프나 차트, 맵과 같이 그래픽으로 표현하면 데이터가 가진 정보를 훨씬 쉽게 전달할 수 있고, 이해하기도 수월합니다. 이와 같이 데이터를 그래픽으로 표현하는 것을 "데이터 시각화"라고 부릅니다.

그림 9.28. 데이터 시각화

이번 장의 두 번째 작품은 측정된 센서값을 스크래치의 재미있고 다양한 모양의 스프라이트를 이용해서 시각화해 보는 것입니다. 압력센서를 세게 누를수록 공 모양의 크기가 점점 커지고, 빛센서에 비춰지는 빛의 양이 많을수록 에너지 바가 점점 차오르는 모습으로 바뀌며, 초음파센서와 앞에 놓인 물체와의 거리가 점점 가까울수록 나비 모양의 크기가 점점 커집니다.

그림 9.29. 작품 미리보기

9.2.2. 준비하기

마이크로비트와 확장보드, 전선, 압력센서, 빛센서, 초음파센서를 표를 참고해 준비합니다.

이미지	부품명	개수
	마이크로비트	1
	확장보드	1
	micro 5핀 USB 케이블	1
	압력센서	1
	빛센서	1
	초음파센서	1
	3색 전선	2
	점퍼 케이블(FF)	4

9.2.3. 회로도

그림 9.30. 회로도를 참고하여 각 센서들을 마이크로비트의 확장보드에 연결해 봅시다. 3색 전선을 이용해서 압력센서를 확장보드의 0번에 연결하고, 빛센서는 1번에 연결합니다. 그리고 점퍼 케이블(F-F) 4개를 이용해서 초음파센서의 VCC는 확장보드의 14번 V2에 연결하고 Trig는 S13번 Echo는 S14번, GND는 14번의 G에 연결합니다.

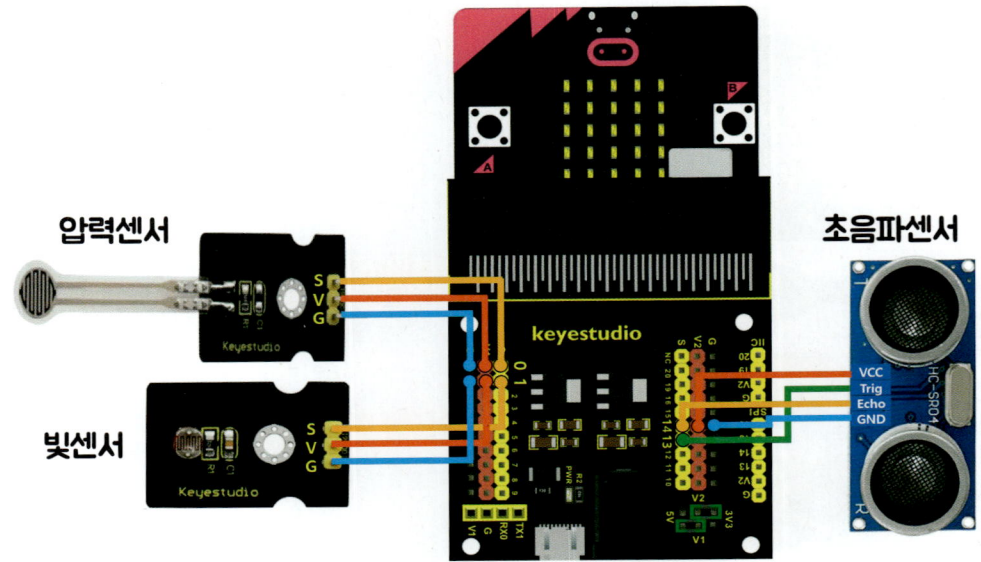

그림 9.30. 회로도

압력센서 핀	마이크로비트 핀
S	S (0번)
V	V1 (0번)
G	G (0번)

빛센서 핀	마이크로비트 핀
S	S (1번)
V	V1 (1번)
G	G (1번)

초음파센서 핀	마이크로비트 핀
VCC	V2 (14번)
Trig	S (13번)
Echo	S (14번)
GND	G (14번)

✝ 회로도 연결 완료 후, 마이크로비트를 컴퓨터에 연결하고 마인드 플러스는 **[실시간 모드]**로 설정해 주세요.

9.2.4. 코딩하기

이 작품의 알고리즘을 순서도로 나타내면 다음과 같습니다.

그림 9.31. 순서도

작품이 실행되면 센서값을 표현할 스프라이트의 위치를 정하는 초기화를 실행하고, 마이크로비트 핀에 연결된 각각의 센서값이 계속 측정됩니다. 그리고 측정된 센서값은 스프라이트의 크기 및 모양 변화로 시각화됩니다.

이제 순서도에 맞춰서 코딩을 시작해 봅시다.

먼저 작품에 필요한 스프라이트 3개(Ball, yellow progress bar, Butterfly1)를 가져옵니다. 그리고 그림 9.32.와 같이 각각의 스프라이트 이름을 "압력센서", "빛센서", "초음파센서"로 변경합니다.

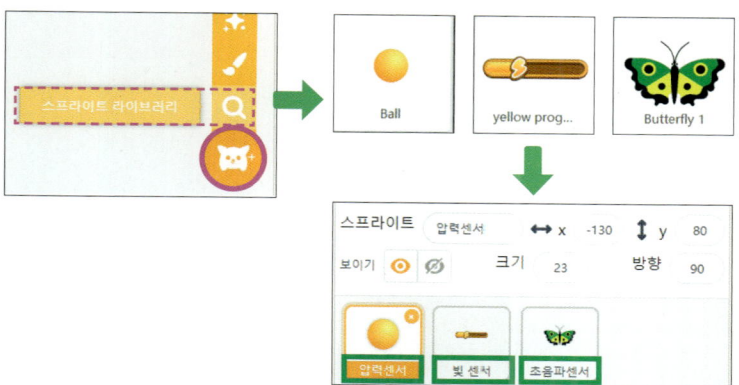

그림 9.32. 스프라이트 준비하기

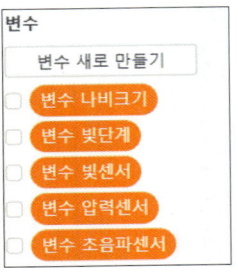

그림 9.33. 변수

이번에는 작품에 필요한 변수를 그림 9.33.과 같이 5개(나비크기, 빛단계, 빛센서, 압력센서, 초음파센서) 만들어 주세요.

이제 압력센서 스프라이트를 선택해 코딩을 시작하겠습니다.

먼저 **"초록색 깃발 클릭했을 때"** **"초기화 신호 보내고 기다리기"** 이벤트를 실행한 뒤 **"센서값 측정하기 신호 보내기"** 이벤트를 실행하도록 해 줍니다.

그림 9.34. 초록색 깃발 클릭했을 때

"초기화를 받았을 때" 압력센서 스프라이트의 위치를 **"x:-130, y:80"** 으로 설정해 줍니다.

그림 9.35. 압력센서 스프라이트 초기화

그리고 **"센서값측정하기를 받았을 때"** 변수 **"압력센서"** 에 마이크로비트의 0번 핀에 연결된 압력센서의 값을 계속해서 저장할 수 있도록 설정합니다.

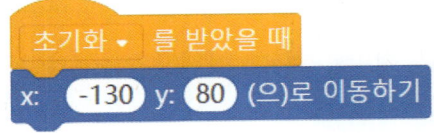

그림 9.36. 압력센서값 측정하기

이렇게 저장된 센서값에 따라서 **"압력센서"** 스프라이트의 크기가 달라지도록 하려고 합니다. 압력센서는 아무런 압력이 없을 때 0의 값을 나타내고, 최댓값은 1023입니다. 이를 활용해 압력센서를 세게 누르면 누를수록 스프라이트의 크기가 커지도록 코드를 만들어 보겠습니다. 스프라이트의 크기는 스크래치 무대 사이즈를 고려해 최대 500(%)까지만 커지게 하려고 합니다. 이때 서로 다른 범위 값을 가지는 변수 **"압력센서"** 의 범위(0~1023)와 스프라이트 **"크기"** 의 범위(0~500)를 매핑시킨 뒤 스프라이트 크기가 표현되도록 그림 9.37.처럼 코딩해야 합니다.

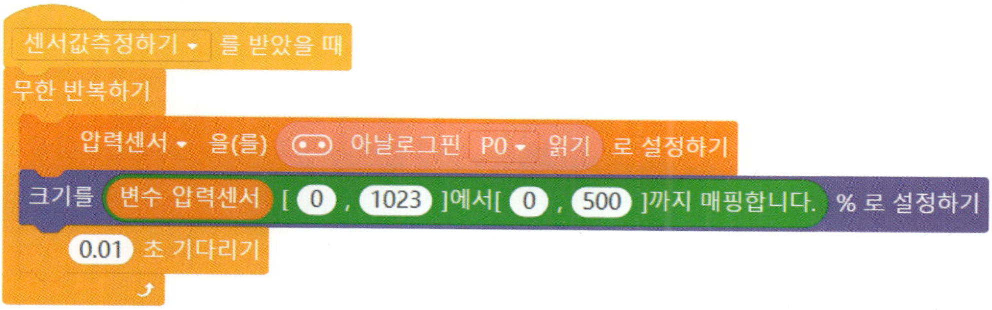

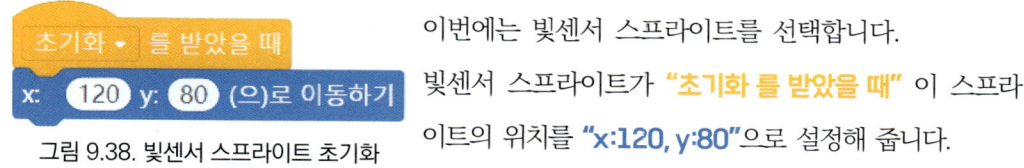

그림 9.37. 압력센서값을 매핑하여 스프라이트 크기로 표현하기

이번에는 빛센서 스프라이트를 선택합니다.
빛센서 스프라이트가 **"초기화 를 받았을 때"** 이 스프라이트의 위치를 **"x:120, y:80"** 으로 설정해 줍니다.

그림 9.38. 빛센서 스프라이트 초기화

그리고 **"센서값측정하기를 받았을 때"** 변수 **"빛센서"** 에 마이크로비트의 1번 핀에 연결된 빛센서값을 계속해서 저장할 수 있도록 설정합니다.

그림 9.39. 빛센서값 측정하기

이렇게 측정된 빛센서값은 주변 빛의 양에 따라 0~1023의 값으로 표현되는데 이 값의 범위를 우리는 3개로 구분하여 3가지의 빛센서 스프라이트 모양으로 표현하려고 합니다. 그러기 위해서 그림 9.40.과 같이 변수 **"빛센서"** 에 저장된 0~1023의 값의 범위를 1~3의 범위 값으로 매핑하고 이를 변수 **"빛단계"** 에 저장합니다.

그림 9.40. 빛센서값 매핑하기

변수 **"빛단계"** 값에 따라서 빛센서 스프라이트 모양이 다르게 표현될 수 있도록 그림 9.41. 처럼 조건문을 만들어 보겠습니다.

만약 변수 **"빛단계"** 값이 1과 같다면 **"yellow progress bar-1"**로 모양이 바뀌도록 하고 그렇지 않고 **"빛단계"** 값이 2와 같다면 **"yellow progress bar-2"**로 모양이 바뀌도록 합니다. 마지막으로 **"빛단계"** 값이 3과 같다면 **"yellow progress bar-3"**로 모양이 바뀌도록 하여 빛의 양이 많음을 이미지로 표현해 줍니다.

그림 9.41. 빛단계에 따라 달라지는 빛센서 스프라이트 모양

이제 초음파센서 스프라이트를 선택해 코딩해 보겠습니다.

초음파센서를 사용하기 위해서는 관련 명령 블록을 가져와야 합니다. 이를 위해 **"확장"** 버튼을 클릭해 **[센서]** 카테고리에서 **"초음파 거리 탐지 센서"**를 클릭해서 명령 블록을 가져와 줍니다.

그림 9.42. 초음파센서 확장 명령 가져오기

초음파센서 명령 블록이 준비됐다면 초음파센서 스프라이트 초기화 코드를 만들어 봅시다.

"초기화 를 받았을 때" 이 스프라이트의 위치를 **"x:0, y:-60"**으로 설정해 줍니다.

그림 9.43. 초음파센서 스프라이트 초기화

그리고 **"센서값측정하기를 받았을 때"** 변수 **"초음파센서"**에 마이크로비트의 13번(Trig), 14번(Echo) 핀에 연결된 초음파센서값을 계속해서 저장할 수 있도록 설정합니다.

그림 9.44. 초음파센서값 측정하기

이렇게 저장된 변수 **"초음파센서"** 값에 따라서 스프라이트의 크기가 달라지도록 하려고 합니다. 초음파센서에서 측정된 값의 범위는 0~200으로 장애물과의 거리가 가까울수록 낮은 값을 나타내고, 거리가 멀수록 큰 값을 나타냅니다. 이를 활용해 초음파센서에 장애물을 가까이 가져가면 스프라이트 크기가 커지고, 장애물을 멀리하면 스프라이트 크기가 작아지게 코딩하려고 합니다. 이를 위해서는 변수 **"초음파센서"** 값과 스프라이트 크기 값을 알맞게 매핑해야 합니다. 그림 9.45.를 참고해서 변수 **"초음파센서"** 값의 범위(0~200)를 스프라이트 크기 값의 범위인(200~0)으로 매핑시키고, 매핑된 값으로 스프라이트 크기를 설정하도록 합니다. 이때 반드시 매핑되는 스프라이트 크기 값은 200을 시작값으로 하여 0을 마지막 매핑값으로 입력해야 한다는 점을 주의해 주세요.

그림 9.45. 초음파센서값을 매핑하여 스프라이트 크기로 표현하기

이 작품의 모든 코딩을 마쳤습니다. 전체 코드를 한 번에 확인하고 싶다면 그림 9.46., 9.47., 9.48.을 확인하거나 함께 제공되는 교육 자료 중 "소스코드" 폴더를 참고해 주세요.

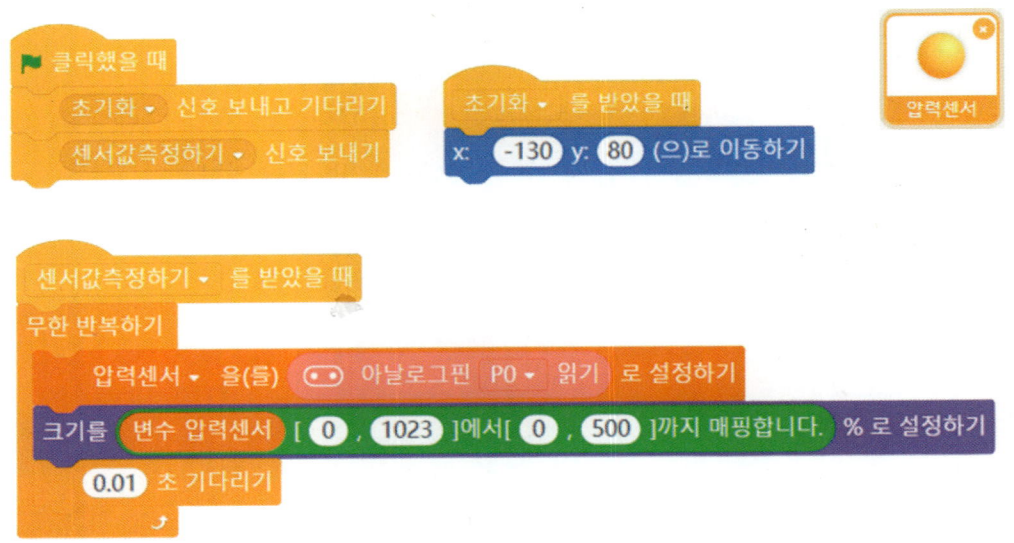

그림 9.46. 압력센서 스프라이트 전체 코드

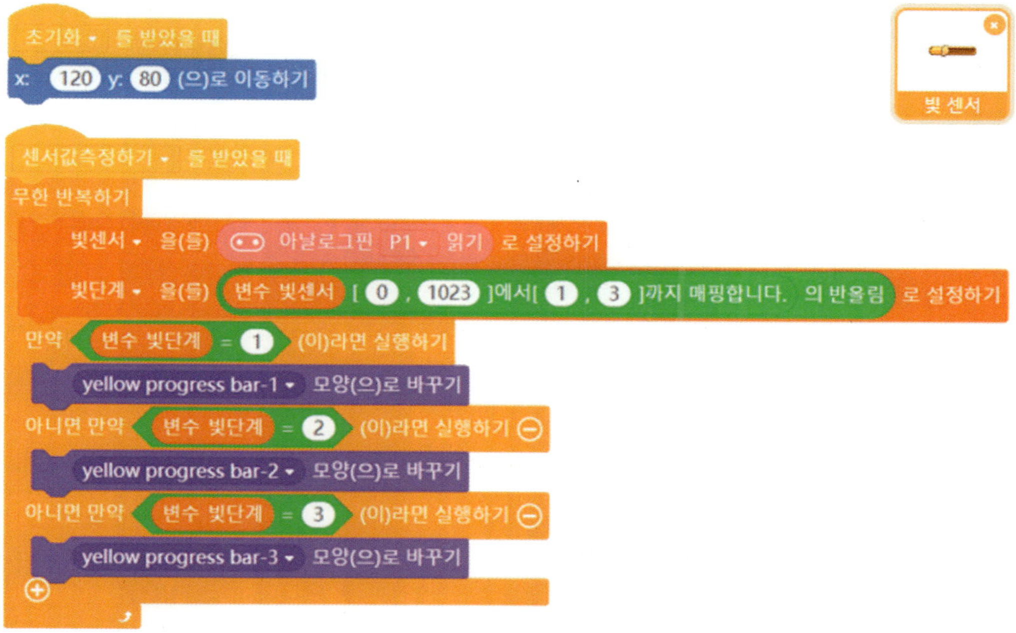

그림 9.47. 빛센서 스프라이트 전체 코드

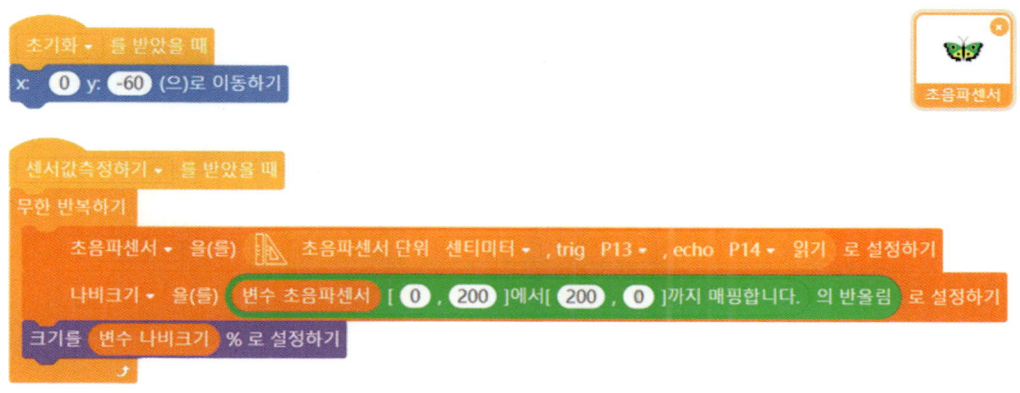

그림 9.48. 초음파센서 스프라이트 전체 코드

9.2.5. 결과 확인

코딩을 모두 완료했다면 실시간 모드로 장치 연결하기가 되어 있는지 한 번 더 확인합니다. 모든 설정이 완료돼 있다면 초록색 깃발을 클릭해서 실행시켜 줍니다.

그림 9.49.의 왼쪽 첫 번째 그림처럼 압력센서를 손으로 눌러 보면 공 모양의 스프라이트가 점점 커질 겁니다. 그리고 빛센서를 손으로 가리거나 스마트폰 불빛을 비춰 보면 그림 9.49.의 가운데 그림처럼 막대 바 모양이 줄어들거나 가득 찬 모습으로 바뀔 겁니다. 마지막으로 초음파센서에 손을 갖다 대거나 멀리하면 나비 모양의 스프라이트의 크기가 변하는 것을 확인할 수 있습니다.

 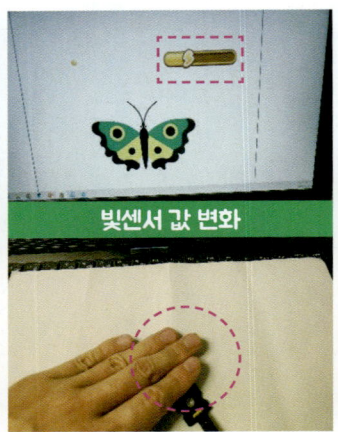 

그림 9.49. 실행해 보기

9.2.6. 더 해 보기

마이크로비트에 다른 센서(적외선센서, 터치센서 등)를 연결하여 측정된 센서값을 스크래치 화면에 다양한 형태로 시각화하여 나타내 보세요.

memo

센서로 발명품 만들기
프로젝트 ⑥

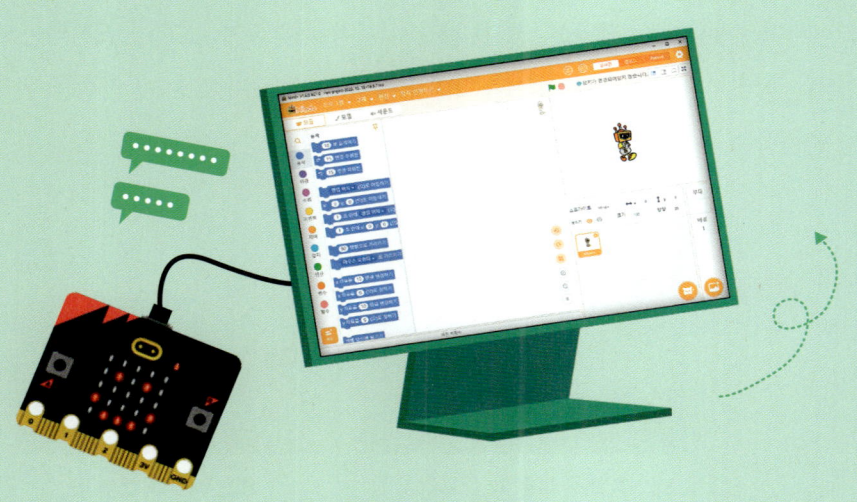

센서로 발명품 만들기 프로젝트 ⑥

학습 요약	
학습 목표	마이크로비트와 센서를 이용해 생활 속 장치를 만들어 봅니다.
핵심 키워드	마이크로비트, Mind+, 스크래치, 초음파센서, 압력센서, LCD
준비물	마이크로비트 올인원 키트, 컴퓨터
학습 시간	2시간
학습 난이도	★★☆☆☆

10.1. 센서 모니터링 장치

10.1.1. 작품 미리보기

이번 장의 첫 번째 작품은 "센서 모니터링 장치"입니다. 이 작품은 마이크로비트에 연결된 4개의 센서(빛, 압력, 적외선, 터치) 값을 실시간 측정하여 LCD에 표시하는 프로그램으로서 버튼을 눌러서 센서값을 표시하는 화면을 바꿀 수 있습니다. 이번 작품을 통해 LCD에 글자를 출력하는 심화기법을 익혀 볼 수 있을 것입니다.

A 버튼 누를 때 센서값
(빛, 적외선)

B 버튼 누를 때 센서값
(압력, 터치)

그림 10.1. 작품 미리보기

10.1.2. 준비하기

마이크로비트와 확장보드, 전선 같은 기본적인 부품 외에 빛센서, 압력센서, 터치센서, 적외선센서, LCD를 준비하면 됩니다.

이미지	부품명	개수
	마이크로비트	1
	확장보드	1
	micro 5핀 USB 케이블	1
	LCD (I2C)	1
	빛센서	1
	압력센서	1
	적외선센서	1
	터치센서	1
	3색 전선	1
	점퍼 케이블(FF)	4

10.1.3. 회로도

3색 전선을 이용해 빛센서는 확장보드의 0번에, 압력센서는 1번에, 터치센서는 8번에, 적외선센서는 9번에 연결합니다. 그리고 그림 10.2.와 같이 점퍼 케이블(F-F) 4개를 이용해서 LCD의 "SCL"은 S19번에 "SDA"는 S20번에 연결하고, LCD의 "VCC"는 V1 5번에 연결하고, "GND"는 G6번에 연결합니다.

> ⚑ **중요!**
> LCD는 5V에서 제대로 작동되기 때문에 1장의 업로드 모드 외부 전원 연결법(그림 1.29. 또는 1.30.)처럼 건전지나 USB 케이블을 이용해서 외부 전원을 추가로 연결해 주세요.

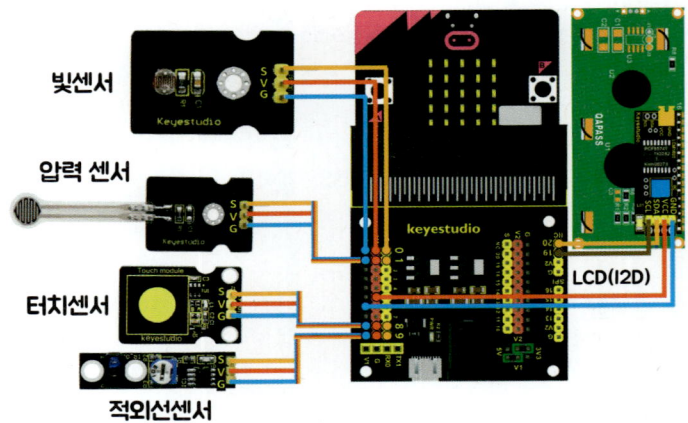

그림 10.2. 회로도

빛센서 핀	마이크로비트 핀
S	S (0번)
V	V1 (0번)
G	G (0번)

압력센서 핀	마이크로비트 핀
S	S (1번)
V	V1 (1번)
G	G (1번)

터치센서 핀	마이크로비트 핀
S	S (8번)
V	V1 (8번)
G	G (8번)

적외선센서 핀	마이크로비트 핀
S	S (9번)
V	V1 (9번)
G	G (9번)

LCD 핀	마이크로비트 핀
GND	G (6번)
VCC	V1 (5번)
SDA	S (20번)
SCL	S (19번)

⚐ 회로도 연결 완료 후, 마이크로비트를 컴퓨터에 연결하고 마인드 플러스는 **[업로드 모드]**로 설정해 주세요.

10.1.4. 코딩하기

이 작품의 알고리즘을 순서도로 표현하면 다음과 같습니다.

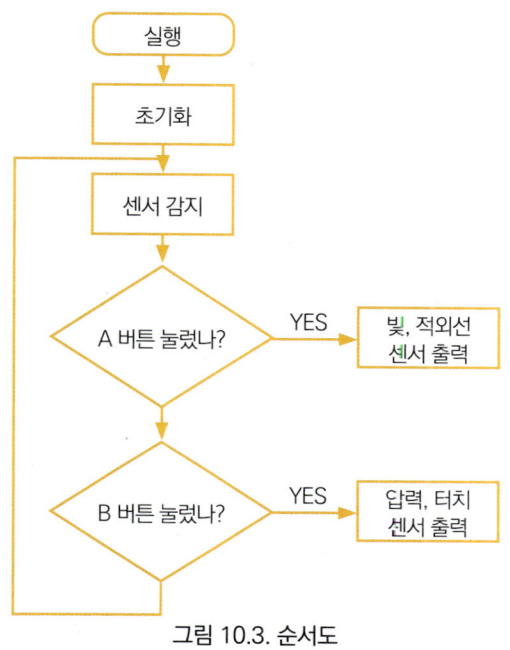

그림 10.3. 순서도

작품이 실행되면 변수와 각종 센서값 그리고 LCD 설정을 위한 초기화를 합니다. 그리고 나서 총 4개의 센서값을 측정하여 변수에 저장한 뒤, 마이크로비트 버튼 A, B가 눌린 여부에 따라 LCD에 센서값을 출력해 주는 간단한 알고리즘입니다.

이제 순서도에 맞춰서 코딩을 시작해 보겠습니다.
이번 작품은 "업로드" 모드에서 코딩을 하기 때문에 배경 및 스프라이트 선택은 필요 없으며 "업로드" 모드가 선택돼 있는지 확인 후 코딩을 시작하면 됩니다.

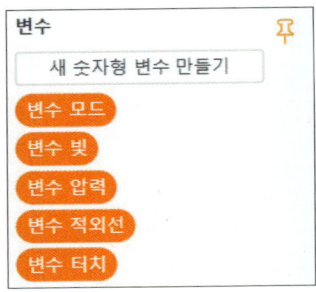

그림 10.4. 숫자형 변수 만들기

먼저 작품에 필요한 변수를 그림 10.4.와 같이 5개 만들어 보겠습니다.

총 4개의 센서를 2개씩 나눠서 LCD에 출력할 건데, 이 2개의 센서값을 볼 수 있는 화면을 **"모드"**라고 지칭하여 모드를 왔다 갔다 하는 데에 사용될 변수 **"모드"**를 만들어 줍니다. 그리고 측정될 4개의 센서값을 저장할 변수 **"빛"**, **"압력"**, **"적외선"**, **"터치"**를 변수로 만들어 줍니다.

그리고 LCD를 사용하기 위해서는 관련 명령 블록을 가져와야 합니다. 이를 위해 **"확장"** 버튼을 클릭해 **[디스플레이]** 카테고리에서 **"LCD1602모듈 (I2C포트)"**를 클릭해서 명령 블록을 가져와 줍니다.

그림 10.5. LCD 확장 명령 가져오기

이제 작품에 사용될 몇 가지 코드들을 함수로 만들어 활용해 보겠습니다.

[함수] 카테고리에서 **"블록 만들기"**를 눌러 **"초기화"** 함수 블록을 그림 10.6.과 같이 만들어 줍니다. 이 초기화 함수에는 **"LCD 주소 (0×27) 초기화하기"**와 초기화 실행 시 LCD 화면의 **"1번째"**와 **"2번째"** 행에 표시할 글자 (Sensor Monitor, System)를 입력해 줍니다. 그리고 어떤 센서값을 LCD에 나타낼지 판단하는 변수 **"모드"**는 **"0"**으로 초기화해 줍니다.

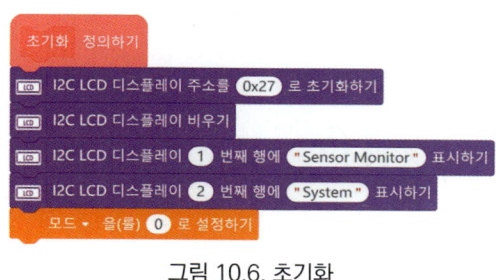

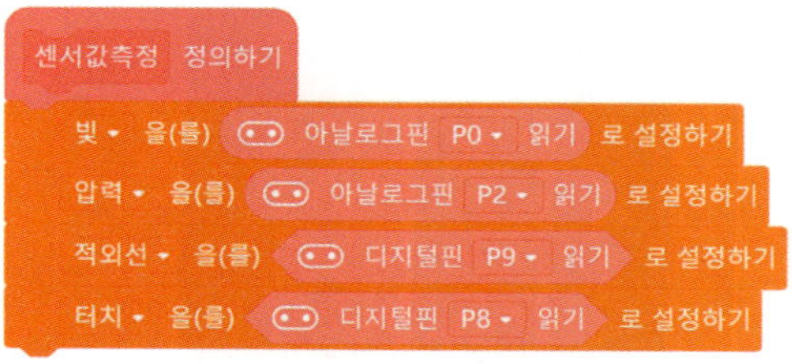

그림 10.6. 초기화

이번에는 마이크로비트에 연결된 4개의 센서를 감지하여 측정된 센서값을 각 변수에 저장하는 함수를 만들어 봅시다. 함수 블록 **"센서값측정"**을 만들고 그림 10.7.처럼 각 핀에 연결된 센서를 변수에 저장되게 코딩해 줍니다.

그림 10.7. 센서값 측정하기

이번에는 LCD에 글자를 표현하는 부분을 함수로 만들어 봅시다.

LCD에는 센서 이름과 함께 센서값을 표시해 보려고 합니다. 예를 들면 빛센서에서 측정된 센서값을 LCD 화면에 "Light: 324"와 같은 형식으로 말이죠. 이렇게 표현을 하면 이를 확인하는 사용자가 빛센서값이 324라는 것을 쉽게 알 수 있어 좋습니다. 그런데 이때 문자와 숫자를 한 줄에 함께 나타내기 위해서는 글자 조합을 미리 해야 하는데 **"~와 ~결합하기"** 블록을 이용하면 문자와 숫자로 표현되는 센서값을 한 줄의 문장으로 결합할 수 있습니다.

이런 글자 결합을 위해 먼저 그림 10.8.과 같이 [변수] 카테고리에서 **"새 문자형 변수 만들기"**를 하여 총 4개(빛표시, 압력표시, 적외선표시, 터치표시)의 문자형 변수를 만들어 줍니다.

그림 10.8. 문자형 변수 만들기

그리고 그림 10.9.와 같이 문자와 숫자 값이 결합된 블록을 문자형 변수값으로 넣어서 각 센서값이 글자로 표현될 수 있도록 설정합니다.

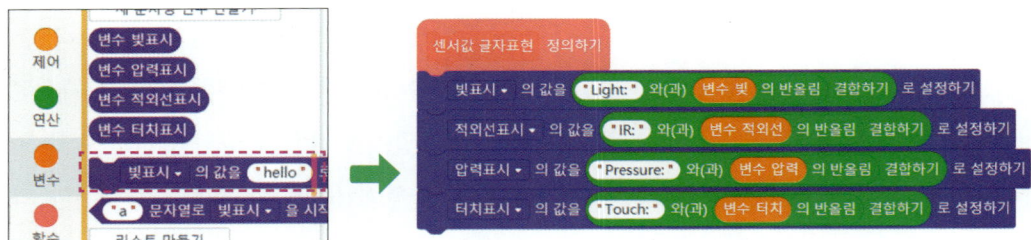

그림 10.9. 문자형 변수로 표현되는 각 센서값

작품에 필요한 변수와 함수 코드를 모두 완성했으니 이제 메인 코드인 **"마이크로비트 메인 프로그램 시작"** 명령 블록 아래에 명령 블록들을 연결하여 코드를 완성해 보겠습니다.

이 블록 아래에는 미리 만들어 둔 함수인 **"초기화"**를 실행하도록 연결해 준 뒤 **"무한 반복하기"** 안에 **"센서값측정"**, **"센서값 글자표현"**을 순서대로 연결하여 계속 실행되도록 해 줍니다.
그리고 LCD에 글자를 표시하기 이전에 모든 글자를 지우는 **"I2C LCD 디스플레이 비우기"**가 실행되게 해 줍니다. **"만약 ~라면"** 명령 블록을 이용해 변수 **"모드"** 값이 1이면 빛센서와 적외선센서값을 LCD에 두 줄로 표시하도록 하고, 변수 **"모드"** 값이 2이면 압력센서와 터치센서값을 LCD에 두 줄로 표시하도록 그림 10.10.과 같이 코드를 완성시켜 줍니다.

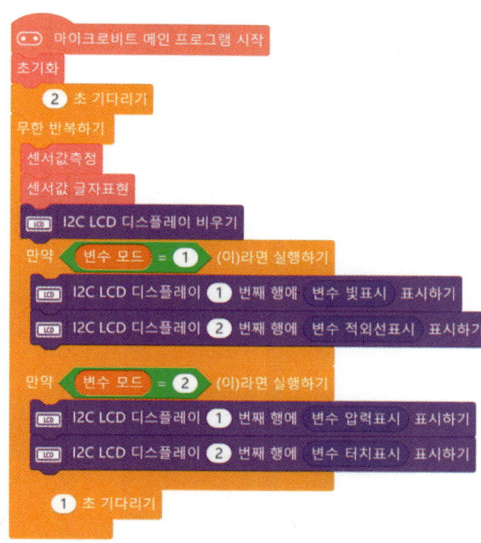

그림 10.10. 모드에 따른 LCD출력

마지막으로 마이크로비트에 연결되어 있는 A, B 버튼을 누르면 변수 "모드"의 값이 바뀌어 LCD에 나타나는 센서값도 다르게 해 봅시다. A 버튼을 누르면 모드값이 1이 되도록 B 버튼을 누르면 모드값이 2가 되도록 그림 10.11.처럼 코딩해 봅시다.

그림 10.11. 마이크로비트 버튼 코드

이 작품의 모든 코딩을 마쳤습니다. 전체 코드를 한 번에 확인하고 싶다면 그림 10.12.를 확인하거나 함께 제공되는 교육 자료 중 "소스코드" 폴더를 참고해 주세요.

그림 10.12. 작품 전체 코드

10.1.5. 결과 확인

코딩을 모두 완료했다면 업로드 모드로 장치 연결하기가 되어 있는지 한 번 더 확인합니다. 그리고 "장치에 업로드하기"를 눌러 완성된 코드를 마이크로비트에 업로드합니다.

이제 마이크로비트에 연결된 버튼 A를 누른 뒤 LCD에 나타나는 센서값을 먼저 보고 그림 10.13.처럼 빛센서와 적외선센서에 손을 대어 센서값이 변하는지 확인해 봅니다. 버튼 B를 눌러 LCD에 나타나는 다른 센서값을 확인한 뒤 압력센서와 터치센서를 손으로 눌러 센서 값이 변하는지도 확인해 보세요.

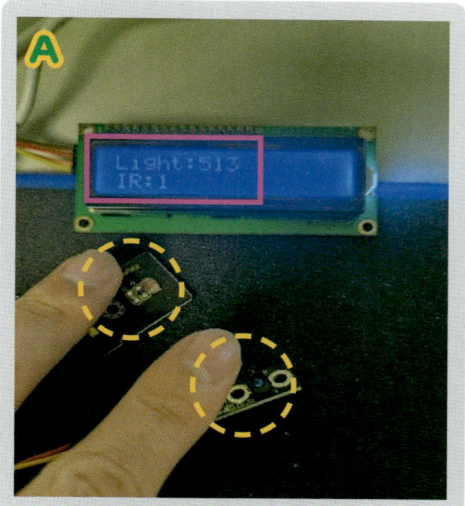 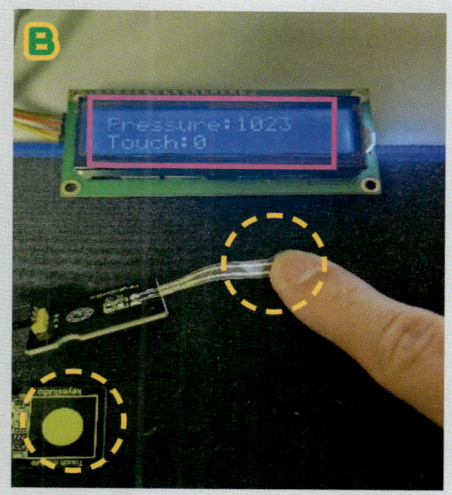

그림 10.13. 실행해 보기

10.1.6. 더 해 보기

이 작품에서 사용된 센서 외에 추가 센서 1~2개를 마이크로비트에 연결해 보세요. 그리고 마이크로비트 버튼 A, B 사이에 있는 "터치 로고"를 터치했을 때 LCD에 추가 센서값이 출력되게 만들어 보세요.

10.2. 자동차 후방감지 장치

10.2.1. 작품 미리보기

이번 장의 두 번째 작품은 "자동차 후방감지 장치"입니다. 자동차에는 뒤쪽에 있는 물체와의 거리를 감지할 수 있는 초음파센서가 달려 있어서 후방의 물체가 가까워지면 소리를 내거나 화면에 알람을 표시해 줍니다. 우리는 스크래치 화면에서 자동차가 뒤로 주차하는 화면을 만든 뒤 마이크로비트에 연결된 초음파센서로 측정된 거리값에 따라 자동차 스프라이트가 뒤로 움직이면서 부저 소리를 내고 신호등 LED로 불빛을 표시하는 작품을 만들어 보겠습니다.

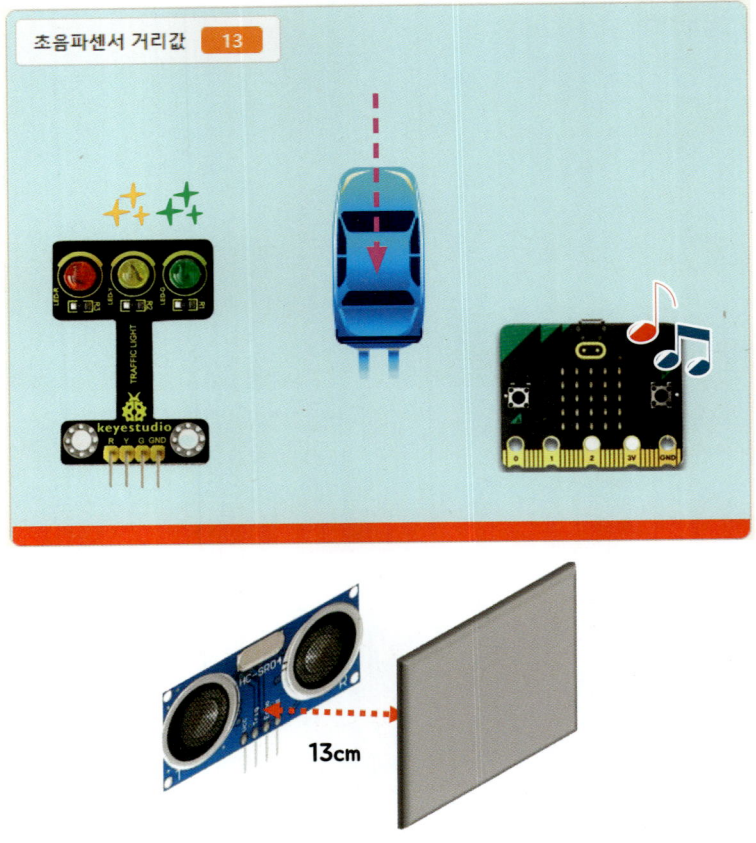

그림 10.14. 작품 미리보기

10.2.2. 준비하기

마이크로비트와 확장보드, 전선 같은 기본적인 부품 외에 신호등 LED와 초음파센서를 하나씩 준비합니다.

이미지	부품명	개수
	마이크로비트	1
	확장보드	1
	micro 5핀 USB 케이블	1
	신호등 LED	1
	초음파센서	1
	점퍼 케이블(F-F)	8

10.2.3. 회로도

점퍼 케이블(F-F)을 이용해서 신호등 LED와 초음파센서를 그림 10.15.를 참고해서 각각 연결합니다. 먼저 신호등 LED의 R은 확장보드의 S2번에 Y는 S1번에 G는 S0번에 GND는 G0번에 연결하고 초음파센서의 VCC는 확장보드의 14번 V2에 연결하고 Trig는 S13번 Echo는 S14번, GND는 14번의 G에 연결합니다.

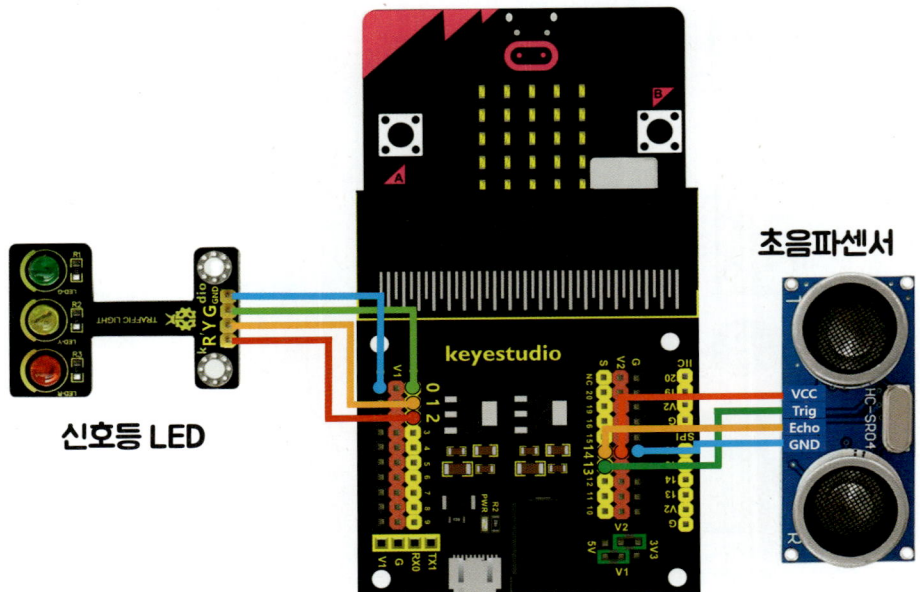

그림 10.15. 회로도

신호등LED 핀	마이크로비트 핀
GND	G (0번)
G	S (0번)
Y	S (1번)
R	S (2번)

초음파센서 핀	마이크로비트 핀
VCC	V2 (14번)
Trig	S (13번)
Echo	S (14번)
GND	G (14번)

10.2.4. 코딩하기

이 작품의 알고리즘을 순서도로 나타내면 다음과 같습니다.

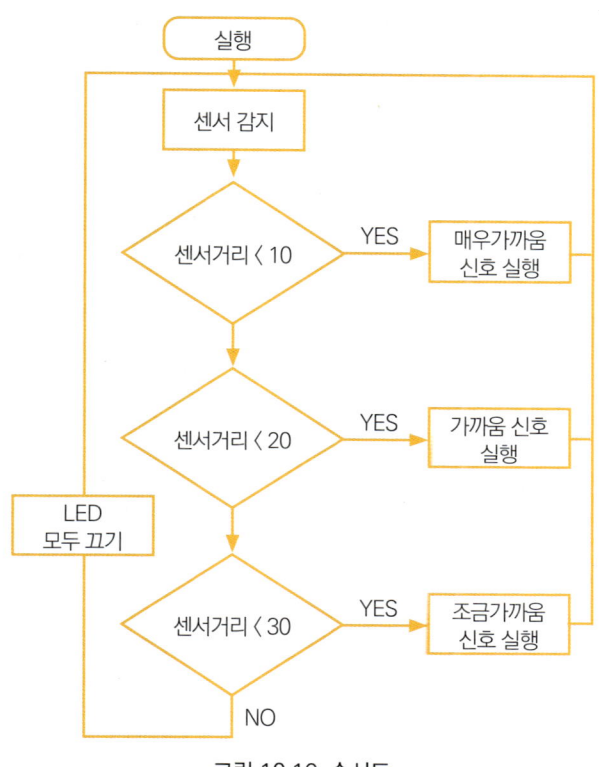

그림 10.16. 순서도

작품이 실행되면 초음파센서로 전방의 물체와의 거리값을 계속 감지합니다. 감지된 후방 거리가 10보다 작으면 "매우가까움" 신호 이벤트를 보내 LED 3개를 모두 켜고 부저 알람이 빠르게 재생되도록 실행시킵니다. 후방 거리가 10에서 20 사이면 "가까움" 신호 이벤트를 보내 LED는 2개만 켜고 부저 알람이 조금 느리게 재생되도록 실행시킵니다. 후방 거리가 20에서 30사이면 "조금가까움" 신호 이벤트를 보내 LED는 1개만 켜고 부저 알람이 매우 느리게 재생되도록 실행시킵니다. 만약 후방 거리가 30보다 크면 안전한 것으로 생각해서 LED를 모두 끄고 부저 소리는 발생시키지 않습니다.

이제 순서도에 맞춰서 코딩을 시작해 보겠습니다.

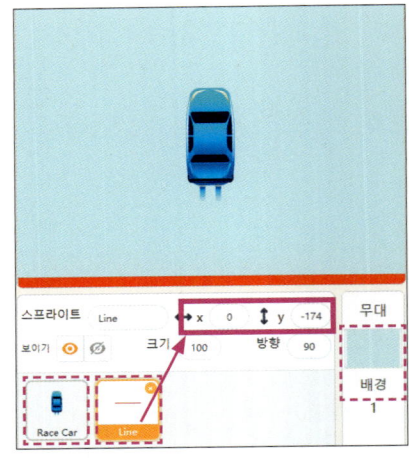

먼저 작품에 필요한 스프라이트와 무대 배경을 선택해 보겠습니다.

배경은 "Blue Sky2"를 가져옵니다.

스프라이트는 "Race Car"와 "Line"을 선택해 가져옵니다. "Line" 스프라이트는 자동차가 주차하는 후방 벽을 의미하며, 그림 10.17.과 같이 스프라이트 정보 창을 이용해 "x:0, y:-174"로 위치값을 미리 설정하여 화면 가장 아래에 정렬되도록 합니다.

그림 10.17. 스프라이트와 무대 배경 선택

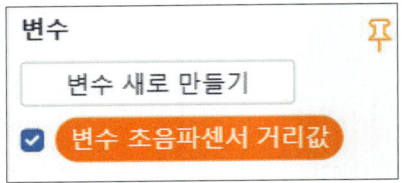

작품에 필요한 변수를 **"초음파센서 거리값"** 이라는 이름으로 하나 만들어 줍니다. 그리고 화면에서 보일 수 있도록 체크 박스에 체크☑ 표시를 해 줍니다.

그림 10.18. 변수

이제 Race Car 스프라이트를 선택하여 코딩해 보도록 하겠습니다.

먼저 초음파센서를 사용하기 위해서 **"확장"** 버튼을 클릭해 **[센서]** 카테고리에서 **"초음파 거리 탐지 센서"** 명령 블록을 가져와 줍니다.

그림 10.19. 초음파센서 확장 명령 가져오기

그리고 **"초록색 깃발 클릭했을 때"** 초음파센서로 측정된 값을 반올림해서(정수로 만들기 위해) 변수에 저장하는 것을 무한 반복되게 합니다. 이때 초음파센서가 연결된 핀 번호에 주의하면서 그림 10.20.과 같이 코드를 만들어 줍니다.

그림 10.20. 초음파센서값 측정하기

초음파센서로 측정된 거리값이 10보다 작으면 **"매우가까움"** 신호 이벤트를 실행하고, 거리값이 10~20이면 **"가까움"**, 20~30이면 **"조금가까움"** 신호 이벤트가 실행되고, 초음파센서에 물체가 감지되지 않은 안전한 상태에서는 **"LED모두끄기"** 신호 이벤트가 실행됩니다. 그리고 초음파센서의 각 거리값에 따라 스크래치 화면에서 자동차가 후방 주차를 하는 모습이 나타날 수 있게 **"~초 안에 x:, y:로 이동하기"** 명령 블록을 이용해 자동차 스프라이트가 후방으로 주차하듯이 뒤로 움직이도록 해 줍니다.

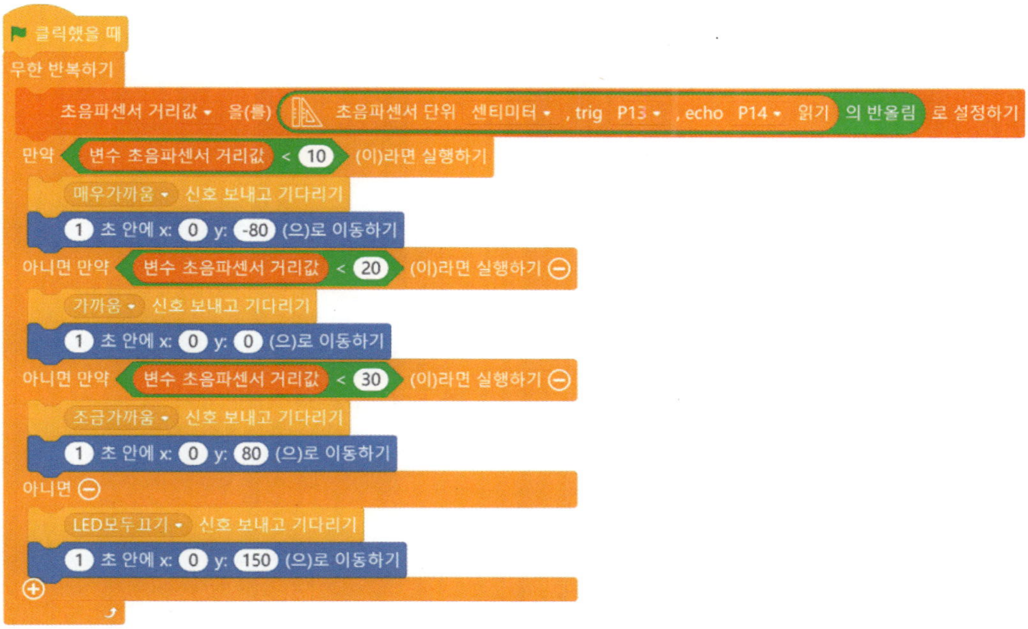

그림 10.21. 초음파센서 거리값에 따른 신호 이벤트

이제 각 신호 이벤트에 따라 신호등 LED와 마이크로비트의 부저가 동작하는 코드를 만들어 보겠습니다.

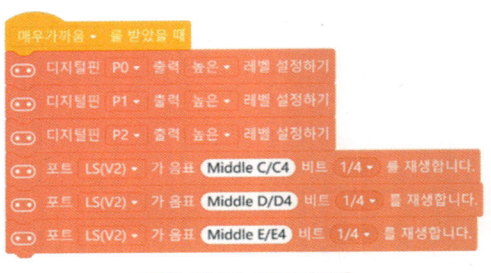

그림 10.22. 매우가까움

"매우가까움을 받았을 때"는 자동차 후방이 물체에 매우 가까워 조심해야 할 상황이므로, 신호등 LED 3개를 모두 "높은"으로 설정해서 켜 주고, 부저 소리도 1/4박자로 빠르게 3번 울려서 경고의 의미가 크게 느껴지도록 합니다.

그림 10.23. 가까움

"가까움을 받았을 때"는 자동차 후방과 물체와의 거리가 중간 정도인 상황으로서 신호등 LED의 노란색과 초록색 불빛 2개만 켜지게 하고 부저 소리도 1/2박자로 2번 울리게 합니다.

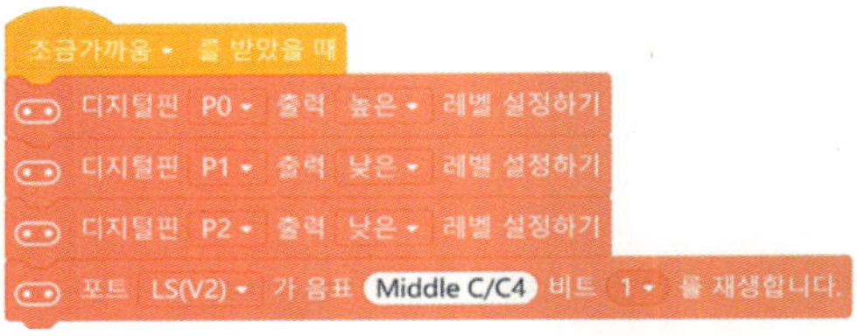

그림 10.24. 조금가까움

"조금가까움을 받았을 때"는 신호등 LED의 초록색 불빛만 켜고 부저 소리도 1박자로 1번만 울리게 합니다.

그림 10.25. LED모두끄기

"LED모두끄기를 받았을 때"는 초음파센서에 물체가 감지되지 않은 안전한 상태를 의미하기 때문에 이 블록 아래에 신호등 LED가 연결된 핀 0, 1, 2를 모두 "낮은"으로 설정해서 신호등 LED가 꺼지게 해 줍니다.

이 작품의 모든 코딩을 마쳤습니다. 전체 코드를 한 번에 확인하고 싶다면 그림 10.26.을 확인하거나 함께 제공되는 교육 자료 중 "소스코드" 폴더를 참고해 주세요.

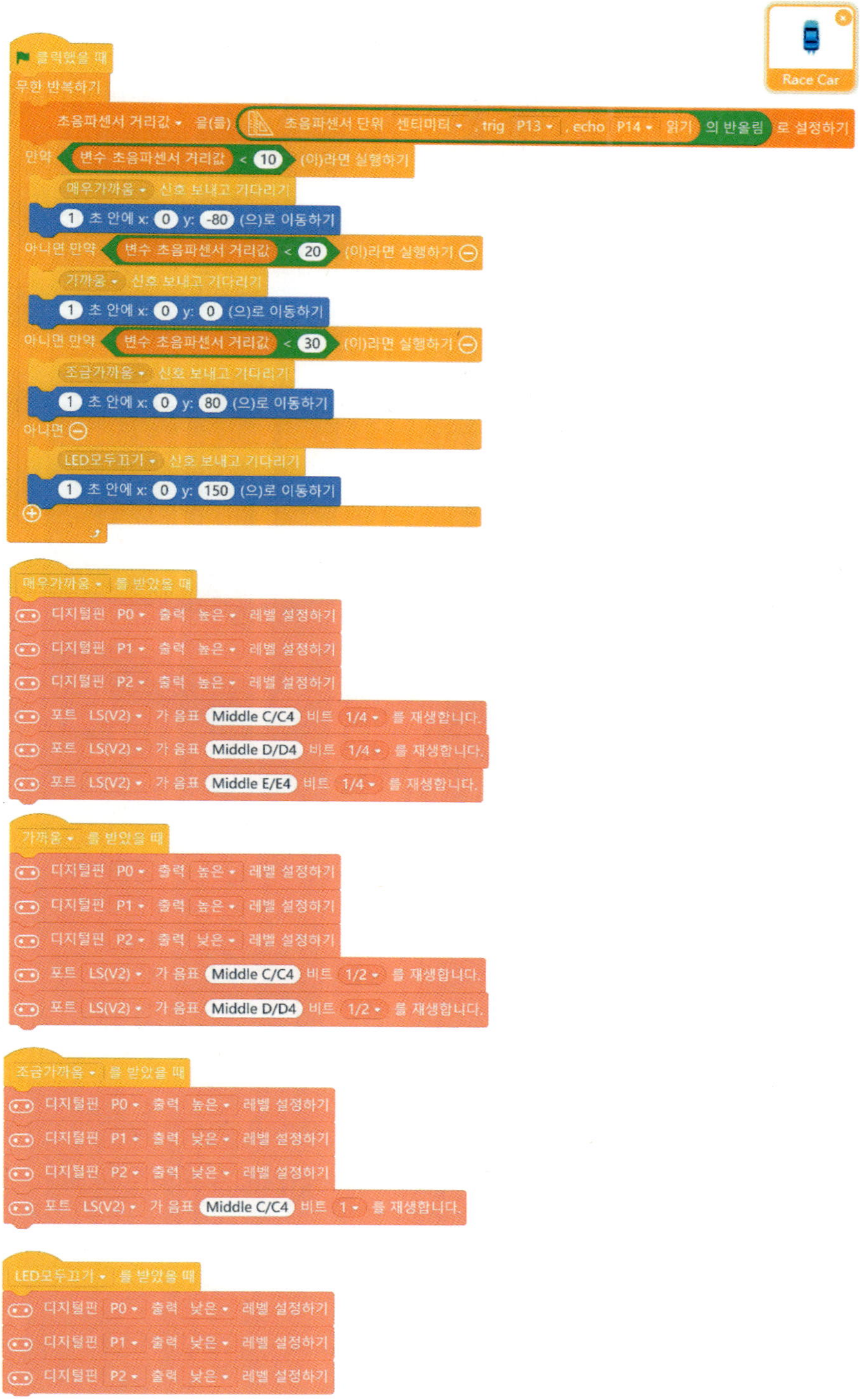

그림 10.26. Race Car 전체 코드

10.2.5. 결과 확인

코딩을 모두 완료했다면 실시간 모드로 장치 연결하기가 되어 있는지 한 번 더 확인합니다. 모든 설정이 완료돼 있다면 초록색 깃발을 클릭해서 실행시켜 줍니다. 그리고 그림 10.27. 처럼 초음파센서에 평평한 물체를 가까이 가져가 측정 거리값이 바뀌게 해 줍니다. 이때 스크래치의 자동차가 움직이는지, 마이크로비트에 연결된 신호등 LED의 점멸 개수가 달라지는지, 부저 알람소리가 발생되는지를 확인해 봅니다.

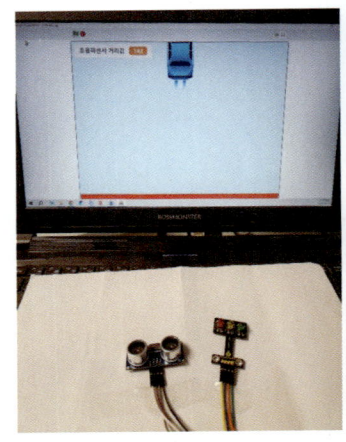
초음파 거리 > 30cm
(140cm)

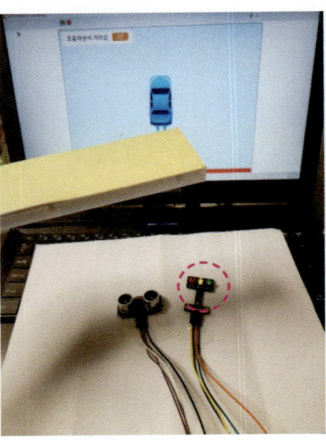
초음파 거리 < 20cm
(17cm)

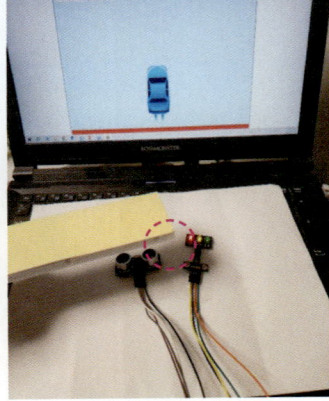
초음파 거리 < 10cm
(5cm)

그림 10.27. 실행해 보기

10.2.6. 더 해 보기

자동차는 기어를 바꿔서 주행, 후진 모드로 설정 후 앞뒤로 차량을 움직일 수 있습니다. 이때 후진을 하고 싶다면 기어를 "R"로 바꿔 주어야 하는데요, 후진 기어로 바뀌게 되면 자동차 뒤에 있는 초음파센서가 작동하여 후진 시 장애물과의 간격이 가까워질수록 빠르게 경고음을 발생시킵니다.

이러한 원리를 이번 작품에도 적용하여 마이크로비트의 특정 버튼을 한 번 눌러야 "자동차 후방감지 장치"가 작동되게 업그레이드해 보세요.

memo

memo